U0727654

QUANSHIJIECONGMINGRENDOUZAIWANDE
500GEJINGDIANSIWEIYOUXI

金金◎编著

玩到你崩溃！

全世界聪明人

都在玩的

500个

经典思维游戏

内蒙古出版集团
内蒙古文化出版社

图书在版编目(CIP)数据

全世界聪明人都在玩的 500 个经典思维游戏 / 金金编
著 . 一呼伦贝尔 : 内蒙古文化出版社，2010.10
ISBN 978-7-80675-847-2

Ⅰ.①全…Ⅱ.①金…①智力游戏 Ⅳ.
① G898.2

中国版本图书馆 CIP 数据核字 (2010) 第 193895 号

全世界聪明人都在玩的500个经典思维游戏
QUANSHIJIECONGMINGREN DOUZAIWANDE500GE JINGDIANSIWEIYOUXI
金金　编著

责任编辑　王　春
装帧设计　大象设计

出版发行　内蒙古文化出版社
地　　址　呼伦贝尔市海拉尔区河东新春街4－3号
直销热线　0470－8241422　　邮编　021008

排版制作　北京鸿儒文轩文化传播有限公司
印刷装订　三河市华东印刷有限公司
开　　本　710mm×1000mm　1/16
字　　数　240千
印　　张　20.5
版　　次　2010年11月第1版
印　　次　2022年4月第2次印刷
印　　数　8001—13000 册
书　　号　ISBN 978-7-80675-847-2
定　　价　58.00元

版权所有　侵权必究
如出现印装质量问题，请与我社联系。联系电话：0470-8241422

思维不经常转动，人就会变傻！

——HRY 资深图书人姚唤如是强调

今天，你思维了吗？

如果你的思维不经常转动，也许你的大脑正逐渐陷于"生锈"的模式中！

据称，西方很多人，尤其是中老年人，为了防止大脑痴呆，纷纷购买思维游戏书籍，表示要常思维，常锻炼，拒绝老年痴呆！

即使科学家也不得不承认，思维是想象力所及范围内的一种最复杂运动，其过程牵扯上万亿个脑细胞和神经元联系。科学家们也许永远也揭示不出大脑的精确工作方式，但如果人的注意力集中于特定的思维方式——使用逻辑思维、创意思维、视觉思维、横向思维——那么，就有可能取得惊人的效果。

思维能力的提高，是智力水平的整体提高。人的智力水平包括多个方面的内容，如观察力、记忆力、想象力、分析判断能力、思维能力、应变能力，以及生存能力、生活能力等。思维能力提高了，智力水平提升了，上述能力也全面提升了。

人的思维具有极强的可塑性，但同时也容易受心情、环境等因素的影响，不良的环境往往导致不良的学习效果；反之，愉快、美好的环境，轻松有趣的方式，则能够在同等的条件下，使人的思维获得更好的锻炼。

思维能力在人的成功过程中起着举足轻重的作用，无论从事什么职业，处于什么岗位，面对什么问题，拥有活跃的思维，都是人们能否快速走向成功的最关键因素。

书中的 500 个思维游戏是 HRY 编辑部为全方位训练思维专门设计的，集娱乐、激发潜能、提高智商及情商为一体，涵盖了逻辑学、心理学、概率论和博弈论等多种知识，每个游戏都极具代表性和独创性，内容丰富，难易有度，形式活泼。

我们希望通过采用做游戏、讲故事以及破案、闯关的方法，督促读者思考问题，解决难题，使读者在玩乐的过程中，循序渐进地提高自己的智商，启迪自己的智慧。

另外，本书的思维游戏适合任何智商的读者（零智商与负智商除外）。我们精心推出这本思维游戏，主要意图就是让读者在玩中学，在玩中忘却生活中的压力和烦恼，在玩中激发大脑潜能，在玩中飙升智商，在玩中提升情商！

当然，一开始，也许并不是你在玩思维游戏，而是思维游戏在玩你！甚至可能把你玩到崩溃……通过对本书的阅读，时常思维，时常锻炼，读者逐渐在"打击中"成长，这时读者才有底气跟思维游戏进行智力博弈，才能真正地玩"思维游戏"！

本书涉及到许多知识领域，具有很强的系统性、实用性和现代性，是一套思维游戏方面的百科书，具备益智功能，适合阅读和收藏，也是各级图书馆陈列的最佳版本。

希望每一位读者都能从本书中汲取有益的营养！

您的成长，是我们的愉快！

目 录
contents

第一部分 逻辑思维游戏

第二部分　推理思维游戏

第三部分　数学思维游戏

第四部分　发散思维游戏

第五部分　侦探思维游戏

第一部分

逻辑思维游戏

① 观察指出不同

右面的9张图，看上去几乎没有什么差别吗？那你可就错了，它们每张都不同。你能在最短的时间里找出来右图中的不同之处吗？

② 尼姆大婶烤饼

今天是个好日子，尼姆大婶亲自下厨烤大饼。下面两张照片中有8处不同，请你把它们找出来。

③ 小丑狂欢节

小丑们聚在一起，热闹非凡，约好一同为观众们表演精彩的节目！仔细观察一下，当图中右下角的小丑拉绳子时，挂在绳子上的其他七个小丑们，哪个会上升，哪个会下降？

④ 把六边形变成三角形

图中，右边的碎片是左边这个六边形所分割而成的，把这些被分割的六边形碎片复制并剪下来，一起来把它拼成一个等边三角形吧！

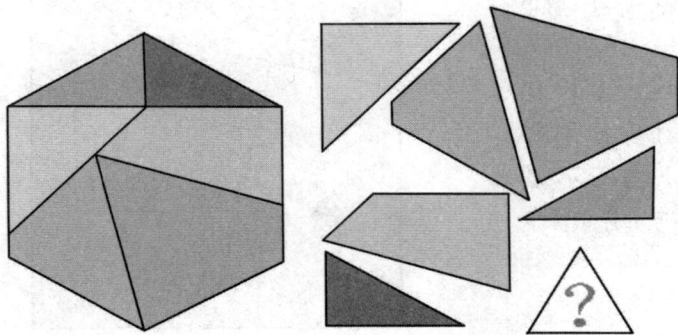

5　计算圣诞球的重量

看这个五颜六色的圣诞球展架，已知圣诞球共重144克，假设棒子和绳子的重量为0。求每一个圣诞球的重量是多少?

6　重组长方形

复制右图并剪下几部分，将其中红、绿两色重组成一个长方形。注意，重组后的长方形不可用紫色部分哦!

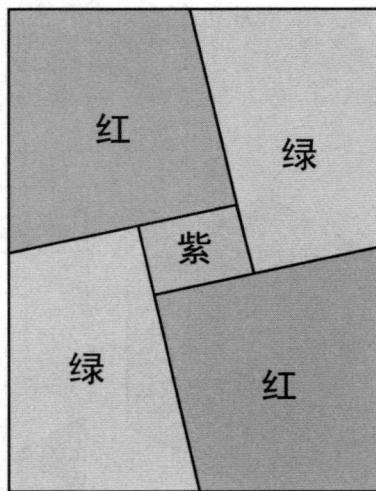

7 有奖摸乒乓

在灯光市场上，一家商店举行摸奖销售。在摸奖箱里，装有8个蓝色乒乓球，15个白色乒乓球，12个黄色乒乓球。商家宣布，只要顾客伸手在箱中摸出两个相同颜色的乒乓球，那就有奖。因为盒子又深又黑，想要摸中只能靠运气了。

你来想一下，至少要拿出多少个乒乓球才能确保有一对同色的？

8 水果巧搭配

在一家水果店里，有许多苹果、梨和菠萝…在柜台上放有一架标准的天平。售货员在称水果时，如果在天平一端放一个苹果和柚子，就会等于另一端菠萝的重量；如果在天平一端放上一个柚子，就会等于一个苹果和一个梨的重量；如果在天平一端放上两个菠萝，那就会等于三个梨的重量。你来推理一下，一个柚子的重量等于几个苹果的重量？

9　带有折痕的四边形

数学课上，张老师拿着一张长方形的纸沿中轴线对折了一次，然后再次沿中轴线对折。最后，他打开这张纸问："谁能告诉我，这样对折后，一共有几个带有折痕的四边形呢？"

有同学说四个，还有同学说是九个，老师摆了摆手。其实这是一个很简单的问题，可是他们却都错了，那么现在你来算一下，正确答案是什么？

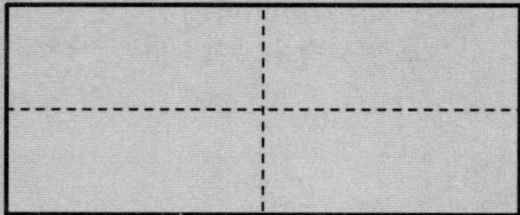

10　游乐园成员

在昆虫王国里，蜻蜓有6条腿、2对翅膀；蜜蜂有6条腿、1对翅膀；蜘蛛有8条腿，没有翅膀。有一天，蜻蜓、蜘蛛和蜜蜂，组成了一个共有18个成员的小小动物游乐园。它们这个团里共有118条腿，20对翅膀。开动一下你的大脑，想想在这个小小动物游乐园里，蜻蜓组、蜜蜂组和蜘蛛组各有多少名成员呢？

11　多出几个洞

　　小熊是个足球迷，他每天都要踢足球，所以鞋袜也破得最快，一个月下来，就破掉了三双。第一双袜子上有一个洞，第二双袜子上有二个洞，第三双袜子上有三个洞。妈妈让小熊数一下，一共有几个洞。调皮的小熊脱口而出："12个洞呀!"

　　小熊的回答对吗?

12　巧妙回答爸爸

　　娟娟每天都乘公交上学，在她家不远处就有一个公交车站。每隔10分钟就有一趟汽车和电车，票价也都一样。只是汽车开过之后，隔3分钟才会有一趟电车，再过7分钟才会有一趟汽车。

　　有一天，爸爸突然问娟娟："根据这两种车的时间点，你来推算一下，乘哪种车会更好一些?"娟娟稍一思索，就准确地回答出了爸爸的提问。你知道娟娟是怎样回答的吗?

(13) 贺年卡的价钱

动物园的邮局发行新春有奖贺年卡。贺年卡设计精致,价格不等,满足了动物的不同要求,动物们都争相购买。小兔买了10张,寄给了远方的朋友;小狗买了5张,寄给了远方的同学。小狗比小兔省下了3元钱。

请问:它们谁买的贺卡要贵些?每张贺卡多少钱?

(14) 称出最轻球

在一次智力课上,老师让明明做一个试验。有8个形状、大小完全相同的球,其中有1个比其他的都轻些,其余7个是重量完全相等的。老师让明明只用一架天平称两次,就将那个最轻的球找出来。明明想了想,随后在天平上称了两次,就顺利将其找出。

你知道明明是怎样称的吗?

15 三个人抬两根树

村子里有个恶毒的地主，到了年终要给长工结工钱的时候，却恶狠狠地对三个长工说："要想拿到工钱，必须给我做好一年中的最后一件事，否则休想拿钱！"然后地主叫三个长工到山上去，每人抬两根圆木回来，一共只能抬3根。三位长工一商量，便每人从山上轻轻松松地扛下一根来，然后按商量好的办法，将三根摆好，叫地主来检查。地主一看，找不出什么毛病，只好按约给三位长工结账。

你猜：三位长工是怎样摆放圆木的？

16 怎样分割重拼五角星

将大五角星分割成如图所示的这些部分。然后，再把它们重新拼成四个五角星，很容易的，快来做吧！

17 拿皮筋捆铅笔

在智力课上，李老师叫同学们亲自动手，用4根橡皮筋捆9支铅笔，而且每捆铅笔都必须是奇数。有的同学捆来捆去，怎么也捆不出来。但是，小聪却没用多大功夫，就按要求捆好了。老师看后，赞不绝口。

请问：小聪是怎么捆出来的？

18 姐妹年龄谁更大

小凤与小兰是很好的朋友，她俩常以姐妹相称，但不知道谁的年龄大。只知道小凤再过两年，年龄就是两年前的二倍；而小兰三年前的年龄刚好是三年后年龄的三分之一。女孩都不愿说出自己的年龄，我们也不好意思问，所以只能自己计算了！

请问：小凤和小兰今年各是多少岁？她俩谁更大些？

19 巧排杯子

　　小明把10只杯子摆放在桌子上，一个挨一个的排列着。前面的5只杯子装满了水，后面的5只是空的。小明想只动其中的2只，就能使空杯和满杯间隔排列。

　　帮小明想想，到底该怎样摆弄杯子呢？

20 男、女同学各多少个

　　有一次，明明到展览馆去参加画展。在这之前，他得知全校共有120个同学参加。但当他到了展会上才发现，在这些同学当中，任意两个中就有一个是女同学。他感到很奇怪，心想：到底是学校有意的安排，还是偶然的巧合呢？明明说不清什么原因。

　　请问：参加这次展览会的女同学和男同学各有多少个呢？

21 怎么来算蜡烛难题

　　兔妈妈给小白兔出了一道难题：桌子上点有9根蜡烛，一会儿被风吹灭了3根，一段时间过后，大风又无情地吹灭了2根，到最后还能剩下几根？

　　小白兔算了一下，跳着说："真简单真简单…"但兔妈妈却说："小白兔，你算错了。"小白兔又抓起脑袋来，但怎么也算不出来。你能帮小白兔想想办法吗？

22 求出炮弹落地顺序

　　右面有三门大炮，它们同时开火，其中，最上方的沿着地平线平射，左下方的以45°角发射，右下方的垂直发射。来求一下，三发炮弹依次落地的顺序。

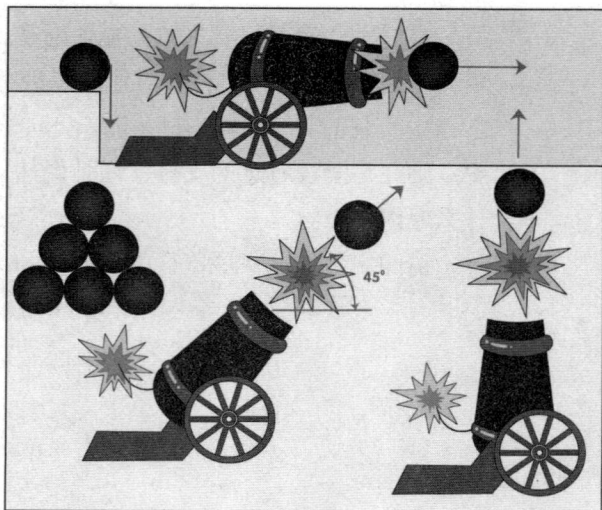

㉓ 粉笔会有多重

霞霞想知道一盒粉笔会有多重，但摆在她面前的却是一架无码天平。她想了想，要用这架无码的天平称出这盒粉笔的重量，那就只有一个办法——即在天平的一边秤盘里放一盒粉笔，在另一边秤盘里放上三分之二的粉笔和30克重的砝码，天平一平衡，她就可以知道这盒粉笔的重量了。

霞霞已经知道了答案，你知道了吗？

㉔ 字母谜题

今天是星期天，不用上学。做完作业的小虎去同学小圆家玩，正好小圆的哥哥也在家，并提议玩扑克牌。玩了一会，他哥哥觉得没什么意思，就提议玩猜牌游戏。

首先，他拿出了16张牌，分别是黑桃2、3、4、5、7、8、J；红桃A、4、Q；草花4、5、6、Q、K；方块A、5。只见他从中随便拿了一张，然后把花色告诉了小虎，把点数告诉了小圆。接着，问他们："你们谁能猜出这张牌是什么？"

小圆听完说："不知道。"小虎说："我猜你也不知道！"小虎刚说完，小圆就说："我知道这张牌了。"很快，小虎说："哈哈，我也知道了！"

请问：这张牌是什么？

25 分割六边形

把一个正六边形平均分成八份，一共有两种分法，下面就是其中一种，你知道另外一种是什么吗？

提示：下面的格子会对你有帮助哦！

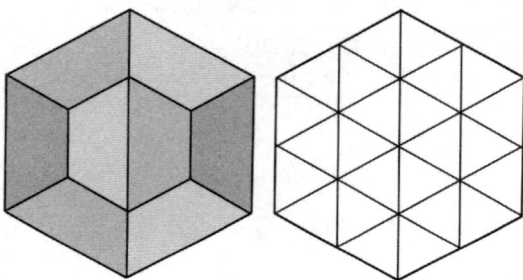

26 岳飞妙算拔河比赛

南宋抗金名将岳飞打败金兵多次进攻。于是奖赏三军，并且举行了一场拔河比赛。左边的参赛人员是3个小兵和2个大兵，右边的参赛人员是4个大兵和1个小兵。比赛之前人们都知道4个大兵的力气和5个小兵的力气不分上下，但左边那2个大兵是孪生兄弟，力气特别大，他们的力气相当于2个小兵加1个大兵的力气之和。比赛还没开始岳飞就说出了胜败。赛后结果正如是岳飞所说。

那么岳飞说得到底是哪边胜利呢？

27 巧拼三角形

　　快来动脑筋了，来把右面九块木板做成一个等边三角形，要求它的三条边总长度等于九块木板的总长度，大家比比，看谁做的最快？

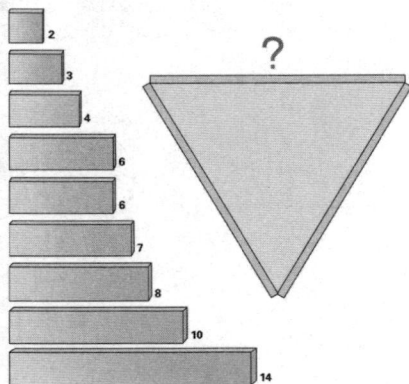

　　快来动脑筋了，来把右面九块木板做成一个等边三角形，要求它的三条边总长度等于九块木板的总长度，大家比比，看谁做的最快？

28 唐伯虎算账

　　明朝有名的风流才子唐伯虎要进京赶考，他身上的银两不够。于是便向同路的祝秀才借了10两银子。后来祝秀才又要花钱，就向同路的文秀才借了20两银子。文秀才身上没钱花了，只好向同路的丁秀才借了30两银子。丁秀才实在没办法了，便又反过来向唐伯虎借了40两银子。考试完后，他们四个人开始清账还钱。唐伯虎想了一个好办法，只要动用最少的钱就能结清账目。

　　那么，唐伯虎想的是什么办法呢？

29 你能找出规律吗

你能从图A，B，C选项中，找出符合规律的那个吗？

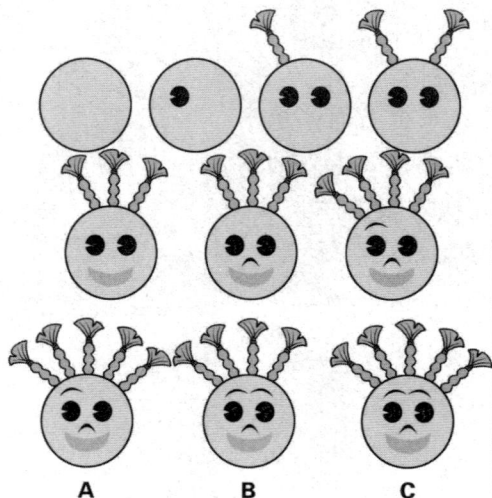

A   B   C

30 原有多少斗酒

武松受人之托去收拾恶棍蒋门神。他要求每过一个酒店就要喝点酒。武松出门带了一个酒缸，看到一个酒店，就往缸中加入1倍酒，然后又喝下一斗。他连续遇到酒店加1倍的情况反复出现三次之后，酒缸里的酒才被喝完。

武松是个粗人，他不知道自己酒缸原来有多少酒？

你帮帮武松吧。

31 犯错误的嫦娥

王母娘娘知道了嫦娥偷偷下凡的事，所以就不准她再回月宫，除非是自己借助天绳爬到天上。嫦娥住不惯人间，但又没有其他办法，只能努力去爬三千丈高的天绳了。她白天视力比较好，能够向上爬三百丈，但晚上却看不见，为了安全只得下滑二百丈。嫦娥有点灰心，她不知道自己什么时候才能重新回到天上。亲爱的读者，你来帮帮嫦娥吧！

32 怎样在黑暗中选手套

抽屉里面一共放了两副黄色手套、三副红色手套、四副绿色手套和五副蓝色手套。这些手套都杂乱地摆放着。现在要在黑暗下从抽屉里拿手套，要求至少拿到一付相同颜色的手套，并且左右手配套。

请问：至少要从抽屉里拿出多少副手套才能达到要求？

33 火车换方向

爸爸用火柴拼成一个正由右向左而奔驰的火车头形状。他问小钢："你能只移动4根火柴，而将火车头方向改为由左向右吗？"小钢想了许久，也没想出办法。

你能帮他想出什么好办法吗？

34 猜猜离起点有多远

反复掷一枚硬币。如果出现的是正面，下图中的人就会向右走一格：如果是反面，则会向左走一格。N次掷币后，比如在36次之后，你能够猜到他离起点多远吗？

请问：这个人最后会回到起点的概率（假设他一直走）是多少？

反面 正面

35 观察局部图和原图

观察下面3幅局部放大图，它们分别来自原图的哪部分？

36 森林里藏动物

大雪天，森林里的动物也穿上了白色的衣服。你看到了哪几只动物？

37 马上解救最下面的

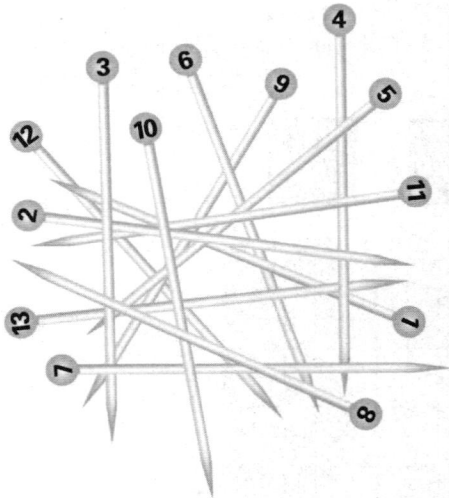

左面是一个由木棍摆成的图案，现在因为出现了特殊情况，需要马上"解放"压在下面的第12根棍子。这个游戏的目的是，如何解救压在最下面的棍子。

请问：你按怎样的顺序将1至11根棍子拿开？

还要记得注意，被拿掉的木棍上，不能再压有别的木棍哦！

38 错误的蛋糕

糕点店师傅在装饰蛋糕时小圆圈出了错，你能根据规律将其进行更正吗？

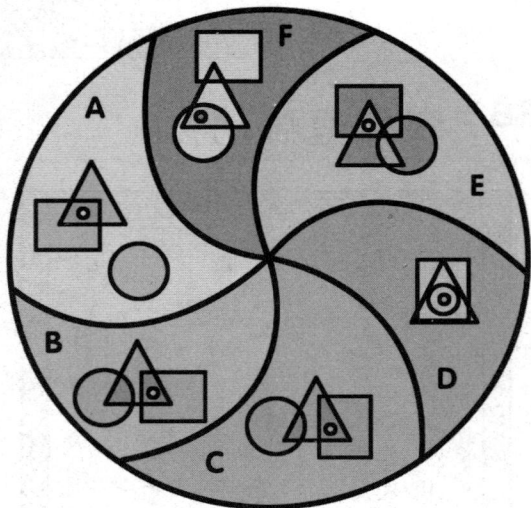

39 测量盒子

一个密封的盒子里面装满了可可豆，另外还有一把15厘米长的尺子。你能否在不打开盒子的情况下，测量盒子内部的尺寸并计算出盒子主要对角线的长度呢？

比如这条从底部右侧前角B到顶部左侧后角A的直线，盒子内有4条这样的直线。盒子侧面、底顶部以及底部的厚度可以忽略不计。通过数学计算你可以得出结果，但是有一个更为简单的方法，即只利用尺子直接测量，我们要找出这个方法。

我们已经将体积因素排除在外，因为它们并不是找出这个方法的关键所在。那么，你能找到这道题的解答方法吗？

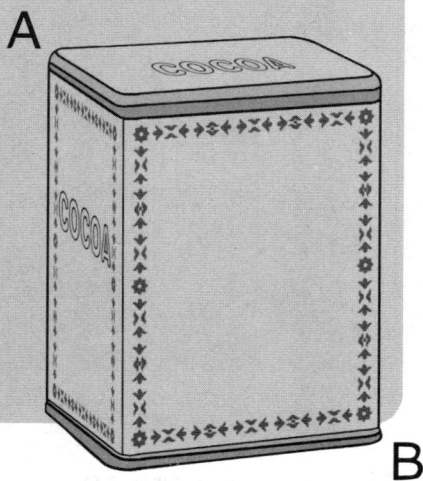

40 扑克谜题

这可不是随便摆出来的扑克牌，你仔细而认真地观察，在问号处放置哪一张扑克牌可以解开这道谜题？

41 标出巡视路线

右图所示的是飞船前进舱指挥舰板平面图。巡视的人将检查从A到M的每一个走廊，而且只检查一次。但通过外走廊N的次数不限。同时，进入四个指挥中心门即一号、二号、三号和四号的次数也不受限制。最后，他总是在一号指挥中心结束他的检查。

请你标出巡视者的检查路线。

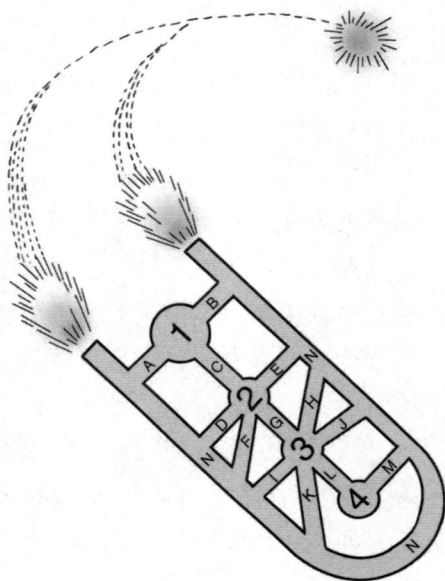

42 寻找新路线

卡拉夫奇是一名城市警察，负责巡逻城中的六个正方形街区。尽职尽责的卡拉夫奇希望在巡逻时找出一条可以一次巡视完所有街区的路线。答案中已经给出了他所制定的路线，但或许也有一条更便捷的路线。

现在，请你在查看答案之前也来试试。你的努力，会让卡拉夫奇非常感谢！

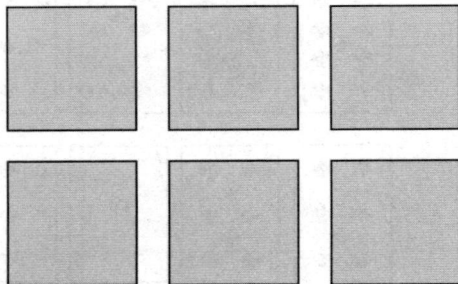

43 **如何消灭正方形**

这个由火柴棒组成的正方形，其实是藏着大小正方形共30个。不过，现在我想让所有的正方形消失，请你想一想最少要移动多少根火柴才能如愿呢？

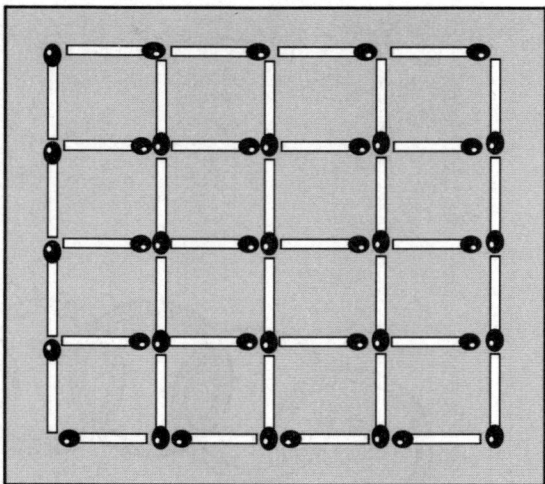

44 **谁先上岸**

方方说："花鸭先上岸。"王勇说："白鸭先上岸。"到底是哪一只鸭子先上岸呢？

45 智取银环

　　有七个银环套在一起。现在请你去砍断其中的一环，然后分七次将它们取走，但每次只能取一个，那该怎么取呢？

　　提示：银环可以交换。例如，第一次你取了一个，第二次你可以取两个，而把刚才拿走的再放回去。

46 谁先到车站

　　雨下得很大，妮妮和小辉都拿着伞去车站接妈妈了。仔细观察这幅图，是谁先到车站的呢？

47 谁提的重

三个孩子A、B、C，手中都提着一个大袋子，他们要赶着去市场。请问她们三个人谁提的东西最重，谁提的东西最轻呢？

48 射箭大赛

射箭大赛上，选手们一共射出了8支箭。仔细观察靶子和右边的8支箭，想想看，这8支箭哪支能射中靶心？

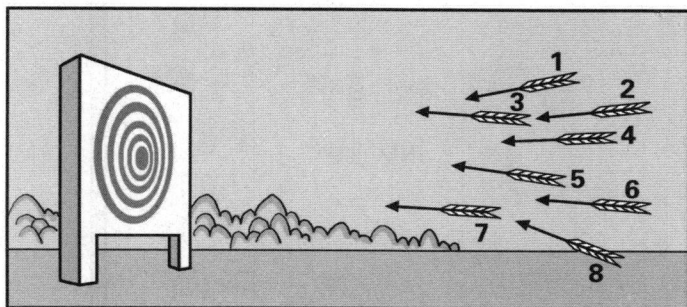

49 折小方盒

看这些已经完成的小方盒，你能知道哪个小方盒不能由A图折成吗？

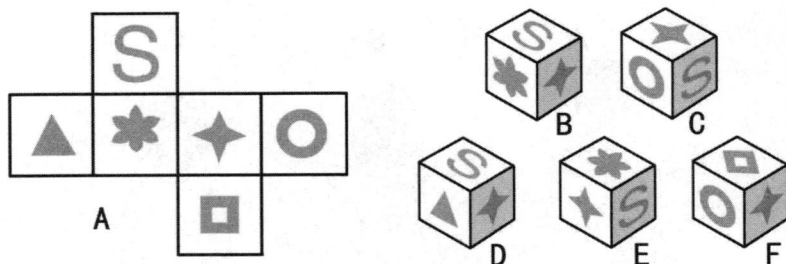

50 大块隔成小块

在一片大牧场上对称地竖立起八道笔直的栅栏，把它分割成五小块儿，使每块牧场都畜养两头牛、三头猪和四只羊。

请问：你应该怎样做呢？

51 找出珍稀的蝴蝶

图中的蝴蝶中只有两只是完全相同的，并且这两只蝴蝶非常珍稀，快把它们找出来吧！

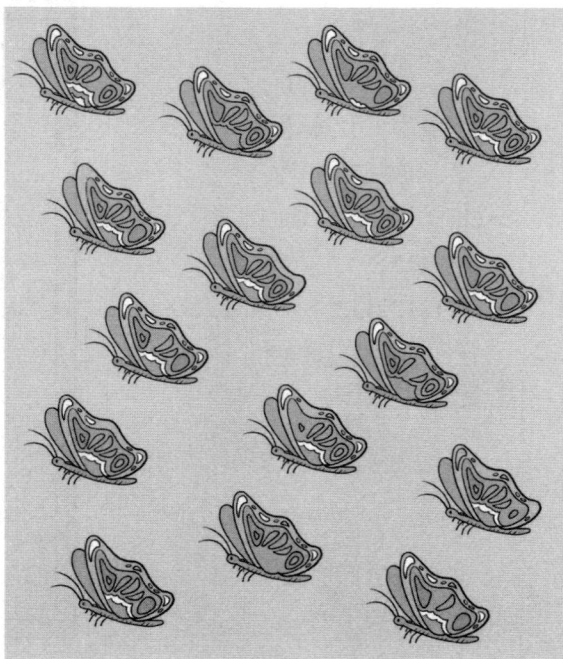

52 哪张白纸着火了

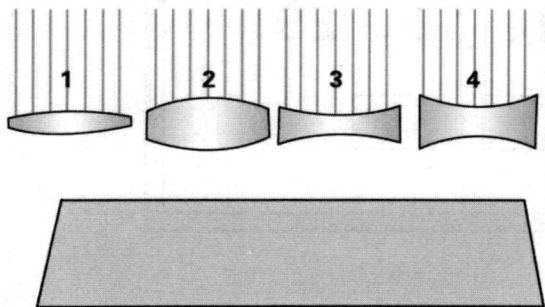

平行的太阳光分别通过四个不同的透镜射到一张白纸上。如图所示。

请问：哪个透镜下的白纸会着火？哪个透镜下面的火着得更厉害？

53 写出下一行数字

这里先写下一组数字，让你来观察。这组数字是3、13、1113、3113、132113、1113122113……

请问：下一行数字是多少？

3

13

1113

3113

132113

1113122113

?

54 求第十个数

观察下列数字：1、5、11、19、29、41……

请问：这列数中第10个数是多少？

1、5、11、19、29、41、★、★、★、?

55 卡片换位求新数

桌子上有 3 张数字卡片，这几张卡片组成三位数字 236。如果把这 3 张卡片变换一下位置或方向，就会组成另外一个三位数，而且这个三位数恰好能够被 47 整除。

请问：如何改变卡片的方位呢？这个三位数是多少呢？

56 麦克的造型

麦克在泳池旁的造型很奇怪，可把旁边的人吓坏了。仔细观察两幅图，其中有8处不同，你能全部找出来吗？

57 谁赢得更多

图中有两个容器，游戏开始时，左边的容器装有20个号码球，右边容器是空的。两个游戏者分别选择一个容器，他们轮流掷一个带有20面的骰子来玩游戏，与骰子点数相同的球将被转移到另外一个容器。每掷十次后检查一下两个容器里球的数量，谁的容器里号码球多一些，谁就是这一轮的赢家。

图表中显示的是掷骰子100次之后左边容器号码球的数量。从长期来看，这个游戏的结果谁会赢得更多？

游戏开始时容器的状态　　掷100次色子之后容器的状态

58 找出错误之处

在右边这幅图中，请你试着从视觉、概念和逻辑的角度，把这些错误全部找出来。快点哦，你一定能做到的！

59 醉汉怎么走

图示是最简单的无规则运动，与布朗运动（液体或气体分子受到其他方向分子的撞击而不停地做无规则运动）的解释非常类似。图中以矩形方阵的中心作为起点，掷两枚硬币（一枚红色一枚黄色）来决定醉汉怎么走。每掷一次，醉汉向上或向下走一步，然后再向左或向右走一步。

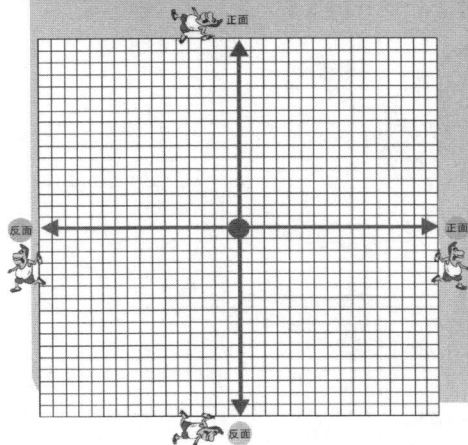

请问：把这两枚硬币掷100次以后，这个醉汉的位置会在哪里呢？你能否同时猜出他回到起点的概率？

注意，醉汉只能在矩形方阵里面走步。如果走到边缘，就会忽视所有使他向外走的投币，然后再重新掷硬币，直到他重新向里走为止。

60 给美食街画路线

杰明要从 START 走到 GOAL，必须经过每一个食品摊档，请你帮他画出路线来。

61 巧移火柴棒列算式

用火柴棒列成1+2+3=4的算式。请你移动1根火柴棒，将算式改正。

62 找出对应平面图

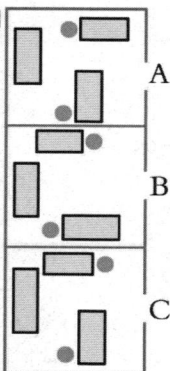

A、B、C三幅平面图中，其中有一幅是左图的平面图，请你把它找出来。

63 巧剪方格巧拼图

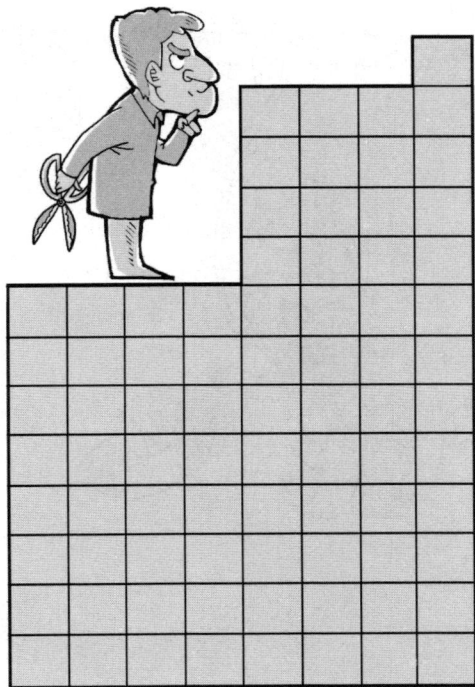

左图是一块由81个小方格组成的图形。请你将此图形剪成三块，重新拼成每边为9个小方格的正方形。想一想，该如何剪？

64 剪八角形拼图案

从长颈鹿身上的花斑中挑出6块来，拼合成一个正八角形，请你拼拼看。

65 小狗巧脱逃

小刚家养了一只调皮的小狗，家里人怕它乱跑，就把它拴在如图所示的一个铁架子上。小刚想带小狗出去玩，但又打不开架上的锁。小刚想了一会儿，最后还是带着小狗出了家门。你能否在不打开锁的情况下，让小狗脱逃呢？

66 小杰和托蒂的难题

小杰和托蒂的手被绳子捆在了一起了，怎么解都解不开。你能不能想个办法，不用剪断绳子，就使他们的手获得自由呢？

67 巧分零料

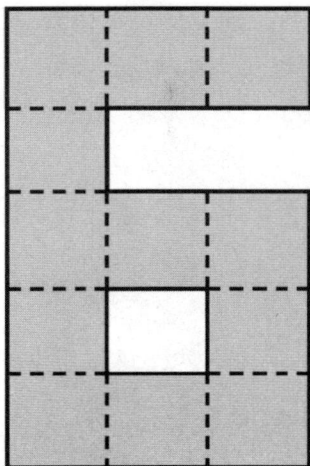

这是一块"6"字形的零料，小李准备沿着直线把它分为3块形状大小完全相同的图形，怎么分，请你帮他分一下。

68 巧妙连数别交叉

请你沿着图中的格子线，把圆圈中的数字两个两个地连起来，使两者之和为10。注意，连接线之间不能交叉与重复。

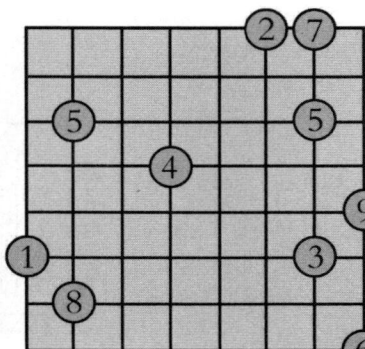

69　哪一位理发师手艺高

这是列车上惟一的一间理发屋，里面只有两位理发员，一位女的，一位男的。这次旅行时间很长，旅客们都得理发，所以理发师特别忙。

乘客甲问乘客乙："你说哪一位理发师手艺高明呢？"

"你看一看，就清楚了。"乘客乙回答。

原来，女理发员的头发又齐又美，而那位男理发师的头发又乱又糟。乘客甲说："看来我还是得找我们女同胞理理了。"

乘客乙赶紧否定："不，倒应该请那位男理发师理啊！"

乘客乙为什么这样说呢？

70　金牌获得者

小狗、小鹿、小兔和乌龟在赛跑。图中已经画出了它们的名次，你找找看，谁是金牌获得者？

71 请你走迷宫

有没有搞错……

这是一个城市立交迷宫，请你从A走到B，越快越好。

72 金字塔的出口

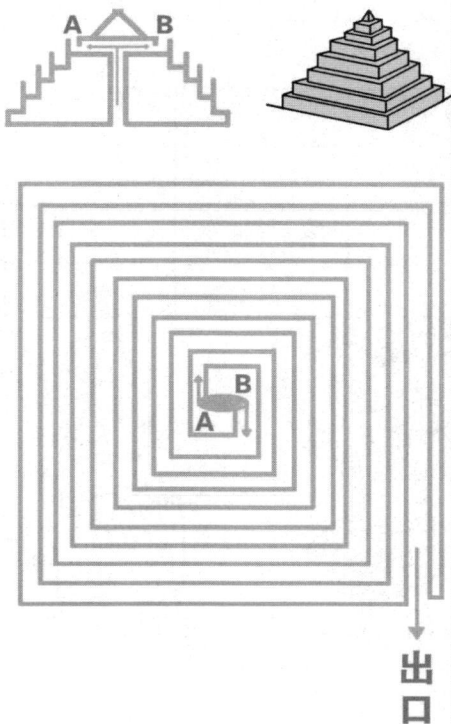

开罗郊外的孟菲斯附近有一座奇妙的金字塔，左边下面的图是这座金字塔的俯视图，中心部分就是顶角。金字塔的内部通道是通过台阶连在一起的。

如图所示，塔顶有AB两个下塔的路口，从路口往下到塔底的出口成螺旋状盘旋而下，道路两边都有很高的围墙。这两个路口只有一个可以走到出口处，找找看，是A还是B？

出口

73 小虫吃到大苹果

en......

haha......

有只小虫子想钻进苹果里大吃一顿，可它怎样才能吃到并且走出这个迷宫般的苹果呢？

分割和拼贴 74

玲玲说她可以把这个图形先分成8块（每块的形状和大小不但要完全相同，而且里面还都要保留一个小星星），然后再把分得的部分拼成两个正方形的框子。想想看，她是怎样分的？怎样拼的？

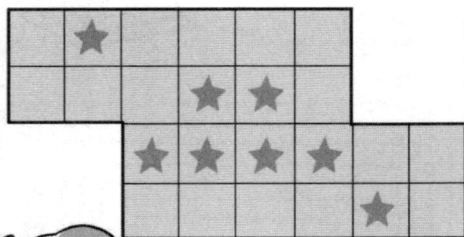

75 巧分花坛各一朵

花坛里面要种四种花,如何才能把花坛分成形状相同、面积相等的四份,并且每一份里正好有一朵花呢?

火车是进还是退 76

看这张图片,这辆火车是从隧洞中退出来还是开进去呢?

77 挑出有毒的杯子

四只杯子里有一杯是有毒的，杰瑞看着这个有毒杯子的俯视图，得从下面的四个杯子中找出对应的来。你能找出来吗？

怎样剪拼桌面 78

这是一块边角料，小花想把它做成一张方形桌面，请你帮她设计一下，该怎样剪拼呢？

79 四扇门框

A、B、C、D是四扇木制门框，哪一扇门框的结构最牢呢？为什么？

如何分地 80

有6个人承包由24个方格组成的方地，因为分配不均快要打起来了。你来看看，若分成6块形状、大小完全相同的小田，到底该如何来分？

81 五个小队

　　有五位老师，他们住的地方被一条小溪围绕着。他们每一家都有一座小板桥和外边相通。过新年的时候，同学们组成五个小队去拜访这五位老师。他们事先商量好第一小队经过第一座板桥到第一家，第二小队经过第二座板桥到第二家，第三小队经过第三座板桥到第三家……并且讲好五个小队所走的路线不许交叉。你想想看他们怎么走呢？

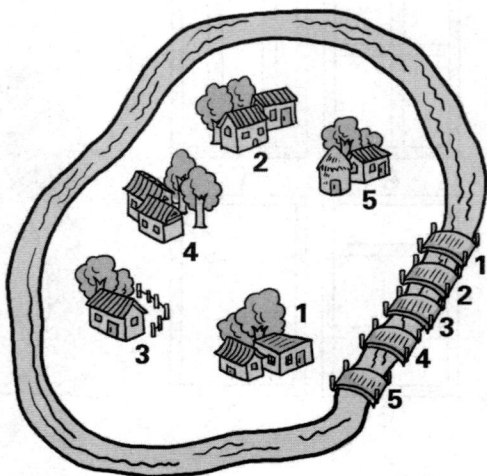

82 巧妙走进迷宫

来试试嘛！

　　这个让人头疼的迷宫，不知道难倒了多少人。你来试一试，能不能以最快的速度走进这个迷宫的中心处呢？

83 找出死亡地区

左图是某市的城区地图，图上大致画出了全市的市貌。从地图中可以看出，该市分为从A到I共9个城区。请你猜一猜，这9个区中哪一个是平均死亡人数最多的地区？

84 巧拼桌板

老汉家的桌板中间破了一个"十"字形状的洞，老汉仔细想了想，就把它分为了两块，然后拼成了一个长方形。你能做到吗？

这是什么？

85 把弟弟找回来

小丽带弟弟玩捉迷藏，不小心走进迷阵中。小丽一着急，竟然把路给忘了，你能想办法帮小丽和她弟弟走出迷宫吗？

86 有逻辑的四边形

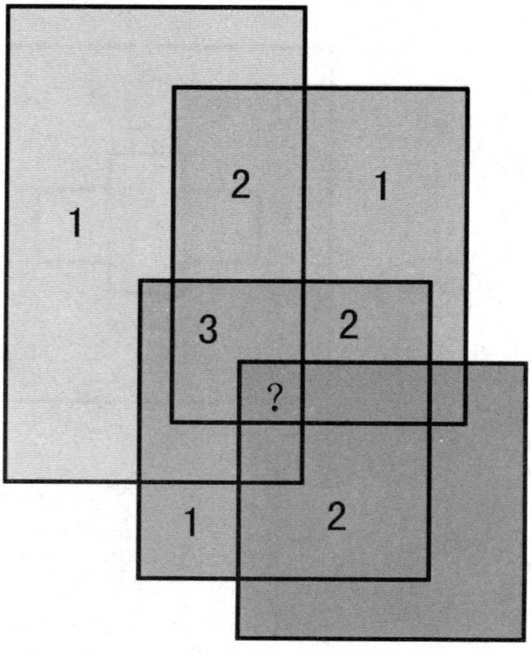

图中4个四边形是按照一定逻辑排列的，你能填出问号部分应该填入的数字吗？

87 找相同的鱼

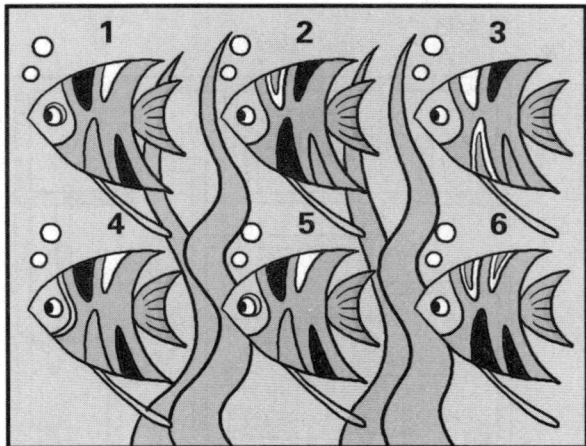

这里有6条热带鱼，其中有两条完全相同，你能在半分钟内找出来吗?

88 巧分月牙图

两条直线就可把状若月牙的图形分成六部分。不信你就来试试。

89 护花使者

明明和小倩是好朋友。他们每天都一块儿回家，但是为了避开修路工程和坏蛋，明明要怎么走才能把小倩安全地送回家中？

90 不配对的瓶子

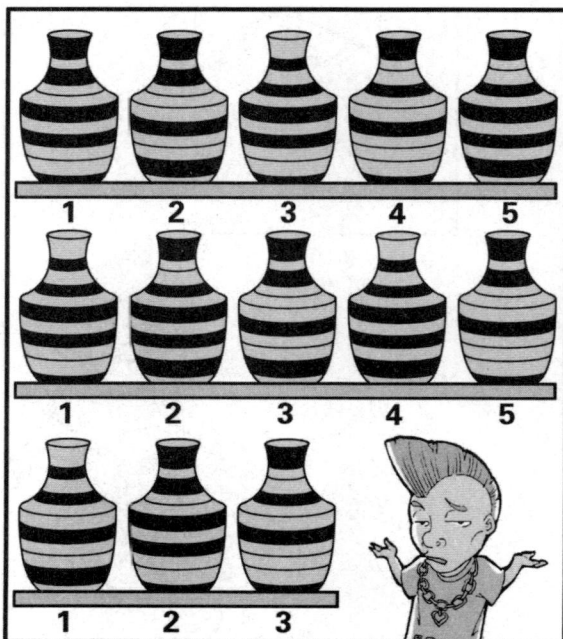

这里原有16只玻璃瓶子，分别有8对的花纹完全相同。可惜，其中3只被打破了，只剩下如图的13个，请你从中找出花纹不配对的3只单个瓶子，好让玻璃工人重新配制。

91 何时照的相

（1）

（2）

（3）

认真观察
再判断哦!

萌萌照了三张相片，一张是上午拍的，一张是中午拍的，一张是晚上拍的。可是，她却把哪张拍在什么时间给忘了。你能帮她想想吗？

巧接项链最省钱 92

一条金项链断成了8段，每一段都由7只小环连接而成。如果要将它们全部连起来，一只小环每开合一次要4元钱，连接8处要32元钱。怎样才能更省钱呢？

93 怎样摆棋都对称

下图的16个方格中，摆有5个黑色的棋子。现在，想把这个围棋棋盘的一角变成上下左右都对称的图形，试试看，最少要摆几枚棋子才行？

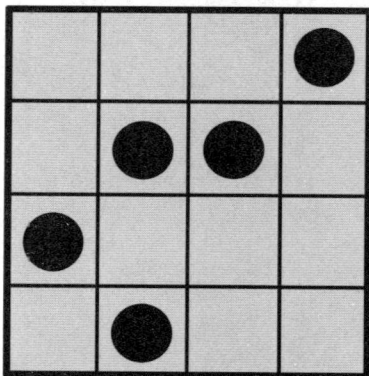

94 找出先照的相片

杨明准备去旅游，出门前妻子帮他收拾好东西，并且还照了一张相片，在旅途中他又照了一张，你能从照片中分出哪一张是先照的吗？

A

B

95 谁的花长得最快

小君和小浩每人种了一盆花，他们浇花的杯子相同，盛的水也一样。小君每星期天都会一次性往花盆中浇入一杯清水，小浩则把一杯清水分成七天来浇。请你判断一下图中的花分别是谁的？

96 正确的图

佳佳画了6幅图。但只有一张图中的电线杆影子是对的，你知道是哪一幅吗？

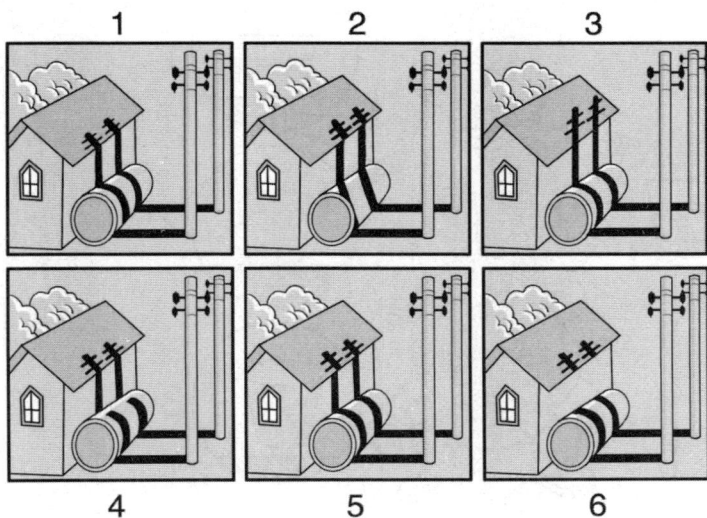

1

2

3

4

5

6

97　劫富济贫

游侠库克斯最爱劫富济贫，这次他从财主A家偷了钱以后，挨家挨户送，最后到B家。他走的是一条道，并只走一遍，不走第二遍（有走不通的路），而且一家不漏。你猜猜，他是按照什么路线走过去的呢？

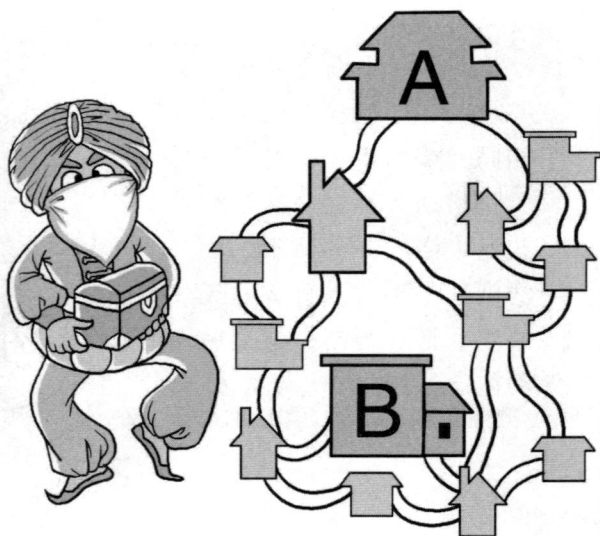

98　水的形状

桌上有个盛水的杯子，三个孩子看到的水杯形状都不一样，他们看到的各是哪种形状？

99　三条出口路线

入口　　　　　　　　　　　　　甲

丙　　　　　　　　　　　　　乙

　　左图是一间写字楼里的情景，人人动作不一。某女子自入口进入，但她羞羞答答的，不敢经过男士正面，你来帮她找出三条通往甲、乙、丙三个出口的路线吧！注意：不能经过男士们的正面，也不能对着他们的正面走过。

100　划分试验田

　　良种培育场准备在一块试验田里种植8种不同品种的水稻，而且要求种植面积必须相等。

　　该怎么划分这块试验田呢？

101 巧剪正方形

把1块正方形照图剪成7块，就可以拼成以下几种图形：3个一样大小的正方形；1个长方形；1个较宽的平行四边形；1个狭长的平行四边形；1个梯形。你会拼吗？

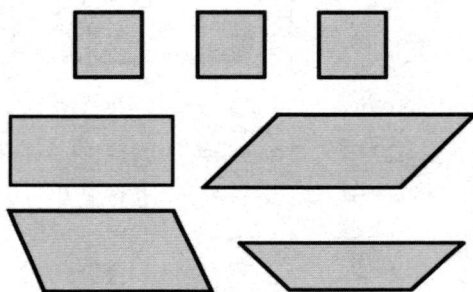

102 均分花园

罗斯先生家有一块梯形花园，园中栽种着4棵月桂树。最近，罗斯先生想把它分成大小和形状都相同的4块，且每块土地上都要保留一棵桂树。想想看，怎么分才会更好些？

103　乌龟走格

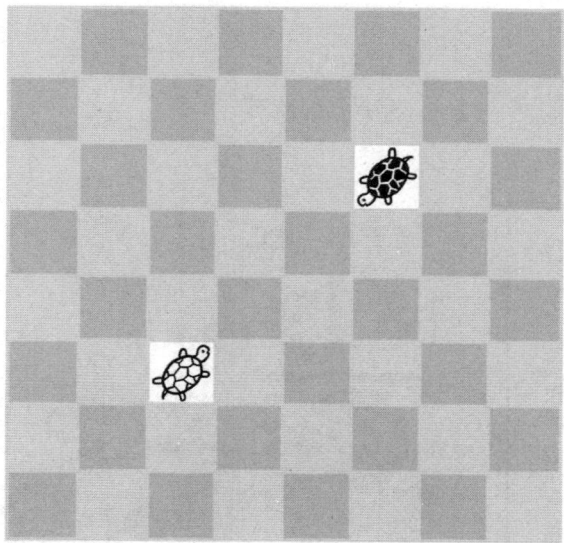

在这张格子纸上画着一黑一白两只乌龟，黑龟想到白龟那里去，但却必须走过所有格子，而且路线不能重复或交叉。你说该怎样走才好？

104　真假夫妻

旅馆里来了两对夫妇，其中一对是名副其实，而另一对则是外逃的通缉犯和其情妇。

由于旅馆已接到通缉令，所以早有警惕。不巧，通缉照片不清楚，根本无法辨别哪一对是罪犯。但是，出来迎接的店老板只注意到了一点，便知道是哪一对了。

你看出什么破绽了？

A　　　　　　B

答　案

1.观察指出不同

如图:

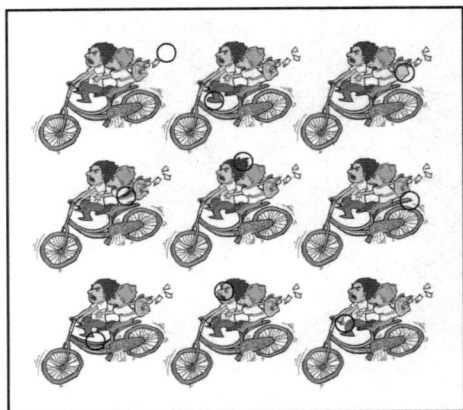

2.尼姆大婶烤饼

如图:

3.小丑狂欢节

如图:

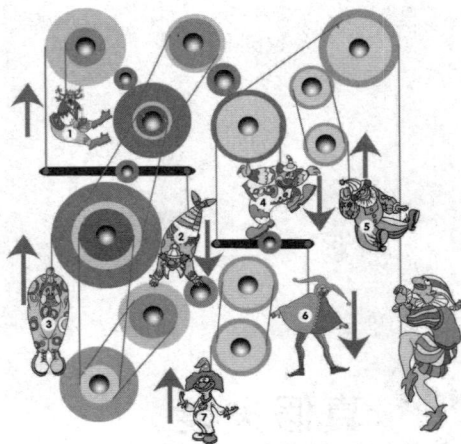

4.把六边形变成三角形

如图:

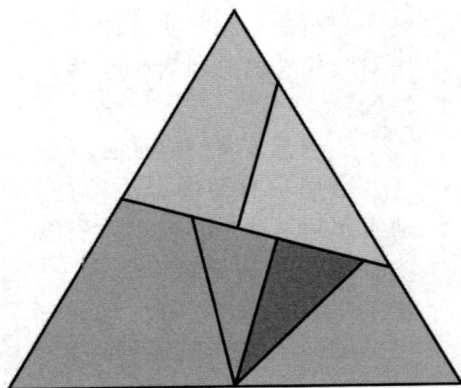

5.计算圣诞球的重量

如图：

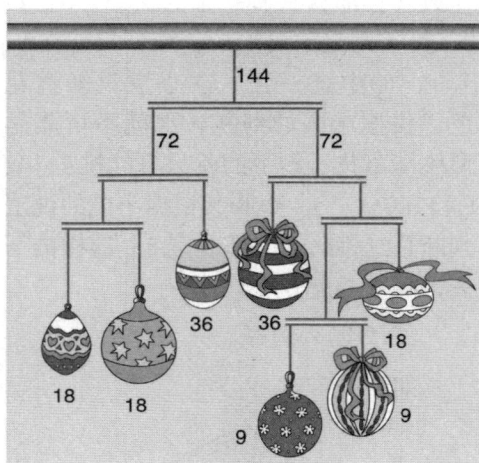

6.重组长方形

如图：

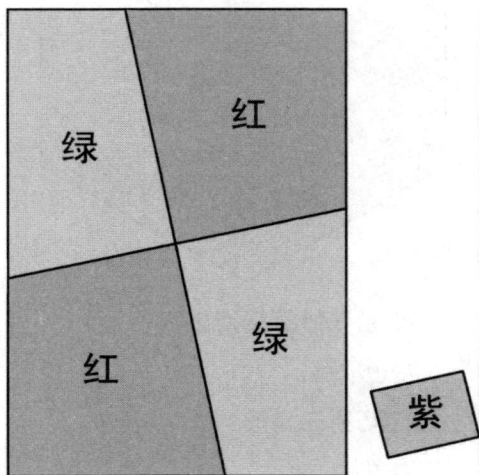

7.有奖摸乒乓

至少要拿出4个才可配到相同颜色的乒乓球。

8.水果巧搭配

一个柚子的重量等于5个苹果的重量。

9.带有折痕的四边形

5个。因为老师问的是有折痕的四边形。

10.游乐园成员

蜻蜓组拥有成员7名；蜜蜂组拥有成员6名；蜘蛛组拥有成员5名。

11.多出几个洞

小熊说得对。袜子本身有袜口，把袜口算进去，正好12个洞。

12.巧妙回答爸爸

娟娟说："根据这两种车的时间特点，碰上哪种车就坐哪种，反正票价都相同，乘哪种也都一样。"

13.贺年卡的价钱

它们买的贺卡一样贵，都是6角钱1张。

14.称出最轻球

先拿6个球分放在天平的两端，如果左右相等，那么轻的球一定在其余的2个球中，于是把其余的2个球放在天平上称一下就知道了。

15.三个人抬两根树

三个长工把圆木摆放成三角形。

16.怎样分割重拼五角星

如图：

17.拿皮筋捆铅笔

先用3根橡皮筋每根捆3支铅笔，最后一根橡皮筋把这3捆铅笔捆在一起。

18.姐妹年龄谁更大

小凤与小兰都是6岁。谁的生日小谁就大些。

19.巧排杯子

如图先将第2只杯子与第7只杯子换位置，再将第4只杯子与第9只杯子换位置。

20.男、女同学各多少个

共有119个女同学和1个男同学参加这次展览会。

21.怎么来算蜡烛难题

最后还剩下5根蜡烛，因为其余4根都燃完了。

22.求出炮弹落地顺序

那个沿着地平线发射的炮弹将最先落地，因为物体以相同重力加速度垂直降落，并不考虑它们的水平速度。如果其他两个炮弹以相同的能量降落，从一个角度发射的炮弹将比垂直发射的炮弹更早落地。这是因为以一个角度发射的炮弹的能量被转化成了水平方向的动能，所以它到达的高度不高，因此它飞行的时间将会更短。

23.粉笔会有多重

一盒粉笔90克重。

24.字母谜题

如果小圆只知道点数，不知道是什么牌，那么只有一张的2、3、6、7、8、J、K则是不可能的；那就只能在A、4、5、Q中选一张了。小虎只知道花色，根据小圆的判断，那就不可能是黑桃与草花；剩下的就只有红桃A、4、Q和方块A、5。小圆又根据小虎的说法判断是红桃4、Q或者方块5。这样推下去，就知道是方块5了。

25.分割六边形

如图：

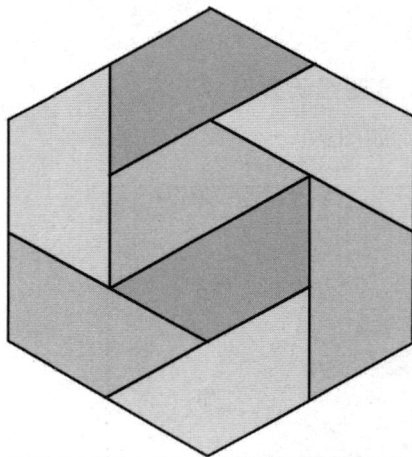

26.岳飞妙算拔河比赛

左边取胜。

27.巧拼三角形

如图：

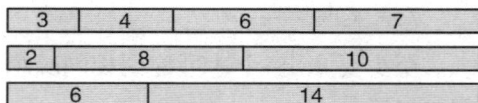

20米

28.唐伯虎算账

文秀才、祝秀才、丁秀才各拿10

两银子还给唐伯虎就行了，这样只动用了30两银子。如果按顺序还，要动用100两银子。

29.你能找出规律吗

A。在脸上增加1个新的元素，然后增加1根头发和1个新的元素，就这样地按这个规律重复下去。

30.原有多少斗酒

原有酒7/8斗。

31.犯错误的嫦娥

二十八天。

32.怎样在黑暗中选手套

要解答这道题，首先要考虑到拿到手的全部都是左手手套或全部都是右手手套的情况。它们分别都有14只。

在这种情况下，如果拿15只一定会拿到一双手套。

但是可以做得更好。尽管是在黑暗中，还是能够通过触觉分清左右手套。考虑到最差的情况，可以拿15只左手手套或者13只左手手套，然后再拿一只另一只手的手套。这样便会出现至少会有一对手套的情况。也就是说，一共只需要拿14只手套就可以完成任务。

两种情况分别如图所示。

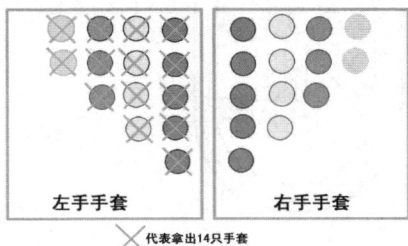

左手手套　　右手手套

✕ 代表拿出14只手套

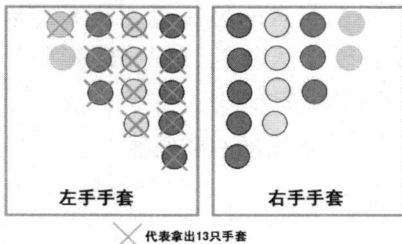

左手手套　　右手手套

✕ 代表拿出13只手套

33.火车换方向

如图：

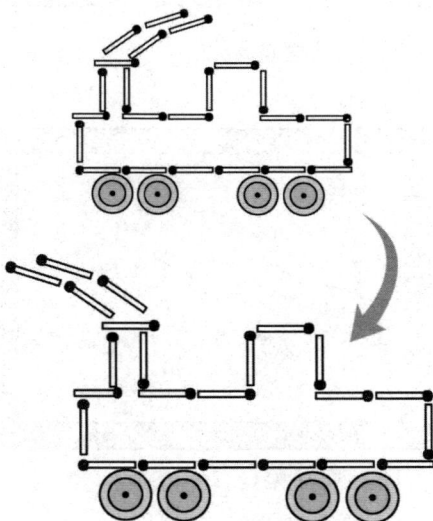

34.猜猜离起点有多远

根据概率论，在N次以后，这个人与中间起点的距离平均为记，也就是说，掷36次硬币后，他离起点的距离应该是6格。

这个人最终回到起点的概率是100%，尽管这需要经历相当长的时间。

一个非常有意思的问题就是："这个人从一边走到另外一边的概率是多高呢？"

由于题目中的路线是对称的，你很可能认为在一段随机走步中，这个人应该是一半时间在起点的一边，一半时间在起点的另一边，答案却恰恰相反，这个人从起点的一边走到另一边的概率几乎为0。

35.观察局部图和原图

如图：

36.森林里藏动物

如图：

鹿、狗和兔。

37.马上解救最下面的

8-10-7-3-2-11-5-4-13-1-6-9-12

38.错误的蛋糕

答案是D。

因为其中的小圆圈被叠加在3个面上，而其他图组中的小圆圈皆仅被叠加在2个面上。

39.测量盒子

将盒子的一边沿着桌边放置，并在桌上留出与盒子一样宽的长度（即，a的长度与b的长度相等，如图所示）。现在，拿起尺子，并将它放在桌子角的末端，然后，测量桌角与盒子后面

左侧顶角的长度。而这个长度与盒子主对角线的长度相等。

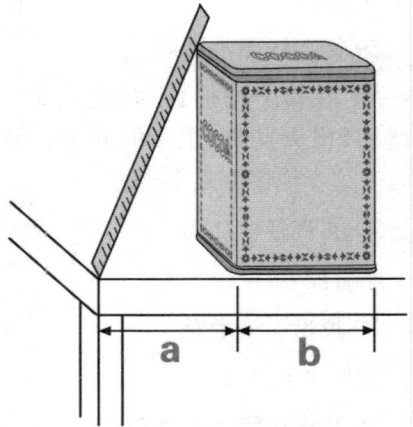

40.扑克谜题

每一列上下两张牌相加减2，所得结果即等于中间的扑克牌所显示的点数。A为1，Q为12，J为11，依此可知，问号处应为方块9。

41.标出巡视路线

如图：

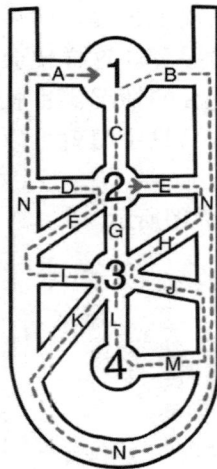

如图，从2号指挥中心进去，然后是E, N, H, 3, J, N, M, 4, L, 3, G, 2, C, 1, B, N, K, 3, I, N, F, 2, D, N, A, 1。

42.寻找新路线

这名警察的巡视路线已经展示在

下面的图中了。

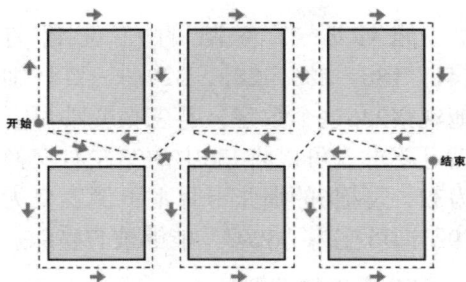

43.如何消灭正方形

如图：

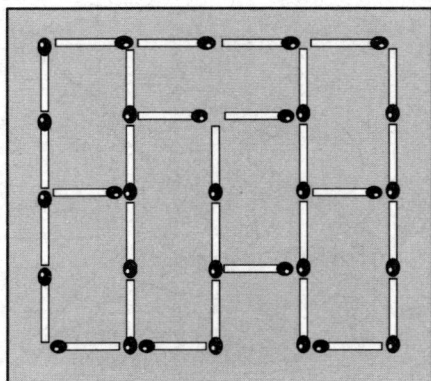

44.谁先上岸

花鸭先上岸，整理好了羽毛，身上的水滴下来，在脚下形成一滩水。白鸭刚刚上岸，河边上还留着它的脚印呢！

45.智取银环

第一次：把银环串中的第三环砍断取出，剩下四个一串和两个一串的银环。第二次：取去两个一串的，把第一次取出的断银环放在旁边。第三次：取去断环。第四次：取去四个一串的，放回先前拿走的所有银环。第五次：取去断环；第六次：取去两个一串的，放回断环。第七次：取去断环。

46.谁先到车站

从图中可以看出，小辉脚下的地是干的，而妮妮脚下的地已湿了，所以小辉是先到的。

47.谁提的重

B提的东西重。A提的最轻。

48.射箭大赛

第1、2、4支箭能射中靶心。

49.折小方盒

答案是D。

50.大块隔成小块

如图：

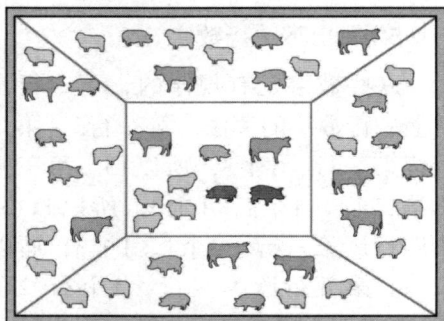

51.找出珍稀的蝴蝶

如图：

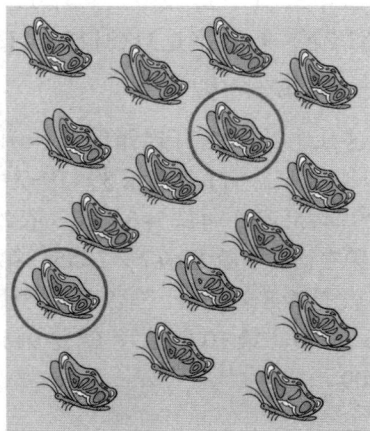

52.哪张白纸着火了

透镜1、透镜2下的纸会着火，透镜2下面的火着得更厉害。透镜2比透镜1更厚，因此经过透镜2的光线弯曲度更大，会聚太阳光也更强。如下图所示。

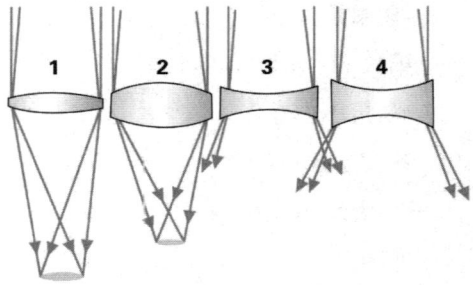

53.写出下一行数字

这些数字是有规律的，下一行是对上一行数字的读法。第一行3，第二行读第一行，1个3，所以13。第三行读第二行，1个1，1个3，所以1113。第四行读第三行，3个1，1个3，所以3113。第五行读第四行，1个3，2个1，1个3，所以132113。第六行读第五行，1个1，1个3，1个2，2个1，1个3，所以1113122113。第七行读第六行，3个1，1个3，1个1，2个2，2个1，1个3，所以下一行数字是311311222113。

54.求第十个数

这几个数字是有规律的，1=0+1×1，5=1+2×2，11=2+3×3，19=3+4×4，29=4+5×5，41=5+6×6，依次往下，第7个数字就是6+7×7=55，第8个数字就是7+8×8=71，第9个数字就是8+9×9=80，第10个数字就是9+10×10=109。

55.卡片换位求新数

能够被47整除的三位数有141，188，235，282，329……要仔细地观察236这个数字，看怎么变动可以满足要求。可以将236中的23左右交换为32，再把6的那张卡片上下倒置变为"9"即可变为"329"，能够被47整除。

56.麦克的造型

如图：

57.谁赢得更多

号码球更倾向于从左边的容器移动到右边的容器，直到两边达到一个平衡（即两边容器的号码球相等），这之后的变动就不是会很大。

因此刚开始几轮左边容器的游戏者更容易赢，他的这种优势甚至一直保持到左边容器变空为止。

但是计算结果显示出，如果这个游戏持续得时间足够长，所有的号码球最终会全部回到左边的容器中，尽管这需要相当长的时间。

58.找出错误之处

如图：

59.醉汉怎么走

我们无法说出这个醉汉最终会走到哪里去，不过我们可以知道某一个特定次数之后这个人与起点的距离大概是多少。

60.给美食街画路线

如图：

61.巧移火柴棒列算式

如图：

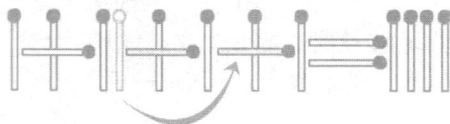

62.找出对应平面图

答案是C。

63.巧剪方格巧拼图

剪法如左图，拼法如右图：

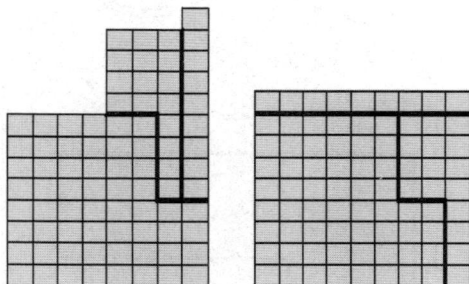

64.剪八角形拼图案

如图：

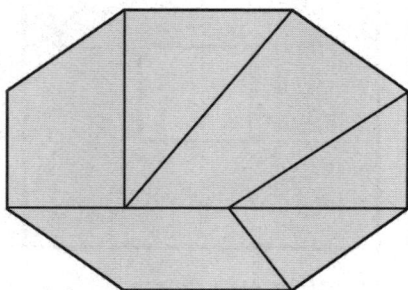

65.小狗巧脱逃

本题的解法很简单。只要把锁小狗的绳子穿过水泥桩中的孔，套过锁，然后再把绳子抽出桩孔，小狗就可以脱逃了。

66.小杰和托蒂的难题

如图，在C处拿起绳子A，按箭头所示方向穿过绳圈B。当这根绳子穿过B圈足够长时，将B手放进绳圈，再一拉A绳，他们俩人就可以分开了。

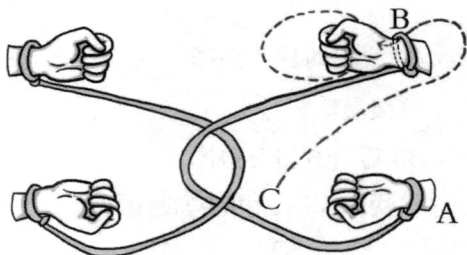

67.巧分零料

如图：

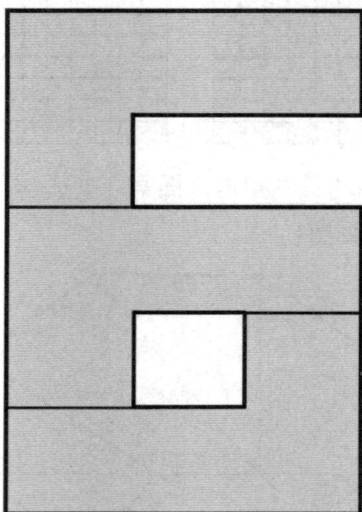

68.巧妙连数别交叉

如图：

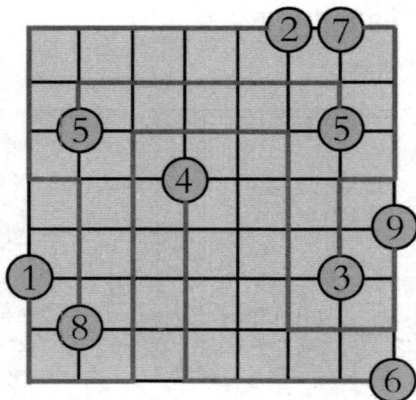

69.哪一位理发师手艺高

理发师不能自己为自己理发。列车上只有两位理发师，而且列车行驶时间很长，他们两位理发师得互相为对方理发，所以，头发齐整，表明对方手艺好；相反，则对方手艺差。

70.金牌获得者

第一名：小鹿；第二名：小兔；第三名：乌龟；第四名：小狗。

71.请你走迷宫

如图：

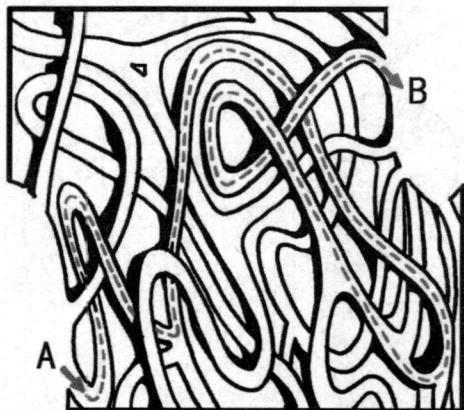

72.金字塔的出口

只有A才是可以走到出口的路口。

看起来令人眼花缭乱的路线图，往往抓住一点就会找出答案。先看俯视图，出口在边缘往里的第2个通道。因此，偶次的通道就是通往出口的道路。这么一来，很快就可以找出A。

73.小虫吃到大苹果

如图：

74.分割和拼贴

分法如图1，拼法如图2。

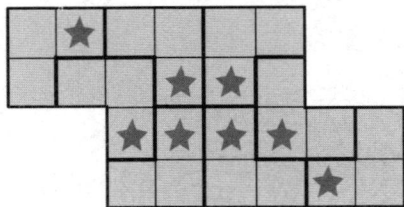

图1

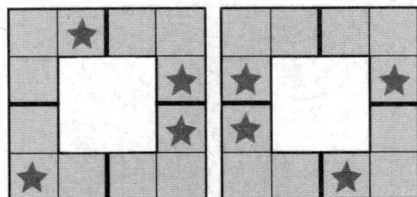

图2

75.巧分花坛各一朵

如图：

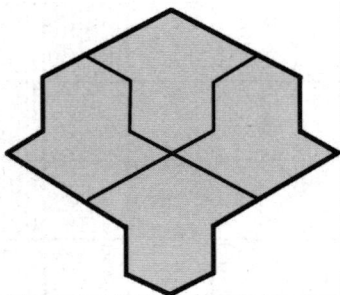

76.火车是进还是退

从洞口的余烟推断，列车是从隧洞中退出来的。

77.挑出有毒的杯子

B杯。

78.怎样剪拼桌面

如图：

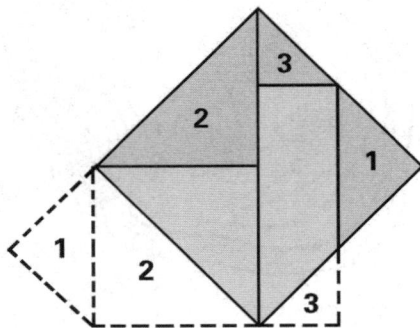

79.四扇门框

D。因为三角形的三条边长确定后，形状就不易改变，所以由这两个三角形组成是最牢的。

80.如何分地

如图：

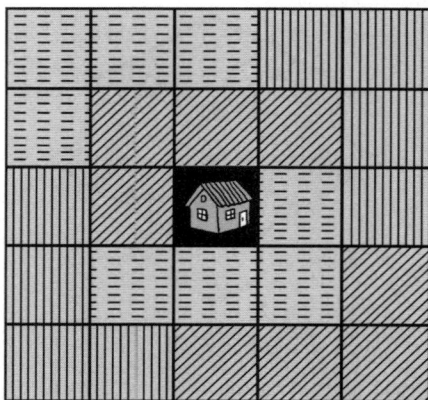

81.五个小队

如图：

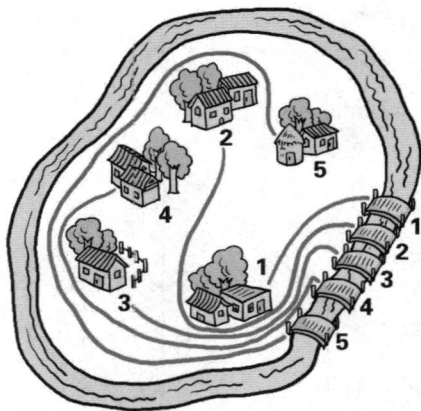

82.巧妙走进迷宫

其线路图如下图：

83.找出死亡地区

是C区，因为该市的医院在C区。做这个游戏的时侯，最容易迷惑人的是地图中的事故多发区。但这只是指交通事故多发区，同死亡人数的多少并没有必然的联系。医院就不同了，尤其是对于全市只有一家的医院来说，无疑只有这里的死亡人数是最多的。

84.巧拼桌板

照图分成两块，拼合即成。

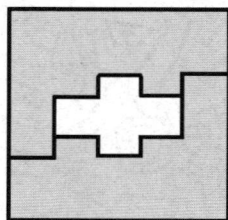

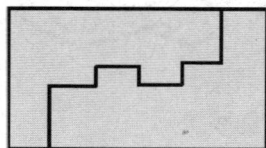

85.把弟弟找回来

如图：

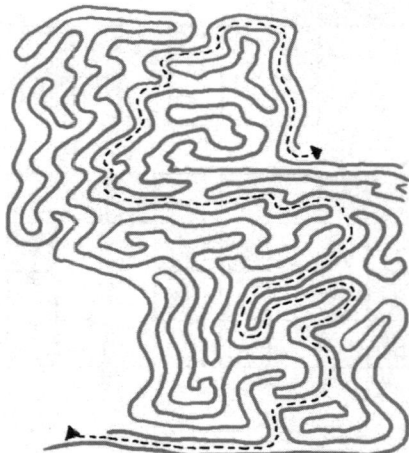

86.有逻辑的四边形

应该填 4。

不同数字代表叠加在一起四边形的个数。

87.找相同的鱼

1 和 5 相同。

88.巧分月牙图

如图：

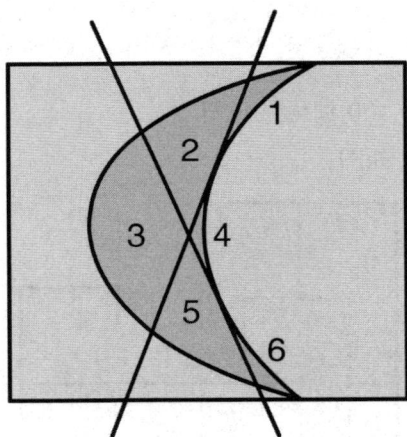

89.护花使者

如图：

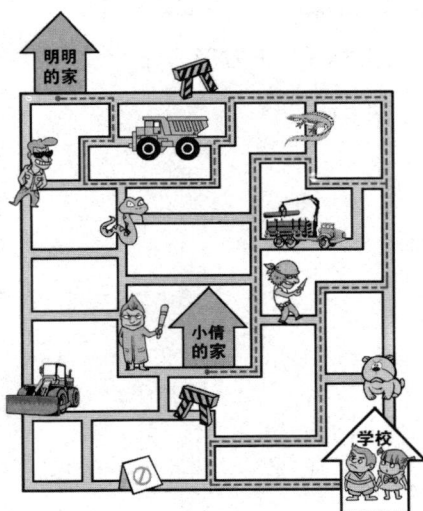

90.不配对的瓶子

第二排 4 和 5 两个，第三排第 1 个。

91.何时照的相

从影子看，(1)拍于上午；(2)拍于中午；(3)拍于晚上,她背后有三盏灯照射着。

92.巧接项链最省钱

如图：

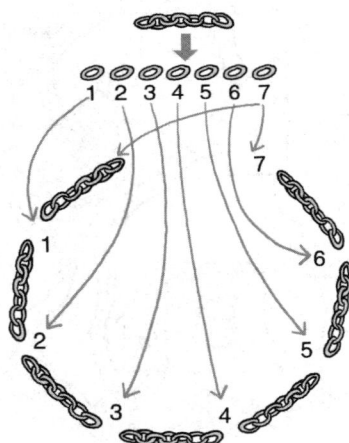

93.怎样摆棋都对称

只要用棋子把方格摆满就行。不过，你也必须把整个的方格摆满才行，缺一不可。也许你想过用更少的棋子，但那样是无法达到要求的。

94.找出先照的相片

B 先照。A 中掉了一颗扣子,在拍 B 时扣子还没掉。

95.谁的花长得最快

左边的一盆花是小浩种的,右边的一盆花是小君种的。

96.正确的图

第5幅。

97.劫富济贫

题中要求路不得重复去走,也不能将哪家漏掉,每家还只允许去一次。

想到这点,问题就迎刃而解了。走法如下图:

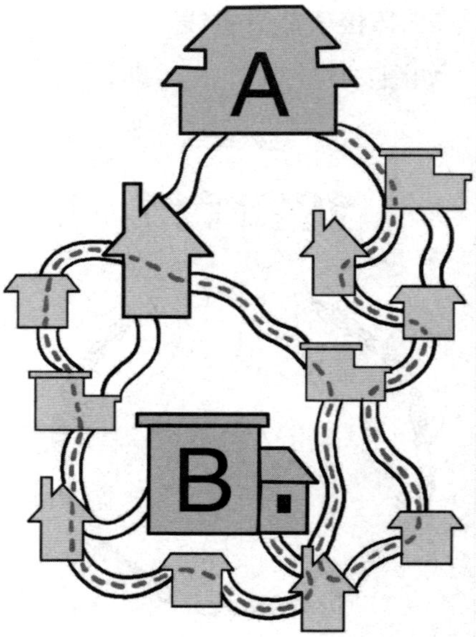

98.水的形状

1号小孩子看到3号形状;2号小孩子看到1号形状;3号小孩子看到2号形状。

99.三条出口路线

如图:

100.划分试验田

如图:

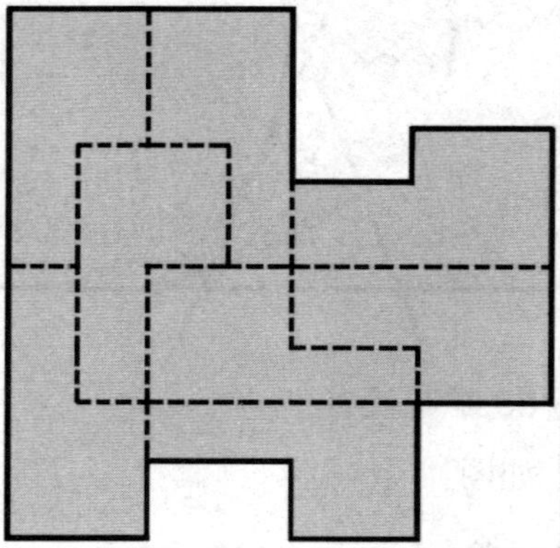

101.巧剪正方形

如图:

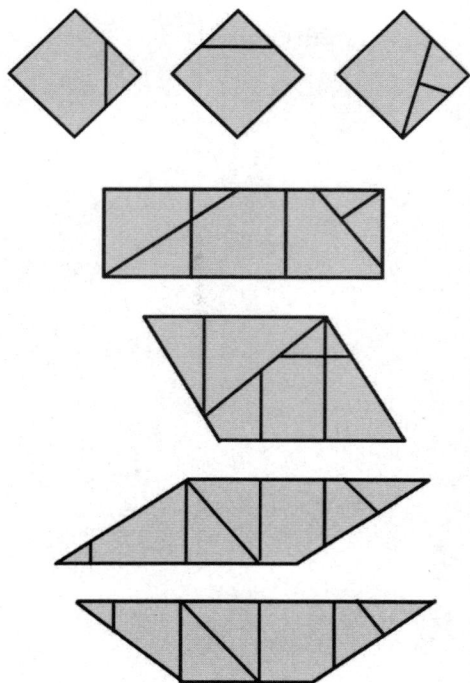

103.乌龟走格

如图：

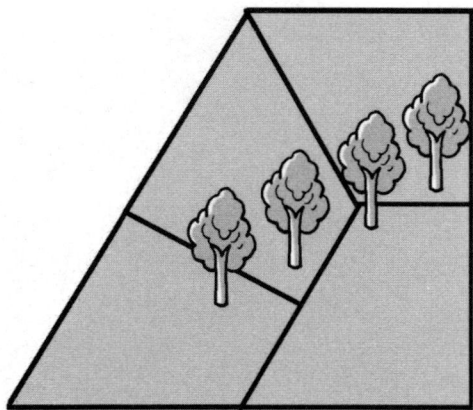

104.真假夫妻

值得注意的是旅行箱的数量。假如是真正的夫妻，那么一般都是两人合用一个旅行箱或提包。反之，两人会各自带着自己的旅行箱。

像两个人的行李混放在一个旅行箱这种打包方式，不可能是各自住在不同地方的人。所以，B夫妇就是罪犯。

102.均分花园

这种特殊的图形，就要有特殊的分法才行。而分割梯形，应设法找到梯形的相似形状来分割。只要你动手去做，是不难找出如下图的方法的。

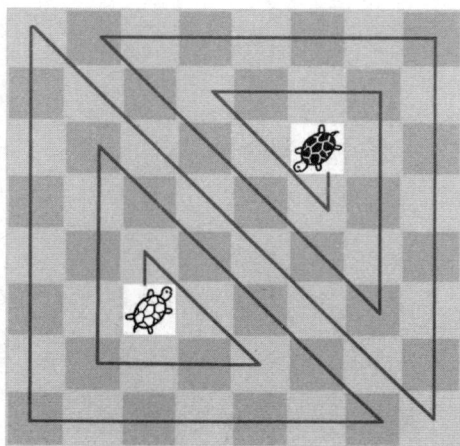

第二部分

推理思维游戏

① 怎样翻扑克牌

在两副扑克牌中，一副的背面是蓝色，而另一副是红色。从扑克牌里挑选出4张，两张面朝上两张面朝下。如图所示。现在，问题是：桌子上的每一张蓝色底面的扑克牌在其另一边都有一张K吗？要解决这个难题，你可以将两张扑克牌翻过来。

请问：你会翻哪两张？

1

2

3

4

② 姐妹俩谁大

有一天，一个人问小英和小红姐妹俩——谁的年龄比较大呢？

小英说："我的年龄比较大。"

小红说："我的年龄比较小。"

请问：姐妹俩中，谁的年龄比较大？

注意，她们可不是双胞胎哦！

绝不原路返回 ③

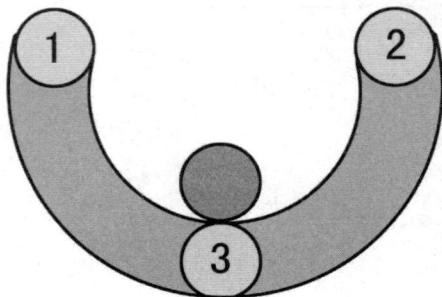

有一个2米深的凹槽，大小只能通过一个普通的乒乓球，为了便于"交通"，在凹槽的壁上有挖出可容一个乒乓球的凹洞。现在从凹槽的两端各滚来一个乒乓球，即球1和球2，不巧的是那个凹洞里居然还有一个乒乓球3。怎样才能让乒乓球1和2按拟定方向滚向终点，而不是原路返回呢？

4 那是谁的花

观察下图，判断出下面的花属于哪位园艺师的？

5 第四首歌

小佟、小白、小郭、小吕、小李和小祝六人到卡拉OK唱歌，他们一人接一人唱，每人唱一首，一共唱了6首，这时：

(1) 小郭比小李唱得早；

(2) 小佟在小祝后唱的；

(3) 小李唱的不是第五首；

(4) 小吕和小佟之间有两个人唱；

(5) 小白是在小李的下一个唱的。

请问，谁唱了第四首歌？

⑥ 杰克的女儿们

杰克有三个女儿，她们的年龄加起来等于13，乘起来等于杰克的年龄。杰克的同事已经知道杰克的年龄，但仍不能确定杰克三个女儿的年龄。这时杰克说只有一个女儿的头发是黑的，这个同事想了想，马上就知道了杰克三个女儿的年龄。请问三个女儿的年龄分别是多少？为什么？

⑦ 丢掉的袜子

假设你有10双袜子，丢掉了其中2只。请问下面这两种情况哪个可能性更高：

第一，最好的情况是你丢掉的2只正好是1双，因此你还有9双完整的袜子。

第二，最差的情况是你丢掉的2只都是单只，因此你只剩下了8双完整的袜子和2只单只的袜子。

请问：这两种情况哪个更有可能？

⑧ 是谁偷吃了水果和小食品

赵女士买了一些水果和小食品准备去看望一个朋友，谁知，这些水果和小食品被她的儿子们偷吃掉了，但她不知道是哪个儿子。为此，赵女士非常生气，就盘问四个儿子，"是谁偷吃了水果和小食品？"

老大说是老二吃的，老二说是老四吃的，老三说反正他没有偷吃。老四说老二在说谎。其实，他们当中只有一个人说了实话。

请问：水果和小食品到底是谁偷吃的？

9　判断骑士的活动时间

几个周游世界的骑士寻找着原有的勇气。

(1) 其中一个在海边呆了整整7个星期，当然没有达到此行的目的；

(2) 9月份离开的骑士要比那个叫少利弗雷德的骑士多2个星期；

(3) 蒂米德周游的时间要比他在森林中转悠的同伴长1个星期；

(4) 把时间花在村边的骑士不是9月份开始周游的；

(5) 歌斯特先生离开后曾在沼泽荒野逗留过，时间不是4个星期；

(6) 某骑士长达6个星期的沉思开始于3月；

(7) 拜尼周游的时间有5个星期；

(8) 卡斯特先生在7月开始周游。

请你判断他们开始的时间、所去的地方和周游的时间。

骑　　士	月　　份	地　　点	时　　间

10 谁把零钱拿走了

姐姐上街买菜回来后，就随手把零钱放在了抽屉里，可是，等她下午再去拿钱买菜的时候，却发现抽屉里的零钱已经不见了。于是，她就把三个妹妹叫来，问她们谁拿了抽屉里的零钱。

甲说是自己拿的，中午去买零食了，乙说她看到甲拿了，丙说自己和乙都没有拿。其实，这三个人中有一个人在说谎。

请问：到底是谁把零钱拿走了？

11 那些车都是谁的

观察判断出下面的车是哪位司机的？

12 夜明珠在哪个屋里

一个人的夜明珠丢了，急得他四处寻找。一天他找到了山上，看到有三个小屋，分别是一号、二号和三号。这时，从这三个小屋里分别走出一个女子，一号屋的女子说："夜明珠不在她屋里。"二号屋的女子说："夜明珠就在一号屋里。"三号屋的女子说："夜明珠不在我屋里。"其实，这三个女子，只有一个人说了真话。

请问：夜明珠到底在哪个屋里？

13 她俩谁的考试成绩好

有人问小玲和小芳这次期末考试谁的成绩好。小玲说："我的成绩比较好一点。"小芳说："我的成绩比较差一些。"其实在这两个人当中至少有一个人没有说实话。

请问：她俩谁的考试成绩好？

14 那些宝贝都是谁的

你能否判断出下面的宝贝分别属于上面哪个妈妈的？

15 她们都买了什么东西

小丽、小玲、小娟三个人一起去商场里买各自需要的东西，有帽子，发夹，裙子，手套，而且每个人买的东西还不同。有一个人问她们三个都买了什么，小丽说："小玲买的不是手套，小娟买的不是发夹。"小玲说："小丽买的不是发夹，小娟买的不是裙子。"小娟说："小丽买的不是帽子，小娟买的是裙子。"其实她们说的话都是半真半假。

请问：小丽、小玲、小娟三个人分别买了什么东西？

16 选项判断

有四只小老鼠一块出去偷食物，它们都满载而归。族长问它们："你们都偷什么食物了？"老鼠A说："我们偷的全是奶酪。"老鼠B说："我只偷了一颗樱桃。"老鼠C说："我没偷奶酪。"老鼠D说："我们有的没偷奶酪。"族长仔细观察发现，它们当中只有一只老鼠说了实话。

现在有四个评论，即a.所有老鼠都偷了奶酪；b.所有的老鼠都没偷奶酪；c.有些老鼠没偷奶酪；d.老鼠B偷了一颗樱桃。

请从a、b、c、d中选择一个正确的吧！

17 一句问路的话

一个人站在岔道口，该路口分别通向A国和B国，这两个国家的人非常奇怪，A国的人总是说实话，而B国的人却总是说谎话。路口站着一个A国人和一个B国人甲和乙：判断不出他们是属于哪个国家的。现在那个人要去B国，但不知道该走哪一条路才对，需要问这两个人。只许问一句，他是怎么判断该走哪条路的？

18 那些宠物是谁的

你能否判断出下面的宠物主人分别是上面的哪一个人呢?

19 怎样配对

三个小伙子李文、王学、张东就要和三个姑娘袁春、于花、刘玉结婚了。小光最爱去打听别人的事了。他去问新郎和新娘,到底是哪一个和哪一个相配。李文告诉他:"我娶的是袁春姑娘。"小光去问袁春,袁春说:"我嫁的是张东。"他又去问张东,张东告诉他:"我要和刘玉结婚。"弄得小光莫名其妙,直到婚礼举行完以后,他才知道,原来三个人说的都不是真话。

你知道哪一个姑娘嫁给哪一个小伙子吗?

20 确定恋人

五个男人打算向各自的恋人献上一首歌来表达爱意。根据下面的信息，请你说出他们的名字、他们恋人的名字、他们是怎么相遇的，这五个男人分别打算唱什么歌。

(1) 塞恩娜不是西欧卫的恋人，她将要听到的也不是《我发誓》这首歌； (2) 安顿尼尔在买黄瓜时偶遇恋人，他不准备唱《惊奇》和《忠诚》； (3) 多纳特罗准备给他的恋人唱《永远》这首歌。他们不是在给摩托车加油的时候认识的； (4) 艾丽娜将会听到《呼吸》这首歌； (5) 西欧卫的恋人不是玛若； (6) 里欧的恋人是多娜特。他不是在看足球赛的时候遇见她的——看足球赛的那个女人将听到恋人给她唱《我发誓》； (7) 莫尼卡和男朋友是在买香烟时认识的。她将听到的歌是《惊奇》； (8) 有一对恋人是在葡萄酒酿造厂认识的； (9) 有一个男人名叫弗瑞泽欧。

		2					3				4				
---	西欧卫	里欧	弗瑞泽欧	多纳特罗	安顿尼尔	在酿酒厂	买香烟	看足球赛	买黄瓜	给摩托车加油	《我发誓》	《忠诚》	《呼吸》	《惊奇》	《永远》
1 多娜特															
艾丽娜															
玛若															
莫尼卡															
塞恩娜															
4 《永远》															
《惊奇》															
《呼吸》															
《忠诚》															
《我发誓》															
3 给摩托车加油															
买黄瓜															
看足球比赛															
买烟															
在酿酒厂															

21 帽子的悖论

在计算两三个单独小组组合后的总和和百分比时，我们很容易犯错，因此要特别注意哦。人们总是认为数据越大，结果就会更可信。辛普森悖论所研究的就是与这种假设完全不符的结果。有的时候数据越大反而结果更不好。

有这样四个帽子：将41个小球放进如图所示的四个帽子中，其中23个小球为红色（图中第一排为红色球），18个小球为蓝色（图中第二排为蓝色球）。每个帽子中的小球数量如图所示。从每组中（A和B为一组，C和D为一组）抽出一个小球。在这两次中如果你能抽到红色小球就算为赢。

注：帽子A、C为红色的，B、D为蓝色的。

请问：在哪个帽子中抽到红色小球的可能性最大？

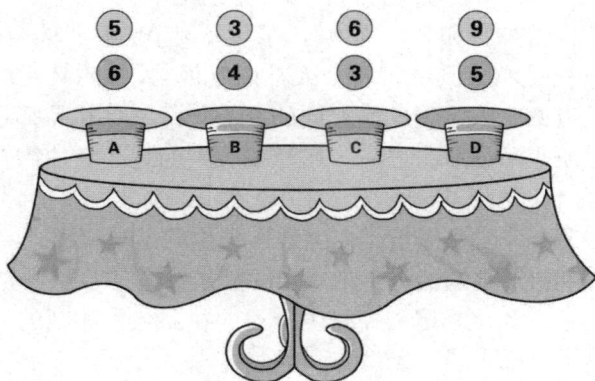

22 哪个帽子里有红球

在一个小一点的桌子上，再来继续帽子的游戏：将41个小球放在下图这两个帽子中（第一个为红色，第二个为蓝色）。各个帽子中小球的数量如图所示（第一排为红球，第二排为蓝球）。

请问：在哪个帽子中最有可能抽到红色小球？

23 谁送的礼品

有5个嗜酒如命的人，他们的绰号分别是"威士忌"、"鸡尾酒"、"茅台"、"伏特加"和"白兰地"。某年圣诞节，他们也互相送礼了，他们的礼物就是酒，其中每一个人都向其他4人中的某一个人赠送了一瓶酒；没有两个人赠送的是相同的礼品；每一件礼品都是他们中某个人的绰号所表示的酒；没有人赠送或收到的礼品是他们自己的绰号所表示的酒。

(1) "茅台"先生送给"白兰地"先生的是鸡尾酒；

(2) 收到白兰地酒的先生把威士忌酒送给了"茅台"先生；

(3) 其绰号和"鸡尾酒"先生所送的礼品名称相同的先生把自己的礼品送给了"威士忌"先生。

请问："鸡尾酒"先生所收到的礼品是谁送的?

24 确定吸血鬼

这里有五位吸血鬼，各有特殊偏好。请你根据信息写出吸血鬼的姓名、头衔、所在的城市和最喜欢的食物。

(1) 统治苏恰瓦的吸血鬼最喜欢吃有钱人，但他不是叫乔治的公爵；(2) 图尔达的伯爵不是杰诺斯也不是弗拉德。最喜欢吃罪犯的吸血鬼不是兰克也不是米哈斯；(3) 扎勒乌的吸血鬼最喜欢吃外国人；(4) 阿尼纳的吸血鬼不是男爵；(5) 米哈斯是侯爵，他不喜欢吃有钱人；(6) 杰诺斯喜欢吃老人，他不是王子；(7) 有一位吸血鬼最喜欢喝女人的血；(8) 有一位吸血鬼在纳波卡。

	王子	侯爵	公爵	伯爵	男爵	扎勒乌	图尔达	纳波卡	阿尼纳	苏恰瓦	女人	有钱人	外国人	老人	罪犯
乔治															
兰克															
杰诺斯															
米哈斯															
弗拉德															
罪犯															
老人															
外国人															
有钱人															
女人															
苏恰瓦															
阿尼纳															
纳波卡															
图尔达															
扎勒乌															

25 谁说真话

　　四个孩子在院中玩足球。有一个孩子使劲一脚把足球踢到了二层的阳台上，打碎了吴叔叔家的玻璃窗。吴叔叔走下楼去责问是谁干的。甲说是乙踢的，乙说是丁干的，丙说他没干，丁说乙在撒谎。他们四人中，只有一个人说了实话。那么，究竟是谁干的呢？吴叔叔拍了拍脑袋，指着一个孩子说："一定是你干的。"吴叔叔指的是谁呢？

26 满足每人的吃喝

　　甲、乙、丙三人一起到快餐店吃饭，服务员小姐问："各位要点什么呢？"
　　甲平时爱开玩笑，他给服务员小姐出了道难题，他说："两个人喝可乐，两个人吃汉堡，不吃汉堡的不喝水，不喝水的也不喝可乐。"
　　服务员小姐略一思索，便按要求很快的将东西放在了他们面前。甲、乙、丙三人各吃什么？喝什么？

27 小铁嘴遇到顺口溜

　　"小铁嘴"到果店买水果，他听说有位售货员阿姨外号叫"顺口溜"，觉得很有趣。"小铁嘴"决定试试"顺口溜"。他便说："我买四样东西，一个有肉无骨，一个有骨无肉，一个肉包骨头，一个骨头包肉。"
　　"顺口溜"阿姨笑着表示她已明白是些什么东西了，她又问"小铁嘴"每一样想买多少。
　　"小铁嘴"说："一两半，二两半，三两半，四两半，再加八两请你算。"

　　"顺口溜"一下就口算了出来，如数称给了"小铁嘴"。"小铁嘴"感到"顺口溜"非常聪明，但不一定会说，就问她需要多少钱。

　　"顺口溜"说："一二三，三二一，一二三四五六七，七加八，八加七，加九加十加十一，还要乘以二点七。"

　　"小铁嘴"大开眼界，心算了一下如数给钱。两人相视笑了起来。

　　请问："小铁嘴"买了哪些果品，每样各买了多少，一共付了多少钱？

28 猜出字母

　　现有一组常用单词的首写字母M，T，W，T，F，__，__。
　　请问：你能运用简单的归纳法推理出后面的两个字母吗？

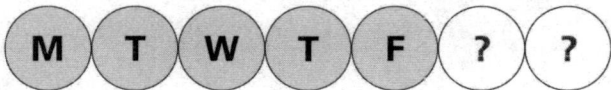

M T W T F ? ?

29 各有多少苹果

　　小能和小明手里都拿了一些苹果，假如小能拿着一个苹果送给小明的话，他们手里的苹果就一样多。假如小明反过来送给小能一个，那么小能的苹果恰好是小明的两倍。请仔细想一想，他们原来各有多少个苹果呢？

30 漂亮的裙子

雪莉刚刚买了一件很漂亮的裙子。朋友们急着想要一睹风采，可是雪莉故意和她们开玩笑，只给了她们一个提示："我这件裙子的颜色是红、黑、黄三种颜色中的一种，猜对了有奖哦！"

"雪莉一定不买红色的。"韩韩说。

"要我说，不是黄色的就是黑色的。"小英说。

"那就一定是黑色的了。"丽娜说。

最后，雪莉忍不住笑道："你们之中至少有一个人是对的，至少有一个人是错的。"

请问，雪莉刚买的漂亮的裙子到底是什么颜色的呢？

红色　　黄色　　黑色

31 爱吃醋的丈夫

3个爱吃醋的丈夫各自带着妻子旅游时，发现渡河的船只能容纳两个人。每个丈夫都极力反对自己的妻子和其他两个男性成员中的任何一个人乘船渡河，除非自己也在场。他们甚至不同意自己的妻子单独和其他男人站在河对岸。

现在，就请你来解决这个问题吧！请你记住，这可不是说教的时候。

（32）两位女士的年龄

有人这样向记者透漏女演员的年龄，他说："如果把她们的年龄加在一起，一共是44岁。A的年龄曾经是B的3倍，而A现在的年龄是当A还是B到了3倍于A那个年龄一半的那个年龄时B年龄的两倍。根据这个，你们应该可以推算出这两位女士的年龄了。"

请问：这两位女士的年龄是多少？

（33）他们都是哪里人

运动会结束后，ABCDE五个人开始讨论。他们中有一个讲真话的南区人，一个讲假话的北区人，一个既讲真话又讲假话的中区人，还有两个是局外人。他们每个人要么就先说两句真话，再说一句假话；要么就先说两句假话，再说一句真话。

A.1.如果运动员都可以围腰布，那我也能参加。
　2.B一定不是南区人。
　3.D没能赢得金牌。
　4.C如果不是因为有晒斑，也能拿到金牌。

B.1.E赢得了银牌。
　2.C第一句话说的是假的。
　3.C没能赢得奖牌。
　4.E如果不是中区人就是局外人。

C.1.我不是中区人。
　2.我就算没有晒斑也赢不了金牌。
　3.B的铜牌没有拿到。
　4.B属于南区人。

D.1.我赢得了金牌。
　2.B的铜牌没有拿到。
　3.假如运动员都能围腰布，A本来会参加。
　4.C不属于北区人。

E.1.我得了金牌。
　2.C就算没有晒斑，也拿不到金牌。
　3.我并不是南区人。
　4.假如运动员都能围腰布，A本来会参加。

请问：谁是南区人，谁是北区人，谁是中区人，哪两个是局外人，谁得了奖牌？

34 谁大谁小

照片上两个女孩谁大谁小呢？只知打蝴蝶结的女孩，再过两年后比她两年前大一倍；梳娃娃头的女孩，再过3年后比她3年前要大两倍。

35 谁的胜算最大

现在有1、2、3、4、5号五个人做游戏：他们分别要在装有100颗黄豆的麻袋里抓黄豆，每人至少要抓一颗，抓得最多和最少的人都将受到惩罚。在抓豆子的时候不能说话，但可以摸出剩下的豆子数。

请问：他们中谁的胜算最大？

提示一，他们都是很聪明的人。

提示二，100颗黄豆不需要全部都分完。

提示三，若出现两人或多人有一样的豆子，则也算最大或最小，一并受罚。

36 推断老师的生日

阳阳和莉莉都是韩老师的学生，韩老师的生日是M月N日，两人都知道他的生日是下列十组中的一天，韩老师把M值告诉了阳阳，把N值告诉了莉莉，然后问他们老师的生日是哪一天。

这10组数字是：3月4日、3月5日、3月8日、6月4日、6月7日、9月1日、9月5日、12月1日、12月2日、12月8日。

阳阳说：如果我不知道的话，莉莉肯定也不知道。

莉莉说：刚才我不知道，现在我知道了。

阳阳说：哦！那我也知道了。

莉莉和阳阳都知道答案了，你也知道了吧？快来告诉我吧！

(37) 鸡鸭各多少

小敏家里养了不少鸡和鸭。

一天，王小刚问小敏："你们家有多少只鸡，多少只鸭？"

小敏回答："把鸡数乘鸭数的积在镜里一照，就能看到鸡、鸭的总数。"王小刚怔住了，这可该怎么算呢？

你能帮小刚算出小敏家养的鸡和鸭各有多少只吗？

(38) 他们都是谁的学生

如图所示，你能否说出下面的孩子分别是上面哪位老师的学生？

39　能用的子弹

　　三位猎人到森林里打猎，其中两个人的子弹因沾了水，不能再用，因此三人就平均分配存好的子弹。在每人射击四次后，三人所剩子弹总数和分配时每人所得的子弹相等。问分配时共有多少粒能用的子弹？

40　他们分别为谁工作

　　马德里的一个旅馆在二战期间经常有战争各方的间谍居住，而在那里，西班牙的一位便衣警官也会监视着他们。以下是1942年的某天晚上，旅馆的第一层房客分布情况：

　　（1）英国MI6特务的房间在加西亚先生的正对面，后者的房间号要比罗布斯先生的房间号小2；

　　（2）6号房间的德国SD间谍不是罗佩兹；

　　（3）德国另一家间谍机关阿布威的间谍行动要非常小心，因为2，3，6号房间的人都认识他；

　　（4）毛罗斯先生的房间号要比苏联GRU间谍房间号大2；

　　（5）法国SDECE间谍的房间位于鲁宾和美国OSS间谍的房间之间，美国OSS间谍的房间是三者中房间号最大的。

　　请你说出各个间谍以及他们分别为谁工作。

姓　　名：	戴兹，加西亚，罗佩兹，毛罗斯，
	罗布斯，鲁宾
间谍机构：	阿布威，MI6，GRU，OSS，SD，SDECE

	1		3		5
姓　　名：					
间谍机构：					

	2		4		6
姓　　名：					
间谍机构：					

41 巧算年龄

假期里，初二甲班的几个同学去看望数学课黄老师。黄老师在家里热情地接待了他们。在漫谈过程中，一个同学问：“黄老师，你今年多大岁数了?”黄老师想了想说：“我今年年龄的个位数刚好等于我儿子晶晶的年龄，十位数刚好等于我女儿玲玲的年龄，同时我的年龄又刚好是晶晶和玲玲年龄乘积的两倍。请你们算一算，我的年龄是多少?”同学们一个个都兴致勃勃地算了起来，不一会儿就做出了答案。你有他们快吗?

42 那个问号是什么图

在下面的图中有一个带问号的，它是下面选项中的哪项：

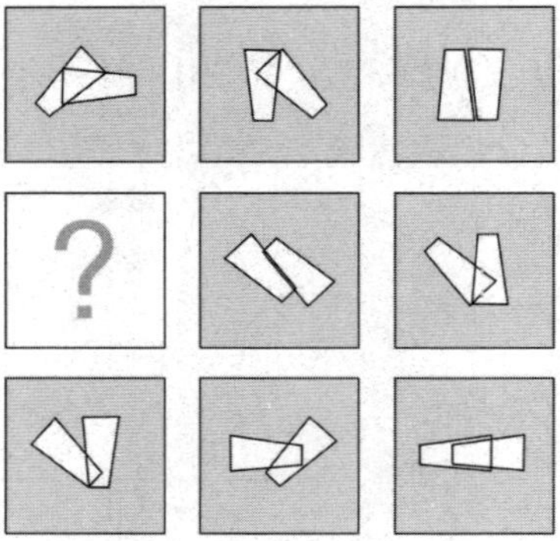

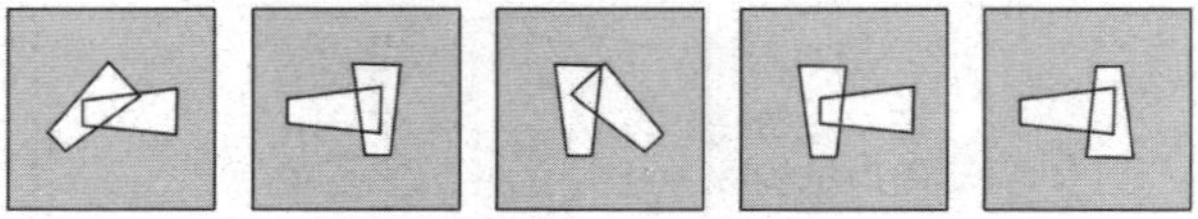

A　B　C　D　E

43 有多少人戴红帽子

　　一群人头上分别戴着红蓝两色帽子。现在的问题是，每个人都能看到其他人，但却不能看到自己帽子的颜色；当大家看清别人头上戴的是什么帽子后，关灯。认为自己戴的是红帽子，就拍耳光一下。

　　结果第一次，没有行动。再开灯，关灯后仍然没有声音。第三次关灯，多次打耳光的声音响起。

　　请问：有多少人戴着红帽子？

44 猜出他们的性别与职业

　　在A、B、C三个人中，A是色盲，B患过小儿麻痹，C有口吃的毛病。虽然他们身有缺陷，但是通过刻苦学习，长大后三人分别当了画家、翻译和篮球队员。他们各自成家之后，还相处得非常和睦。当画家外出工作的时候，就把自己的孩子放在孩子的姑妈家，与姑妈家的孩子一起玩，每当电视上转播篮球比赛，两个孩子就高兴地指着屏幕大叫，一个孩子说："那是舅舅。"另一个孩子却说："那是伯伯。"

　　请问：A、B、C三个人的性别与职业是什么？

45 哪一种是正确的

在三个骰子中，黄色的骰子上2、4、9点分别有两面；红色的骰子上3、5、7点分别有两面；还有在绿色的骰子中1、6、8点分别有两面。现在两个人玩掷骰子的游戏，规则是两人各选点比较高的骰子同时掷，大者为胜。

现在的情况是，第一，第一个人获胜概率比第二个高；第二，选黄色骰子的比选红色骰子的获胜概率高；第三，所有骰子的颜色与获胜概率的高低不相干；第四，所有骰子的获胜概率都不能同时抵过其他两个。

请问：以上情况中哪一种是正确的？

46 老汉做生意

一个老汉在市场用600元买了一头牛，又以700元的价钱卖了出去；然后，他再用800元把它买回来，最后以900元的价钱卖出。

在这桩牛的交易中，这位老汉？

A.赔了100元；B.收支平衡；C.赚了100元；D.赚了200元；E.赚了300元。

47 野鸭子究竟吃什么

有的人说："野鸭子吃小鱼。"有的人说："野鸭子吃小虾。"针对这种情况，现在用几个比喻性的例子来说明此道理。这几个例子是这样的：

第一个例子：一个人所拥有的爱好可能会随时间的变化而变化。小时候与长大后相比，爱好会大不相同。

第二个例子：无论什么事情都有它的两面性。比如养狗可以看家护院，但狗身上长了跳蚤也是很讨厌的。

第三个例子：动物通人性。主人喂食它就吃，陌生人喂就不一定吃了。

第四个例子：两人爱好很相似，只是对饮料不同，一个喜欢绿茶，一个喜欢果汁。如果别人不在乎，绿茶、果汁都行。

请问：野鸭子究竟吃什么？

48 小猴巧分桃

孙悟空过生日，猪八戒带了40只小猪前去祝寿。孙悟空高兴极了，叫小猴提了一大筐仙桃来分给小猪们。小猴分来分去，每只小猪分了3个还剩下一些，每只小猪分4个又不够，剩下的和不够的同样多，你知道一共有多少个仙桃吗？

49 找出数字的规律

这里有一组数据：961，（25），432；760，（15），433；658，（95），434；871，（24），325；932，（?），731；793，（47），657。

你能找出其中的数字规律，并且写出括号内的数字吗？

50 指出表格内容

请你归纳规律，从图中总结一下带问号的表格应是什么内容？

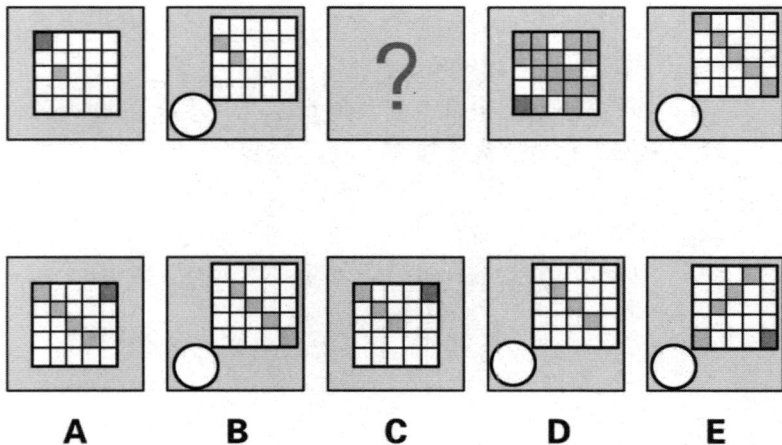

A   B   C   D   E

51 列车到站时间

聪明的小林和妈妈一起坐火车去北京看爸爸，在火车上他认识了某大学的张教授。小林问妈妈："火车几点能到北京啊？"张教授有意考考他，就说："我们准时到达北京时，车站的时钟显示的时间很特别：时针和分针都指在分针的刻度线上，两针的距离是13分或26分。你知道我们几点几分到北京吗？"小林想了想，问教授："请问我们到时是在4点前还是4点后？"张教授笑着说："我要告诉你这个，你就知道具体时间了。"小林高兴地说："你不说我也知道几点到。哈，我就能见到我爸爸了。"

你知道小林他们乘坐的火车几点几分到北京吗？

52 戒指的来历

洛蒂·吉姆斯本是一个不起眼的女演员，但却因为曾经和一些有钱男人订过婚，然后再分手之后，从他们那里得到了价值连城的婚戒而扬名，从而成为名副其实的"戒指女人"。现在给你几条线索：

（1）洛蒂从企业家雷伊那得到的钻戒就在价值10000英镑的戒指旁边；

（2）从电影导演马特·佩恩那得到的戒指要比那个硕大的红宝石戒指便宜；

（3）那个翡翠戒指价值不是15000英镑，它不是休·基恩给她的；

（4）戒指3花了她前未婚夫20000英镑。

请问：你能说出每个戒指里所用的宝石的类型、价值以及这些戒指分别是哪个男人送给她的吗？

宝　石：钻石，翡翠，红宝石，蓝宝石；

价　值（英镑）：10000，15000，20000，25000；

未婚夫：艾伦·杜克，休·基恩，马特·佩恩，雷伊·延代尔。

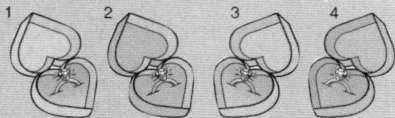

	1	2	3	4
宝　石：	____	____	____	____
价　值：	____	____	____	____
未婚夫：	____	____	____	____

(53) 输赢之间

赵、王两人打羽毛球，谁先连胜两局谁赢；如果赵、王两人中没有人连胜两局，则谁先胜三局谁赢，一直打到决出输赢为止。

请问：赵、王两人间的输赢共有多少种情况？

(54) 确定小孩的情况

一个吹笛手带着几个小孩游行，原因是他用笛声赶走了居住地的所有老鼠，但居民却拒绝付钱给他。现在有几条线索：

(1) 牧羊者的小孩紧跟在6岁的格雷琴后面；

(2) 汉斯要比约翰纳年纪小；

(3) 最前面的小孩后面紧跟的不是屠夫的孩子；

(4) 队列中3号位置的小孩今年7岁；

(5) 玛丽亚的父亲是药剂师，她要比2号位置的孩子年纪小。

请问：你能根据线索说出四个小孩的名字、年龄以及他们父亲的职业吗？

姓　名：格雷琴，汉斯，约翰纳，玛丽亚
年　龄：5，6，7，8
父　亲：药剂师，屠夫，牧羊者，伐木工

55 彩色的玻璃珠

圣诞节到了，吃过晚饭后，杰明夫妇神秘兮兮地拿出5个不透明的塑胶盒，里面分别放了蓝、黄、黑、白、绿5种颜色的玻璃珠。他们让孩子们来猜这些盒子里的玻璃珠的颜色，每人限猜两盒，猜中最多的人就可以拿到最大的礼物。吉娜、丽娜、露娜、米娜、尼娜5个孩子跃跃欲试，兴奋得直打转。

已知：

吉娜猜：　"第2盒的玻璃珠是绿的，第3盒是黑的。"

丽娜猜：　"第2盒的玻璃珠是黄的，第4盒是蓝的。"

露娜猜：　"第1盒的玻璃珠是蓝的，第5盒是白的。"

米娜猜：　"第3盒的玻璃珠是黄的，第4盒是白的。"

尼娜猜：　"第2盒的玻璃珠是黑的，第5盒是绿的。"

打开盒子一看，结果发现每个人都只猜对了一盒，而且每盒都只有一个人猜对。

请问，5个小孩各猜中哪一盒、哪一种颜色的玻璃珠？

56 购书

小林受老师的委托前去新华书店买四种参考书，这四本书的价格共计70元，已知甲、乙、丙、丁这4种书每本价格分别为3元、5元、7元、11元，而且小林每种书至少买了一本。

请问：小林共有多少种不同的购买方法？

57　纸牌游戏

在一张桌上放了8张按顺序排列成两行的黑桃牌，甲想要从中拿出3张牌，但要使每次3张牌上的数字之和为9。

请问：甲有多少种不同的拿法？

58　两只瓢虫

一雄一雌两只瓢虫相遇了。有红斑点的瓢虫说："我是个雄的。"有黄斑点的瓢虫说："我是个雌的。"说完，两只瓢虫都笑了。它们之中至少有一个在撒谎，根据这两只瓢虫的话，你能不能判断出谁有红斑点，谁有黄斑点呢？

59　智分苹果

兄弟3人分24个苹果，每人分得的个数分别等于自己三年前的岁数。老三聪明，心眼多，他建议："我把分得的苹果留下一半，把另一半平分给两个哥哥。分完之后，二哥也留下一半，把另一半平分给我和大哥。分完之后，大哥也把手中苹果留下一半，把另一半平分给二哥和我。"分完后，兄弟3人的苹果数就一样多了。问兄弟三人现在各几岁？

60　猜头花的颜色

有三朵红头花和两朵蓝头花。将五朵花中的三朵花分别戴在A、B、C三个女孩的头上。这三个女孩中，每个人都只能看见其他两个女孩子头上所戴的头花，但看不见自己头上的花朵，并且也不知道剩余的两朵头花的颜色。

问A："你戴的是什么颜色的头花？"

A说："不知道。"

问B："你戴的是什么颜色的头花？"

B想过一会之后，也说："不知道。"

最后问C，C回答说："我知道我戴的头花是什么颜色了。"

当然，C是在听了A、B的回答之后而推断出来的。试问：C戴的是什么颜色的头花？

61 一家三口

在一个小区里，有3户3口之家，他们的名字如下：

爸爸：张东，王东，李东

妈妈：丁芳，李芳，杜芳

孩子：红红（女），阿朱（女），小赤（男）

（1）张东和李芳家的孩子都参加了学校的女子篮球队；

（2）王东的女儿不叫阿朱；

（3）李东和杜芳不是一家。

根据这些情况，能分辨出每户人家分别有哪3个人吗？

62 画第六个图案

丁丁画了五个图案标志，顺序如下图。他如果循着规律画下去，第六个标志应该怎样画？

63　活了多少岁

有个人生于公元前10年，死于公元10年，而且他死的那一天正好是他生日的前一天。那么，此人死时到底是多少岁？给你30秒时间，尽快算出答案吧！

64　指出牌值和花色

这是一场考验耐心的游戏，图中所示的九张扑克牌就是这场游戏的道具。从以下给出的线索中，你能准确地指出这九张牌各自的牌值和花色吗？

（1）九张牌里只有一种花色出现过3次，而在图中的排列，没有哪一行或列的花色是完全相同的；

（2）皇后紧靠在"7"的右边，梅花的上面；

（3）"8"紧靠在黑桃的下面；

（4）杰克紧靠在一张红桃的左边；

（5）图中中央那张牌是红桃10；

（6）图中有一排的第一张是梅花5；

（7）9号牌是一张方块；

（8）国王紧靠在"4"的左边，它们的花色不一样。"4"和3号牌的花色是一样的；

（9）6号牌和"8"为不同花色。而2号牌和"7"为相同的花色。

牌：3，4，5，7，8，10，杰克（J牌），
　　皇后（Q牌），国王（K牌）
花　色：梅花，方块，红桃，黑桃

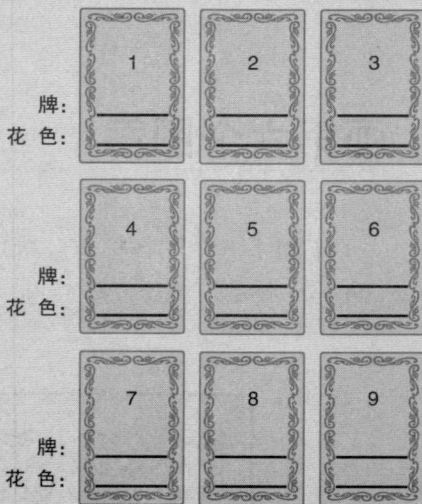

1	2	3

牌：
花 色：

4	5	6

牌：
花 色：

7	8	9

牌：
花 色：

65　花园里的鲜花

　　现在有甲、乙、丙、丁四个花园，其中甲园的各种鲜花都能在乙园中找到，丙园的鲜花种类包含着所有乙园鲜花种类，而丙园中种着一些在丁园也种着的鲜花。
　　请问：还有哪些园里的鲜花会出现在其他园里呢?

66　说出财产情况

　　这里有5位男士，这5位以前都是伦敦人，他们都是在很偶然的机会下一夜暴富的。
　　现在给你的线索是：
　　(1) 一位靠抢劫银行发家并藏匿到了里约热内卢，其个人资产比伊恩·戈尔登少10万英镑，伊恩·戈尔登从叔叔那继承了大笔遗产；
　　(2) 一个人无意中在他的花园里找到一幅旧油画，结果这幅油画竟然是出自一位艺术大师之手，流落民间多年，最后这幅画卖了70万英镑，这个人不是莱昂内尔·马克，马克不是在百慕大群岛定居；
　　(3) 其中一位很早就创办了自己的工厂，工厂倒闭后被他卖给了一家跨国公司，随后这家公司将其铲平了地基，在上面建立了他们的新总部，这个人最后得到的钱比肖恩·坦纳还多；

　　(4) 艾德里安·巴克现在在塞舌尔岛屿上有一笔不动产，事实上这笔不动产就是塞舌尔岛中的一座；
　　(5) 现在住在新奥尔良的那位从他自称的"小运气"中得到了50万英镑；
　　(6) 菲利普·兰德和英格兰调查员体会了一下——发一笔80万英镑横财时的兴奋感觉。
　　请你回答每位男士现居地、暴富原因以及他们所拥有的财产。

	百慕大群岛	新奥尔良	帕果—帕果	里约热内卢	塞舌尔	发现油画	继承叔叔	抢劫银行	卖公司	中彩票	90万	80万	70万	60万	50万
艾德里安·巴克															
伊恩·戈尔登															
莱昂内尔·马克															
菲利普·兰德															
肖恩·坦纳															
90万															
80万															
70万															
60万															
50万															
发现油画															
继承叔叔															
抢劫银行															
卖公司															
中彩票															

67 抓取不同颜色巧克力

给你一盒巧克力，其中有褐色、绿色和花色三种。闭上眼睛，抓取两个同种颜色的巧克力。

请问：抓多少个才能确定有两个同色的巧克力呢？

68 探险者的谜题

一位探险者得到了一张藏宝图，宝藏有可能被分别放在A，B，C，D，E，F六个城镇，奇怪的是图中没有标明城镇的具体位置。探险者在藏宝图的背面中得到一些讯息：如果D在B的西南方、E的南方；C在A的东北方、F的东方，E在F的东南方、B的西方。那么，这六个城镇的具体位置应该是怎么样的？

(1) 哪一个城镇在圆点2处？

(2) 哪一个城镇在最南边？

(3) 哪一个城镇在E的西北方？

(4) 哪一个城镇在圆点3处？

(5) 哪一个城镇在最东边？

(6) 哪一个城镇在B的正南方？

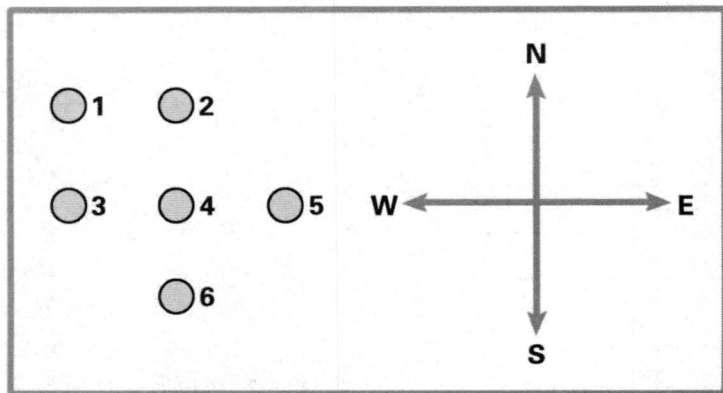

69 是谁捐的钱

在张、王、赵、李四位同事中，有一位同事为甘肃玉树灾区捐款2000元。当四位同事的领导询问时，张说："这2000元不是我捐的。"王说："这2000元是李捐的。"赵说："这2000元是王捐的。"李说："这2000元不是我捐的。"

请问：到底是谁捐的钱？

70 喜欢开玩笑的家人

约翰先生一家人总喜欢有事没事开玩笑，就连在餐桌上也是如此。这天晚餐时，爷爷在圆形餐桌边坐下来，问其他4个人要怎么坐。没想到他们忍不住又开起了玩笑。

妈妈说："那我坐在女儿旁边吧。"

爸爸说："我坐儿子旁边。"

女儿看了看爸爸说："妈妈坐在弟弟的左边。"

儿子笑笑说："我右边是妈妈或者姐姐。"

注：他们四人中只有一个人说了真话。

请问：这一家人到底是怎么坐的呢？

71 看看天气再遛狗

甲、乙、丙三个好朋友决定星期天去公园里遛狗，可他们又怕天气不好会影响到遛狗，所以他们便想出了以下方法来判断：甲提出若风大，就遛狗；乙提出若气温高，就不遛狗；接着丙说若天气不晴朗，就不遛狗。假如甲、乙、丙三个好朋友的说法都是正确的，那么如果去遛狗，以下其他三种说法哪些是对的：第一个人说风大，第二个人说天气晴朗，第三个人说气温高。

72 护士的休息日

7名护士小红、佳佳、小田、小婉、蓉蓉、小莹、小雪是好姐妹，她们每周都有一天休息，可是休息的时候7个人总是凑不齐，因为她们之中没有任何人的休息日是在同一天。

已经知道：

小红的休息日比小田的休息日晚一天；

小婉的休息日比蓉蓉的休息日的前一天晚三天；

佳佳的休息日比小雪的休息日早三天；

小莹的休息日在佳佳和小田的休息日的正中间、而且是在星期四。

问：每个护士星期几休息？

73 哪个结论是正确的

从现象上看，脑筋急转弯是对事物一般逻辑的某种扭曲，但必须是一种有意识理性的倒错，它离不开人的正常思维和健康心理，所以脑筋急转弯是人类心理健康的一种反映。有甲、乙、丙、丁四个人对以上陈述各自得出了结论：

甲说："脑筋急转弯的本质即是将毫不相干的事物联系起来，使之产生逻辑混乱而出现扭曲效果。"

乙说："脑筋急转弯的逻辑性往往与正常逻辑有不同之处。"

丙说："脑筋急转弯必须要有丰富的联想力。"

丁说："人的正常思维和健康心理是充分条件。"

请问：哪个结论是正确的？

74 这是几场比赛

一次足球比赛规定：首先，每进一球记一分；其次，每场比赛中的胜队加10分；最后，每场平局，双方各得5分。现在有（1）、（2）、（3）三个班派出三个小队，在进行若干场比赛后，（1）班得8分，（2）班得2分，（3）班得22分。

请问：这三个班共进行了几场比赛？

75 船在哪里呢

图中方格中已填入了几个代表海或某种船的局部图案，而紧靠在行和列的边上的数字则表示这行或这列被占据的方格总数。这些船之间都可以水平或垂直停靠，但是任何两艘船或某个部分都不可以在水平、垂直和对角方向上相邻或重叠。

现在的问题是：你能找出表格中的船吗？

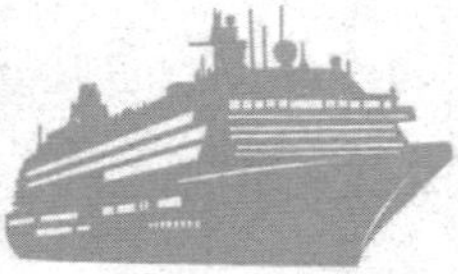

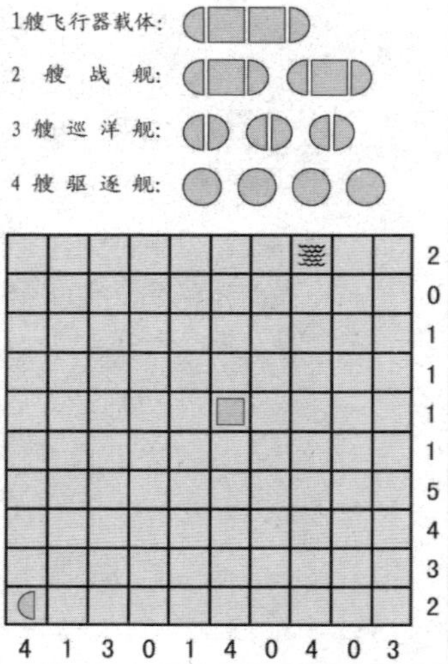

1艘飞行器载体：
2 艘 战 舰：
3 艘 巡 洋 舰：
4 艘 驱 逐 舰：
2 0 1 1 1 1 5 4 3 2
4 1 3 0 1 4 0 4 0 3

76 谁是决赛冠军

某单位游泳馆内，正在进行200米蛙泳决赛，参加决赛的是A、B、C、D、E、F六个人。看台上赵、王、孙谈了自己的看法。王认为，冠军不是A就是B。孙坚信，冠军绝不是C。赵则认为，D、E都不可能取得冠军。比赛结束后，人们发现赵、王、孙中只有一个人的看法是正确的。

请问：决赛的冠军最有可能是谁？三人中谁的猜测是正确的？

77 谁懂什么语言

来自中、美、韩、意的A、B、C、D四位客人，刚好碰在一起。他们除懂本国语言外，每人还会说其他三国语言中的一种。但是有一种语言却是三个人都会说的，而另一种语言则是他们四位客人都会说的，题中给出的已知条件是：

(1) A是韩国人，D不会说韩语，但他俩都能自由交谈；

(2) 四个人中，没有一个人既能用韩语交谈，又能用美语交谈；

(3) 只有B、C、D在一起交谈时，找不到共同语言来沟通；

(4) B不会说汉语，当A与C交谈时，他都能做翻译。

那么A、B、C、D四位客人分别都会说什么语言？

78 结义兄弟姐妹

甲、乙、丙、丁、D、己、庚7个好朋友决定结义，按年龄排序为老大至老七。目前我们知道7个人的如下情况：

(1) 甲有3个妹妹；

(2) 乙有一个哥哥；

(3) 丙是个女的，她有两个妹妹；

(4) 丁有两个弟弟；

(5) D有两个姐姐；

(6) 己是女的，没有妹妹；

(7) 庚没有妹妹。

这7个结义兄弟姐妹中有几个男性，几个女性？分别有谁？

79 哪个论点正确

学哲学的明明看到学气象的小小急着要走，说要为准备明天的天气预报而加班，于是说到："何必着急？做天气预报还不容易？你只要说明天有50%的概率降水就行了。不管下不下雨，你总是对的。"以下是相关的论述：

A.一个天气预报员的水平好坏，不能只根据某一次报道是否符合天气的实际情况来判断。

B.明明的说法是不对的。如果明天真的下雨了，只有预报降水概率100%才算预报正确，其他预报都为错误。

C.明明的说法有问题。如果明天没有下雨，只有预报降水概率为0%才算预报正确，其他预报都算错。

D.明明的说法揭露了报天气预报方式的弊端。用百分率来做天气预报是一种不科学的方法，应该像原来那样，准确地预报有雨或无雨。

E.使用百分率报天气预报是一种不负责任的方法，就像算命先生给人算卦一样，都是些模棱两可的话，让人徘徊于信与不信之间。

请问：你认为上述论点哪个正确？

80 女孩们的猜谜游戏

蔷薇、雪莉、米娜3人是从小一起长大的好朋友，由于都长得漂亮乖巧又能歌善舞，所以深得邻居们的喜爱。

这天，一位邻居家来了不少亲戚，女孩们被邀请去表演节目。其中一位亲戚很喜欢这些可爱的女孩，就问她们谁大谁小，哪知女孩们坏笑了一下，神秘兮兮地。

蔷薇说："我今年22岁，比雪莉小2岁，比米娜大1岁。"

雪莉说："我年纪不是最小，我和米娜差3岁，米娜已经25岁了。"

米娜说："我比蔷薇小，蔷薇23岁，雪莉比蔷薇大3岁。"

已知，每个人所说的3句话，各有1句是假话。

请问，她们3人各是多少岁？

81 并不特殊的身份

　　王刚是某著名政法大学的毕业生，全班同学包括王刚在内不是做了法官就是当了律师。在他们毕业10年纪念聚会上，有16位同学出席，王刚统计了当时的情况：

　　(1) 律师多于法官；

　　(2) 男法官多于男律师；

　　(3) 男律师多于女律师；

　　(4) 参加聚会的至少有一名女法官。

　　同时他还发现，如果不把他计算在内，这些情况不会发生任何变化。你知道王刚的身份吗？是男性还是女？

82 判断出行者情况

　　四个人朝东、南、西、北四个方向出行。从以下所给的线索中，你能推断出他们各自走的方向、出行方式以及出行原因吗？

　　线索：

　　(1) 安布罗斯和那个骑着摩托车去上高尔夫课的人走的方向刚好相反；

（2）其中一个年轻人所要去的游泳池在村庄的南面，而另外一个年轻人参加的拍卖会则不在村庄的西面举行；

（3）雷蒙德离开村庄后直接朝东走去；

（4）欧内斯特出行的方向是那位坐巴士的年轻人逆时针转90°的方向；

（5）坐出租车出行的西尔威斯特没有朝北走。

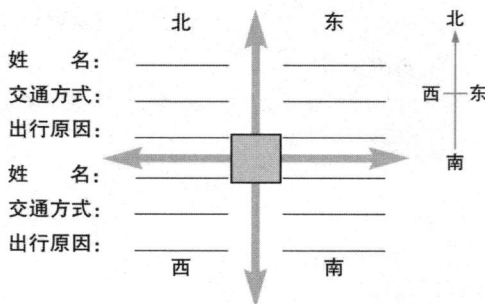

	北	东
姓　　名：	_____	_____
交通方式：	_____	_____
出行原因：	_____	_____
姓　　名：	_____	_____
交通方式：	_____	_____
出行原因：	_____	_____
	西	南

北
西—东
南

姓　　名：安布罗斯，欧内斯特，雷蒙德，西尔威斯特
交通工具：巴士，小汽车，摩托车，出租车
出行原因：拍卖会，看牙医，上高尔夫课，游泳

83 指出错误项

有句俗话说："金钱不是万能的，但没有钱是万万不能的，然而发不义之财是绝对不行的"。下列论述基本表达了上述题干的思想。

（1）生活中的一些事情不是拥有很多钱就能办到的，例如抗洪抢险的那些英勇战士，他们冒着生命危险坚守堤防，而不是单纯的为了钱。

（2）有句话是："有钱能使鬼推磨"。世上没有用钱干不了的事，抗洪抢险的将士也是要发工资的。

（3）对生活中的很多事情来说，没有钱是很难办成的。所谓的"一分钱急死男子汉"就是这个意思。

（4）"钱"是身外之物，生不带来，死不带走，钱多了还会惹是生非。

（5）有句话是："君子好财，取之有道。"通过合法的手段赚得的钱记载着你的辛苦劳动，它可用来帮你做其它的事情。

请问：上面哪些论述错误的表达了题干的思想？

84 谁说对了

盒子里面有100只黑、黄、绿三色小球。

甲说："盒子里至少有一种颜色的球少于33只。"

乙说："盒子里至少有一种颜色的球不少于34只。"

丙说："盒子里任意两种颜色球的总数不会超过99只。"

从下列选项中，找出一项正确论断吧！

A.甲和乙的说法正确，丙的说法不正确。

B.乙和丙的说法正确，甲的说法不正确。

C.丙和甲的说法正确，乙的说法不正确。

D.甲、乙和丙的说法都不正确。

E.甲、乙和丙的说法都正确。

85 怎样对号入座

一次演出中，某剧院前三排中间的四个座位都满了。给你提供一些线索，来帮助他们对号入座：

（1）彼特坐在安吉拉的正后面，也是在亨利的左前方；

（2）尼娜在B排的12号座；

（3）每排四个座位上均有两男两女；

（4）玛克辛和罗伯特坐在同一排，但比罗伯特要靠右两个座位；

（5）坐在查尔斯后面的是朱蒂，朱蒂的丈夫文森特坐在她的隔壁右手边上；

（6）托尼、珍妮特、莉迪亚三个分别坐在不同排，莉迪亚的左边（紧靠）是个男性。

姓名：安吉拉（女），查尔斯（男），亨利（男），珍妮特（女），朱蒂（女），莉迪亚（女），玛克辛（女），尼娜（女），彼特（男），罗伯特（男），托尼（男），文森特（男）。

请问：你能将座位和座位上的人正确对上号吗？

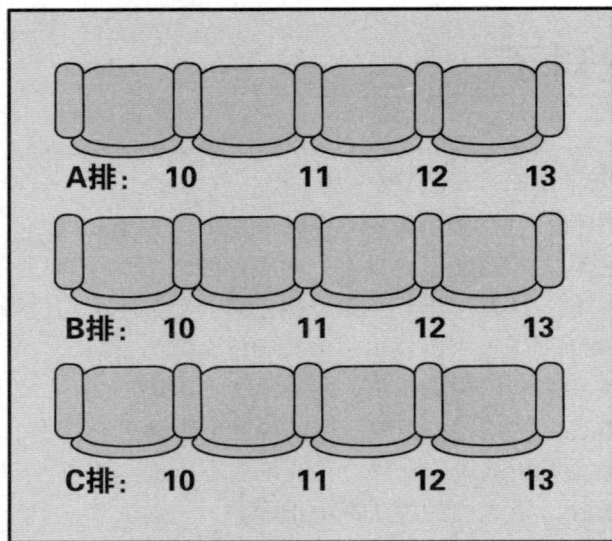

A排:	10	11	12	13
B排:	10	11	12	13
C排:	10	11	12	13

86 哪句话更为切题

　　在下列选项中，哪一项最符合"世间万物人最宝贵"这句话的原意？

　　A.当我们解决社会自然问题时，还需要考虑很多条件，其中人的因素最为重要。

　　B.世间的万物各种各样，多彩纷呈。在这一万种当中，人是最宝贵的。

　　C.由于我是一个人，所以我是最宝贵的。请你们给我最好的工作和待遇吧！

　　D.题目中的"人"本意指的就是人类。"你"仅是一个具体的人，不是最宝贵的。

　　E.在世间万物中，人类是最高级的生物，其他动物或植物的存在都是为人类服务的。

87 荷花开了吗

几个哲学系的学生在谈论文学作品时说起了荷花。小灵说："每年清水池塘的荷花开放几天后，就该期终考试了。"小丽接着说："那就是说每次期终考试前不久，清水池塘的荷花已经开过了？"小凡说："我明明看到在期终考试后，池塘里有含苞欲放的荷花啊！"小齐接着小凡的话茬说："在期终考试前后的一个月中，我每天从清水池塘边走过，可从未见到开放的荷花啊！"这四位学生虽然都没有说假话，但却存在着很大的分歧。根据以上信息，下列哪项最能解释其中原因？

A.小灵说的荷花开放并非指所有荷花，只要某年期终考试前夕有一枝荷花开放就行了。

B.正如小凡说的一样，有些年份是在期终考试后，池塘里才有含苞欲放的荷花，这是自然界里的特殊现象，不要大惊小怪。

C.从去年至今，清水池塘里的水受到严重污染，荷花不再开了。所以小齐也就看不见荷花开放了。看来环境治理工作有待加强。

D.一般来讲，哲学系的学生爱咬文嚼字。可他们今天讨论问题时对一些基本概念还没有弄清楚，比如部分与全体的关系以及对时间范围的界定等等。

E.虽然大多数期终考试的时间没有太大变化，但是有时也会变。比如，去年三年级的学生要去实习，期终考试就提前了半个月。

88 谁是姐姐

七阿姨家有一对双胞胎姐妹，姐姐上午说实话，下午说谎话，而妹妹正好相反，上午说谎话，一到下午就说实话。有一个人很好奇，就试着问这姐妹二人："你们谁是姐姐?"较胖的说："我是姐姐。"较瘦的也说："我是姐姐。"那个人又接着问："现在几点了?"较胖的说："快到中午了。"较瘦的也说："已经过中午了。"请问：现在到底是上午还是下午？谁又是姐姐呢？

89 判断军官的情况

　　根据下面的信息，你能猜出每位军官的名字、所属部门以及他们分别来自美国的哪个州吗？

　　线索：

　　（1）美国水兵军官站在来自爱达荷州的军官旁边，虽然不挨着陆军中尉阿尔迪丝，但也比离空军轰炸机的飞行员近；

　　（2）来自美国新墨西哥州的军事警察站在步兵的左边，普迪上尉的右边；

　　（3）沃德少校不是工兵军官，工兵军官站在来自缅因州的军官哈伦的右边，哈伦不是步兵或空军，而军事警察站在工兵军官和缅因州军官的左边某个位置；

　　（4）来自乔治亚州的德莱尼不是一名空军，他站在哈伦上尉的右边，来自堪萨斯州的普迪上尉比德莱尼上尉更靠左边；

　　（5）军官C的军衔比美国水兵军官的军衔大。

名　字（按等级由高到低的顺序）：陆军中尉阿尔迪丝，德莱尼上尉，哈伦上尉，普迪上尉，沃德少校

部　门：空军，工兵，步兵，水兵，军事警察

州：乔治亚州，爱达荷州，堪萨斯州，缅因州，新墨西哥州

90 公司因何盈利第一

　　一家石油公司因为比其他公司有更多的国际业务，所以在全球500家最大公司净利润总额排名中连续两年位列第一。根据以上所述，如果哪项为真，则最能支持上述说法？

　　A.与国强石油公司规模相当，国际业务少的石油公司利润都会低于比该石油公司。

　　B.在过去的时间里，全球500家大公司的净利润冠军都是石油公司。

　　C.近两年来全球最大的500家公司都在努力走向国际化。

　　D.近两年来石油和成品油的价格都相当稳定。

　　E.国强石油公司是英国和荷兰两国所共同拥有的。

91 幸运的姑娘们

　　一个探险家有一次救了3个姑娘，他分别从3只凶狠的狼的爪下救出她们的。现在只知道：

　　(1) 被救出的姑娘分别是小云、农夫家的女儿和从白狼爪下救出来的姑娘；

　　(2) 小琳不是工人家的女儿，小丽也不是富商家的女儿；

　　(3) 从黑狼爪下救出来的不是工人家的女儿；

　　(4) 从红狼爪下救出来的不是小琳；

　　(5) 从黑狼爪下救出来的不是小丽。

　　根据上面的条件，说说这3个姑娘分别来自哪家?抓她的是哪一种颜色的狼?

92 帮妈妈干家务

　　周日，小杰的三位朋友小芳、小梅、小漫来找他出去玩。小杰摇了摇头，因为他要帮妈妈干家务。于是朋友们一起出动，七手八脚地帮起忙来：挑水、烧水、洗菜、淘米。现在知道：小杰不挑水也不淘米；小芳不洗菜也不烧水；如果小杰不洗菜，那么小漫就不挑水；小梅既不挑水也不淘米。

　　你能知道他们各自在做什么吗?

93 谁不是马拉松选手

世界级马拉松选手每天跑步不少于两个小时。如果以上所述为真，那么下面哪项所描述的人不可能是世界级马拉松选手？

A.某个选手连续三天每天跑步只需一个半小时，并且没有任何身体不适。

B.某个选手几乎每天都要练习吊环。

C.某个选手在脚伤痊愈的一周里每天跑步至多一小时。

D.某个选手在某个星期三没有跑步。

E.某个选手身体瘦高，别人都说他像跳高运动员，他的跳高成绩相当不错。

94 判断大前提是否正确

某药品广告说："对咽喉炎患者，有五分之四的医院都会给开'咽喉康含片'。因此，如果你患了咽喉炎，那么最佳的选择应该是'咽喉康含片'。"

下列选项中，哪项为真，才最能对该广告的论点提出质疑？

A.社会上一些其他的名牌药品，不但对咽喉炎有较好的疗效，而且对治疗其他疾病也有益处。

B.其他一些医院，也给病人开"咽喉康含片"，只是不像广告说的那样频繁。

C."咽喉康含片"的味道有些怪怪的，刚含时有点苦，等一会就变得有点甜味了。

D.不难发现，有一些药厂以低价向医院推销药品，甚至采取给予回扣等办法进行促销。

95 推导路径

运用你的逻辑推理能力，推导出符合以下条件的一条路径："开始"一直到"结束"，这条路径可以沿水平也可以沿垂直方向。（见右面的图例）

注意：各行各列起始处的数字代表这行或这列所必须经过的格子数。

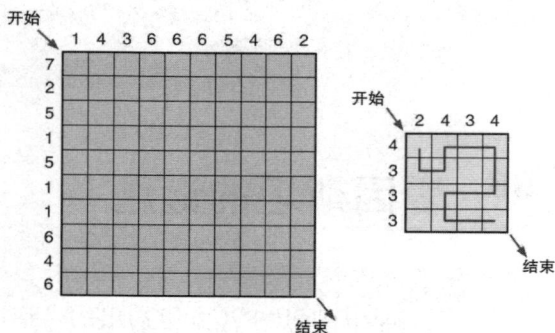

96 这个女子是谁

天使安琪、恶魔莉娜和凡人伊斯她们都有个习惯，那就是安琪常常说真话；莉娜从来不说真话；伊斯真话和假话都说。

如果她们中有一人说："我是恶魔"。那么请问，这位女子到底是谁?

97 谁是劫持者

一位医生在寓所被人劫持，警方排查发现案发当日医生的四位病人都单独到过医生的寓所。因此，警方决定对这四位病人进行传讯。四位病人得知这一情况后商定，谁也不向警方说出实话。

杰克说：（1）我们都是清白的，我们四个人都没有劫持医生；（2）我是去过他那里，可是在我离开他寓所的时候他还好好的。

维尔斯说：（3）我是去过医生那里，但在我去之前已经有一个人去过了；　（4）当我到达医生寓所的时候，他已经被劫持了。

迈斯里说：　（5）我去过医生那里，可是在我去之前已经有两个人去过；　（6）我并不知道他被劫持，在我离开他寓所的时候，他还好好的。

查尔蒂说：　（7）凶手比我先去过医生的寓所，我去的时候他已经离去；　（8）当我到达医生寓所的时候，他已经被劫持了。

请问：谁是劫持者？

98 爱因斯坦的谜题

这是爱因斯坦在20世纪初出的一道谜题：在一条街上，有五座房子，被刷上了五种颜色。每个房子里住着不同国籍的人，每个人喝不同的饮料，抽不同品牌的香烟，也养不同的宠物。

提示如下：

（1）英国人住红色的房子；

（2）瑞典人的宠物是狗；

（3）丹麦人喜欢喝茶；

（4）绿色的房子在白色的房子左边隔壁；

（5）绿色房子的主人喝咖啡；

（6）抽PallMall香烟的人养鸟；

（7）黄色房子的主人抽Dunhill香烟；

（8）住在中间房子的主人喝牛奶；

（9）挪威人住在第一间房；

（10）抽Blends香烟的人住在养猫人的隔壁；

（11）养马的人住在抽Dunhill香烟的人的隔壁；

（12）抽BlueMaster的人喝啤酒；

（13）德国人抽Prince香烟；

（14）挪威人住在蓝色房子的隔壁；

（15）抽Blends香烟的人有一个喝水的邻居。

请问：哪一位养鱼？

99 詹姆斯是哪里人

在一次国际大型宴会中，聚集了几个国家的人。现在看来，可以知道所有的英国人穿西装；所有的美国人穿休闲装；没有既穿西装又穿休闲装的人；詹姆斯穿休闲装。

现在根据以上条件，可以推断以下的说法哪个一定是正确的呢？

詹姆斯是英国人；詹姆斯不是英国人；詹姆斯是美国人；詹姆斯不是美国人。

100 对论点做出判断

导游员灵灵总带着游客到几家工艺品加工厂参观，而且说买不买都没有关系。为此，常有些游客抱怨，但她仍然保持着这种行为。下面是相关论述：

A.虽然说有些游客不满意，但还是有许多游客是愿意的，他们从厂里出来时的笑容就证明了这一点。

B.一些游客来旅游的一件重要事情就是购物。若是空手回家，家人一定会不高兴的。

C.这个厂家生产的产品直销，质量有保证，价格也便宜，对于游客来说何乐而不为？

D.所有的游客在经济上都是富裕的，他们只想省时间，不在意商品的价格。

E.在厂家购物，导游灵灵会得到奖励。当然，奖励的钱是间接地从购物者那里得来的。

请问：哪个论点最没可能造成以上现象？

101 令人头疼的排名次

比赛过后，名次的排列有些混乱，令裁判头疼。看着下面这些仅有的信息，你能帮这位可怜的裁判排下正确的名次吗？

A、B、C、D、E、F、G按比赛结果的名次排列情况如下（其中没有相同名次）：

(1) E得第二名或第三名；

(2) C没有比E高四个名次；

(3) A比B低；

(4) B不比G低两个名次；

(5) B不是第一名；

(6) D没有比E低三个名次；

(7) A不比F高六个名次。

上述说明只有两句是真实的，是哪两句呢？快帮裁判找出他们的名次来。

102 亲戚大集合

家里来亲戚了，而且还是A、B、C、D、E五个亲戚，其中四个人每人讲了一个真实情况：

(1) B是我父亲的兄弟；

(2) E是我的岳母；

(3) C是我女婿的兄弟；

(4) A是我兄弟的妻子。

上面提到的每个人都是这五个人中的一个（例如：当有人说"B是我父亲的兄弟"，你可以认为"我父亲"以及"我父亲的兄弟"都是A、B、C、D、E五个人中的一个）

问：这五个人分别是什么关系？

103 杰克与约翰

詹姆斯看见杰克的日记本上写着约翰的名字，很好奇，就问约翰是杰克的什么人。杰克坏笑了一下，答道：约翰的儿子是我的儿子的父亲。詹姆斯想了想，就笑着拍了一下杰克的肩膀。那么，你知道杰克与约翰的关系是_____。

A.杰克是约翰的祖父；

B.杰克是约翰的父亲；

C.杰克是约翰的儿子；

D.杰克是约翰的孙子；

E.杰克就是约翰。

104 运动员集合

今天很巧，运动员杰森、爱丽丝（女）、琼和丽娜（女）都到齐了，多难得的机会啊，于是他们围坐在桌旁不停地聊了起来。

（1）杰森与体操运动员坐在正对面；

（2）爱丽丝坐在羽毛球运动员的右边；

（3）丽娜坐在琼的正对面；

（4）坐在琼右边的是一个男子；

（5）乒乓球运动员坐在网球运动员的左边。

这四个人分别是哪一个项目的运动员？

105 真正的贫困生

学校需要找出一名贫困生给予助学金，詹尼佛、丽萨和路亚都是这所大学的学生，她们中有两位非常聪慧，有两位非常有气质，有两位是才女，有两位家境富裕。每个人至多只有三个令人注目的特点：

（1）对于詹尼佛来说，如果她非常聪慧，那么她家境富裕；

（2）对于丽萨和路亚来说，如果她们非常有气质，那么她们也是才女；

（3）对于詹尼佛和路亚来说，如果她们是家境富裕的，那么她们也是才女。

你知道她们三人中谁是贫困生吗？

我知道

106 性别的猜测

车厢里坐着的是莱特、布莱尔、特瑞和艾尔，他们是亲缘关系，而且他们之间没有违反伦理道德的问题。那么：

（1）其中有一个人与其他三人的性别不同；

（2）在这四个人中，有莱特的母亲、布莱尔的哥哥、特瑞的父亲和艾尔的女儿；

（3）最年长的与最年轻的性别不同。

现在，来分析一下谁与其他三人性别不同？

提示：要么母亲和女儿是指同一个人，要么父亲和哥哥是指同一个人。假定其中一种情况，继续进行推断。

107 请问哪位是医生

杰克逊先生家里有一位医生，现在我们就来推理一下他的家人中哪一位是医生吧。杰克逊先生有一位夫人和一个女儿；女儿有一位丈夫和一个儿子。已知条件如下：

（1）五人中有一人是医生，而在其余四人中有一人是这位医生的病人；

（2）医生的孩子和病人父母亲中年龄较大的那一位性别相同；

（3）医生的孩子；

（4）不是病人；

（5）不是病人父母亲中年龄较大的那一位。

请问哪一位是医生？

提示：分别判定谁不可能是医生，谁不可能是病人；然后判定在某人是医生的情况下，谁不能是病人。

108 真假证词

著名的艺术家德怀特（克劳德）被谋杀，警方介入调查。犯罪现场的证据表明，可能有一名律师参与了对德怀特（克劳德）的谋杀。艾伯特（贝克）、巴尼（乔治）和柯蒂斯（爱德华）三人被列入嫌疑人行列而受到传讯。

现在的情况是，这三人中肯定有一人是谋杀者，而且每一名嫌疑人只做了两条供词，如下：

贝克：

（1）我不是律师；

（2）我没有谋杀克劳德。

乔治:

(3) 我是个律师;

(4) 但是我没有杀害克劳德。

爱德华:

(5) 我不是律师;

(6) 有一个律师杀了克劳德。

警察最后发现:

A.上述六条供词中只有两条是实话。

B.这三个可疑对象中只有一个不是律师。

到死是谁杀害了克劳德?

提示:判定(2)和(4)这两条供词都是实话,还是其中只有一条是实话。

答　案

1.怎样翻扑克牌

我们当然要掀开1号扑克牌，因为它的底面是蓝色。我们可以不顾红色底面的扑克牌，这样，我们把2号扑克牌略过。3号扑克牌是K，它的底面是蓝色或者红色都无关紧要，这样它也可以略过。最后，我们要把4号扑克牌翻过来。如果1号扑克牌是K并且4号扑克牌的底面是红色，那么这个答案就是"肯定的"；如果1号扑克牌不是K或者4号扑克牌的底面是蓝色，那么这个答案就是"否定的"。

2.姐妹俩谁大

小红

3.绝不原路返回

两个乒乓球不会原路返回的。先将球3从洞里掏出，顺着球1方向向前滚动，然后球1进入洞中，再将球2和球3一起顺着球3方向滚动，越过洞口。然后球1出来继续按照原来的方向滚动，球2和球3沿着球3的逆方向滚动，经过洞口，让球3仍然进入洞中，最后球2沿着它原来的方向继续向前滚动。

4.那是谁的花

花盆1是莱恩的；
花盆2是杰克的；
花盆3是李的；
花盆4是皮特的。

5.第四首歌

从"小白是在小李的下一个唱的"来看，小李始终在小白的前面。

"小吕和小佟之间有两个人唱"，如果小李、小白排在小吕的前面，那么小佟、小郭放在哪里都不合适。如果小李、小白排在小佟的后面，那么小李唱了第五首歌，与条件三不符合了。结果可能是四种排列方式，即小祝、小郭、小吕、小李、小白、小佟；或：小郭、小祝、小吕、小李、小白、小佟；或小祝、小郭、小佟、小李、小白、小吕；或：小郭、小祝、小佟、小李、小白、小吕。无论如何排列，小李都是唱第四首歌的人。

6.杰克的女儿们

三女的年龄应该是2、2、9。因为只有一个孩子黑头发，即只有她长大了，其他两个还是幼年时期即小于3岁，头发为淡色。再结合杰克的年龄应该至少大于25。

7.丢掉的袜子

20只袜子配对一共有190种情况。你可以自己来检验：将1~20写在一张纸上。与1可以配对的有剩下的19个数。然后跳过1（因为我们已经考虑了所有含有1的配对情况）看2，有18种配对情况，因此现在已经有19+18=37种配对情况了。然后再跳过2看3，依此类推，直到数到最后一对。你会得到下面这个等式：

19+18+17+16+15+14+13+12+11+10+9+8+7+6+5+4+3+2+1=190。

20只袜子配成一双的只有10种情况。也就是说，在190种可能中，最好的情况只有10种，而最差的情况则有180种，即最差的情况发生的可能性是最好情况的18倍，这就意味着你有可能只剩下8双袜子。

8.是谁偷吃了水果和小食品

是老三偷吃了水果和小食品，只有老四说了实话。用假设法分别假设老大、老二、老三、老四都说了实话，看是否与题意矛盾，就可以得出答案。

9.判断骑士的活动时间

拜尼离开了5个星期〔线索（7）〕。少利弗雷德周游的时间不可能是6或7星期〔线索（2）〕，而长达6星期的周游开始于3月〔线索（6）〕，线索（2）排除了少利弗雷德的出行时间为4星期，那么他出行的时间一定是3星期，从线索（2）中知道。拜尼5星期的出游一定是9月份开始的。我们知道，歌斯特离开的时间不是3星期和5星期，线索（5）又排除了4星期而另外一位骑士在海边呆了7星期〔线索（1）〕，因此通过排除法歌斯特在沼泽荒野逗留的时间一定是6星期，他是3月出发的。因此蒂米德不是在海滩呆了7星期的人〔线索（3）〕，通过排除法他出行时间一定是4星期。从线索（3）中知道少利弗雷德在森林中转悠了3星期，通过排除法，在海滩呆7星期的一定是卡斯特，他是7月出行的〔线索（8）〕。

拜尼出行不是去了村边〔线索（4）〕那么他一定是在河边转悠。剩下蒂米德去了村边。后者不是1月份出行的〔线索（3）〕，那么一定是5月出行的，剩下去森林的少利弗雷德是1月份出行的。

答案：
卡斯特，7月，海滩，7星期。
歌斯特，3月，沼泽荒野，6星期。
少利弗雷德，1月，森林，3星期。
拜尼，9月，河边，5星期。
蒂米德，5月，村边，4星期。

10.谁把零钱拿走了

丙说谎，甲和丙都拿了一部分。假设甲说谎的话，那么乙也说谎，与题意不符；假设乙说谎，那么甲也说谎，与题意不符。那么，说谎的肯定是丙了，只有甲和丙都拿了零钱才符合题意。

11.那些车都是谁的

车1是丽萨的；
车2是维奇的；
车3是诺曼的；
车4爱丽丝的。

12.夜明珠在哪个屋里

一号屋的女子说的是真话，夜明珠在三号屋内。假设夜明珠在一号屋内，那么二号屋和三号屋的女子说的都是真话，因此不在一号屋内；假设夜明珠在二号屋内，那么一号屋和三号屋的女子说的都是真话，因此不在二号屋内；假设夜明珠在三号屋内，那么只有一号屋的女子说的是真话，因此，夜明珠在三号屋内。

13.她俩谁的考试成绩好

假设小玲说的是实话，那么，小芳说的也是实话了，与题意不符；假设小芳说的是实话，那么小玲说的也是实话了，与题意不符。因此，两个人都没有说实话，如果把她们两个人说的话反过来，你就会发现，是小芳的成绩好。

14.那些宝贝都是谁的

宝贝1，杰克，是詹尼佛的孩子；
宝贝2，乔治，是爱丽丝的孩子；
宝贝3，汤姆，是贝利的孩子；
宝贝4，琳达，是阿曼达的孩子。

15.她们都买了什么东西

小丽买了帽子，小玲买了手套，小娟买了裙子。

16.选项判断

假设老鼠A说的是真话，那么其它三只老鼠说的则都是假话，这符合题中仅有一只老鼠说实话的前提；假设老鼠B说的是真话，那么老鼠A说的就是假话，因为它们都偷食物了；假设老鼠C或D说的是实话，那么这两种假设则只能推出老鼠A说的是假话，就与前提不符。所以a选项正确，所有的老鼠都偷了奶酪。

17.一句问路的话

如果甲是A国人，说的是真话，问甲："如果我问乙哪条路是正确的，他就会指哪条路吗？"他指出乙说的那条路就是错误的，另一条路则是正确的。

如果甲是B国人，说的是假话，同样的问题问甲，因为乙说真话，甲和乙会得出相反的答案，那么另一条路就是正确的。

18.那些宠物是谁的

宠物1，尼娜，是凯琳的宠物；
宠物2，琼，是丽萨的宠物；
宠物3，萨拉，是艾伯的宠物；
宠物4，杰克，是汤姆的宠物。

19.怎样配对

因为李文、袁春、张东说的都不是真话，那么李文不娶袁春，袁春也不嫁给张东，因此袁春嫁给了王学。又因为张东没娶刘玉，娶的是于花。所以只剩下李文娶刘玉了。

20.确定恋人

多娜特和里欧是给摩托车加油时认识的。他准备给他唱《忠诚》；
艾丽娜和安顿尼尔是买黄瓜时认识的，他准备给她唱《呼吸》；
玛若和弗瑞泽欧是看足球赛时认识的。他准备给她唱《我发誓》；
莫尼卡和西欧卫是买香烟时认识的。他准备给她唱《惊奇》；
塞恩娜和多纳特罗是在酿酒厂认识的。他准备给她唱《永远》。

21.帽子的悖论

如图所示，在A、C两个帽子中抽到红色小球的可能性最大。

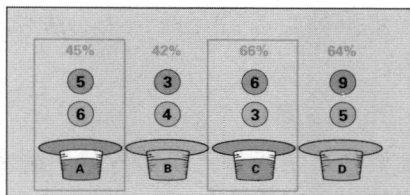

22.哪个帽子里有红球

出人意料的结果是，这次从蓝色帽子中抽到红色小球的可能性最大。这个悖论也可能出现在实践中。它通常是由变动的组合和大小不等的组结合成一个组所引起的，但是在精确的设计实验中可以避免。

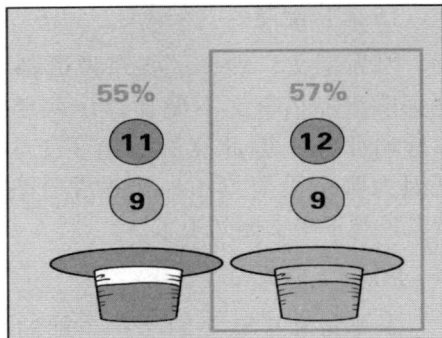

23.谁送的礼品

"威士忌"先生送的。

威士忌给鸡尾酒；鸡尾酒给伏特加；伏特加给茅台；茅台给白兰地；白兰地给威士忌。

24.确定吸血鬼

乔治，阿尼纳的公爵，爱吃罪犯；

兰克，图尔达的伯爵，爱吃女人；

杰诺斯，纳波卡的男爵，爱吃老人；

米哈斯，扎勒乌的侯爵，爱吃外国人；

弗拉德，苏恰瓦的王子，爱吃有钱人。

25.谁说真话

吴叔叔指的是乙踢球打碎了玻璃，说明只有丙说的是真话。

26.满足每人的吃喝

甲、乙、丙三人中，两人喝可乐和水，并且吃汉堡，剩下一人不吃也不喝。

27.小铁嘴遇到顺口溜

四样果品是：香蕉、甘蔗、枣子、核桃；每样买2斤，共付2.7元。

28.猜出字母

这是"一周"的英文单词首写字母，后两个单词是Saterday，Sunday。所以，最后的两个字母应该是S，S。

29.各有多少苹果

小能原来的苹果有7个，而小明只有5个。

30.漂亮的裙子

黄色

31.爱吃醋的丈夫

把3个丈夫用A、B、C来表示，他们妻子分别是a、b、c。他们可以按照下面的方法渡河：

（1）a和b先渡河，然后b把船划回来。

（2）b和c渡河，然后c把船划回来。

（3）c下船并和她的丈夫留下来，然后A和B渡河；A下船，B和b一起把船划回来。

（4）B和C渡河，把b和c留在出发点。

（5）a把船划回来，然后让c和她一起渡河。

（6）a下船，然后b把船划回来。

（7）接着，b和c渡河，这样所有人都重聚。成功抵达对岸！

32.两位女士的年龄

A是27.5岁，B是16.5岁。要算出这个答案，你必须得从后往前算。当B5.5岁时，A是16.5岁，即A的年龄是B的3倍；当B到了3倍于A的这个年龄时，她就49.5岁了；当A还是这个年龄的一半时，即24.75岁，B的年龄就是13.75岁；而A现在的年龄正好是B那时年龄的两倍，即27.5岁。

33.他们都是哪里人

A是北区人；B是南区人，获得铜牌；C是中区人；D是局外人，获得金牌；E是局外人，获得银牌。

分析：说话者之中有一个是南区人，一个是中区人，一个是北区人，另外两个是局外人。

E第三次说的话是真实的，B的第四次陈述是真实的，因为E可以肯定要么是中区人，要么是两个局外人之一。

C第一次说的可能是假的，也可能是真的。如果是真的，B要么是南区人，要么是两个局外人之一。如果是假的，那么C就是中区人。

D第四次陈述，即C不是北区人，是真实的。因此，B、C、D、E每个人至少有一次真实的陈述。因此，A是北区人，此陈述是假的。

A第二次陈述，即B不是南区人，是假的。那么，B是南区人，此说法是真的。

B第二次陈述，即C的第一次陈述是假的，所以C是中区人。

C第一次和第三次是假的，第二次和第四次陈述是真的。以此，也可以推出D和E是两个局外人。

A第三次陈述是假的，D赢得了金牌。

B第一次陈述是真的，E赢得了银牌。

C第三次陈述，即B没有赢得铜牌，是假的，B赢得了铜牌。

D第一次和第四次陈述是真的，第二次和第三次陈述是假的。

E第二次和第三次陈述是真的，第一次和第四次陈述是假的。

34.谁大谁小

两个女孩一样大，都是六岁。

35.谁的胜算最大

分析：1号选择17颗豆子时，受罚几率最大。他有先动优势。他有可能受后面的2、3、4、5号逼迫，但可能性不大。假如1号选择21颗豆子，那么1号将自己暴露在一个非常不利的环境下。2~4号就会选择20，5号就会被迫在1~19中选择，则1和5号受罚。所以，1号会选择一个更小的数。

如果1号选择一个小于20的数，2号就不会选择与他偏离很大的数。因为如果偏离大，2号就会受罚，只会选择+1或−1，离受罚的概率会小一些。当考虑这些的时候，必须要学会逆向考虑。1号需要考虑2、3、4号的选择，2号必须考虑3、4号的选择，而5号会没有选择。

用100/6=16.7，1号最终必然是在16、17中做选择，这样的几率会很大。在分别对16、17计算概率后，得出有三个人会选择17，如果4号选择16，则为均衡状态，但是4号选择16不及前三个人选择17生存的机会大；若4号也选择17，那么整个游戏的人都要受罚（包括他自己）因此，只有按照17、17、17、16、N（1~33随机）选择时，1、2、3号的免罚机会最大。

36.推断老师的生日

9月1号。

分析：首先，我们来分析一下这10组日期，经观察不难发现，只有6月7日和12月2日这两组日期的日数是惟一的。由此可以看出，假如莉莉知道的N是7或是2，那么她肯定知道老师的生日是哪一天。

再次，我们来分析一下阳阳说的话，阳阳说："如果我不知道的话，莉莉肯定也不知道"，而该10组日期的月数分别为3，6，9，12，而且相应月的日期都有两组以上，所以阳阳得知M后是不可能知道老师生日的。

进一步来分析，阳阳说："如果我不知道的话，莉莉肯定也不知道"，通过结论2我们可知莉莉得知N后也绝不可能知道的。

然后，结合1和3的分析，可以推断：所有6月和12月的日期都不是老师的生日，因为如果阳阳得知的M是6，莉莉得知的N是7，那么莉莉就会知道老师的生日。

同样的道理，如果阳阳的M＝12，莉莉的N＝2，则莉莉同样可以知道老师的生日。即：M不等于6和9。现在只剩下"3月4日、3月5日、3月8日、9月1日、9月5日"五组日期。而莉莉知道了，所以N不等于5（有3月5日和9月5日），此时，莉莉的N∈（1，4，8）注：此时N虽然有三种可能，但对于莉莉只要知道其中的一种，就会得出结

论。所以莉莉说："本来我是不知道的，但是现在我也知道了"，经过这样的推理后，最后就只剩下了"3月4日、3月8日、9月1日"这三个生日。

分析阳阳说："哦，那我也知道了！"说明M＝9，N＝1，（N=5已被排除，3月份的有两组）。因此正确答案应该是9月1日。

37.鸡鸭各多少

在镜中照见的物体都是左右相反的。数字中除0外，只有1和8在镜中照出来的仍旧像1和8，于是知道鸡和鸭的积一定是81，因为81在镜中照出来的是18，正好是9＋9，由此可知，小敏家里养的鸡和鸭各是9只。

38.他们都是谁的学生

学生1，皮特，是格老师的学生；学生2，麦克，是布老师的学生；学生3，约翰，是肯老师的学生；学生4，琼，是威老师的学生。

39.能用的子弹

分配子弹后，三位猎人共消耗了二十发子弹。此后，三个所剩的子弹总数和分配时每人所得的子弹数相同。假如8为子弹的总数，减去十二粒后，仍等于子弹总数分给三人的数量。故公式是 $x-12=x/3$，$x=18$。

40.他们分别为谁工作

从线索（5）中知道SD间谍在6号房间〔线索（2）〕。OSS间谍一定在5号房间，而SDECE间谍在3号房间，鲁宾在1号房间。2号房间的间谍不可能来自阿布威〔线索（3）〕，也不是来自MI6，而间谍加西亚不在1号房间〔线索（1）〕那么他肯定是GRU的间谍。

从线索（4）中知道，毛罗斯先生的房间是4号，罗布斯不可能在3号〔线索（1）〕也不可能在2号房间。因为加西亚不在4号房间，所以罗布斯也不可能在6号。罗布斯只能在5号房间，而加西亚在3号，MI6的间谍则在4号房间〔线索（1）〕。6号房间的SD间谍不是罗布斯〔线索（2）〕。则肯定是戴兹。剩下罗佩兹一定是2号房间的GRU间谍。最后通过排除法推出1号房间的鲁宾是阿布威的间谍。

答案：

1号房间：鲁宾，阿布威。

2号房间：罗佩兹，GRU。

3号房间：加西亚，SDECE。

4号房间：毛罗斯，MI6。

5号房间：罗布斯，OSS。

6号房间：戴兹，SD。

41.巧算年龄

设：玲玲的年龄为 x，晶晶的年龄为 y，则黄老师的年龄为10 x＋y。根据题意可列出方程：

$10x + y = 2xy$，

因为 x 不等于0，则原方程两边同除以 x 后，得

$10 + y/x = 2y$。

令 $y/x = z$，这样原方程变成一个二元一次不定方程

$10 + z = 2y$。

因为，10和2 y 都是整数，

所以，z 也是整数。

因为，x 和 y 都是正整数，且 $y = xz$，

所以，y 也一定是 z 的整倍数。

根据上述条件，适合方程 $2y - z = 10$ 的解只有

因为，$x = y/x = 6/2 = 3$

所以，原方程的解是

即：晶晶6岁，玲玲3岁，黄老师36岁。

42.那个问号是什么图

旋转这些图形的角度可以得知：首先，把左边的梯形逆时针转45度，再把右边的梯形顺时针转45度。

然后，把左边的梯形转180度，右边的顺时针转45度。

所以，第二行第一个图，需要第二图左边部分顺时针转45度，右边部分逆时针转45度得到。应该选D。

43.有多少人戴红帽子

3个人

设有a个红帽子。

a=1，则戴红帽子的那个人第一次就看到其他人都是蓝帽子，那么自己就肯定是红帽子。所以该打耳光。但第一次没有声音，说明至少有2顶红帽子。

a=2，第一次关灯后没人打，说明红帽不止一个，所以第二次如果有人只看到别人有一顶红帽子的话，就能判断自己头上是红帽子，该打耳光，但没人打，说明至少有3顶红帽。

a=3，由于前面的两次没人打耳光，所以至少3顶红帽。再一次开灯后，有人打耳光，说明打耳光的人看到其他人只有两顶红帽，所以能判断自己头上是红帽。

44.猜出他们的性别与职业

因为A是色盲；B患过小儿麻痹；C有口吃的毛病。因此A不会是画家，B不会是篮球队员，C不会是翻译，从小

孩看篮球队说的话来讲，A是篮球队员，且男性，而且B和C是一男一女。

又因为画家把孩子放在姑妈家，所以画家是男性，而翻译是女性。C口吃，只能是画家，所以就可以知道：A是男性，篮球队员；B是女性，翻译；C是男性，画家。

45.哪一种是正确的

第四种是正确的。

根据本题的内容可以知道这是一个相对概率而不是绝对概率，相对来说，红>黄；黄>绿；绿>红，相当于剪刀包袱锤的情况，所以第四种是正确的。

46.老汉做生意

答案是D。

分析：这是一道简单的算术题。结果只有不到40%的人能够作出正确答案，多数人认为只赚了100元。

其实，问题的条件十分明确，这是两次交易，每次都赚100元，而很多人却错误地认为当他用800元买回来时已经亏损了100元。

有趣的是，以另一种方式提出同一问题：有一个人用600元买了一匹白马，又以700元的价值卖出去；然后，用800元买了一匹黑马，又以900元的价值卖出去。在这桩买卖马的交易中，他把同样的五个选择罗列出来。这时，另一组受测的人都答对了。

47.野鸭子究竟吃什么

第四个例子。

在上述内容中，"野鸭子吃小鱼"和"野鸭子吃小虾"都有可能，也许一部分野鸭子吃小鱼，另一部分野鸭子吃小虾，也许是野鸭子小鱼和小虾都吃。

48.小猴巧分桃

假设每只小猪分3个，则总数为$3 \times 40 = 120$（个）；

假设每只小猪分4个，则总数为$4 \times 40 = 160$（个）；

但分3个又多，分4个又少，而且多少一样，那么仙桃的总数就在120个到160个之间：

$(120 + 160) \div 2 = 140$（个）。

49.找出数字的规律

从前面的数字可以归纳出规律：

（　）里的十位数比前面的数字的最后一位大1，个位数比后一个数第一位数大1。

所以（　）内的数是38。

50.指出表格内容

D圆圈和黑块不同出现，E选项不是，有黑块的图灰块数是序号数的平方，如第1图灰块$1 = 1^2$，第4图灰块数$16 = 4^2$，那么A和C选项也不是，有圆圈的图灰块数等于序号数，所以答案就是D。

51.列车到站时间

这列火车准点到达北京是第二天的2点48分。

时钟的结构是：每个小时之间有4个分针刻度，相邻两个分针之间为12分钟。时针和分针都指在分针刻度上，说明这个时间应为n点m分，其中n是0到11的整数，m是0到4的整数。

又已知分针和时针间隔是13分或26分，要么$12m - (5n + m) = 13$或26，要么（5n＋m）＋（60－12m）＝13或26。那么n和m有3组解，即：（1）n＝2，m＝4；（2）n＝4，m＝3；（3）n＝7，m＝2。这样就有3个时间点，（1）2：48；（2）4：36；（3）7：24。面对3个可能的答案，小林向张教授求证，但是张教授却绕开了问题，这就暗示着：若正面回答就能确定正确答案了。于是小林确定时间为2：48。

52.戒指的来历

戒指1是马特·佩恩给的〔线索（2）〕，戒指3价值20000英镑，那么紧靠雷伊的那个价值10000英镑的戒指一定是戒指4。从线索（1）中知道从雷伊那得到的钻戒一定是戒指3，价值20000英镑。戒指1价值不是25000英镑〔线索（1）〕，那么它肯定值15000英镑。通过排除法可知得，戒指2肯定值25000英镑。而戒指1上的不是翡翠〔线索（2）〕，也不是红宝石〔线索（2）〕，那么一定是蓝宝石。红宝石戒指价值不是10000英镑〔线索（2）〕，那么一定是价值25000英镑的戒指2。剩下价值10000英镑的戒指4是翡翠的，它不是休·基恩给的〔线索（3）〕，那么一定是艾伦·杜克给的。那只剩下了休·基恩给了洛蒂价值25000英镑的红宝石戒指。

答案：

戒指1是马特·佩恩的价值15000英镑的蓝宝石。

戒指2是休·基恩给的价值25000英镑的红宝石。

戒指3是雷伊·廷代尔给的价值20000英镑钻石。

戒指4是艾伦·杜克给的价值10000

英镑翡翠。

53.输赢之间

第一步：先设赵胜出的情况为A，赵负为B，若最终赵赢，有7种可能的情况。

第二步：再来假设王赢也有7种可能的情况。

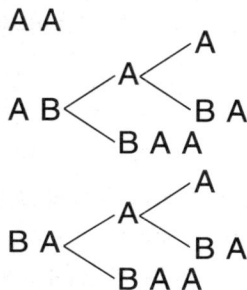

如图所示：

第三步：以上可知，7+7＝14。

所以，赵、王两人间的输赢共有14种情况。

54.确定小孩的情况

6岁的格雷琴不可能是4号〔线索（1）〕，而3号今年7岁〔线索（4）〕，1号是个男孩〔线索（3）〕，因此通过排除法，格雷琴肯定是2号。现在从线索（1）中知3号7岁的小孩是牧羊者的孩子。玛丽亚的父亲是位药剂师〔线索（5）〕，他不可能是1号〔线索（3）〕，那么只能是4号，从线索（5）中得知她今年5岁，剩下1号男孩8岁，所以1号不是汉斯〔线索（2）〕则一定是约翰纳。剩下的另一个汉斯是7岁的牧羊者的小孩。从线索（3）中得知格雷琴的父亲不是屠夫，那么只能是位伐木工。最后知道约翰纳是屠夫的儿子。

答案：

1号约翰纳，8岁，屠夫。

2号格雷琴，6岁，伐木工。

3号汉斯，7岁，牧羊者。

4号玛丽亚，5岁，药剂师。

55.彩色的玻璃珠

人名	吉娜	丽娜	露娜	米娜	尼娜
猜对	第3盒	第2盒	第1盒	第4盒	第5盒
颜色	黑	黄	蓝	白	绿

56.购书

第一步：可知4种书每种至少1本，共3+5+7+11=26（元）。

第二步：这四本书的价格共计70元，70−26=44（元），得出44元买6本书。

第三步：这样就得出了：

①11×3+5×1+3×2

②11×2+7×2+5×1+3×1

③11×2+7×1+5×3

④11×1+7×4+5×1

所以，小林共有4种不同的购买方法。

57.纸牌游戏

首先，从题干中可得知3张牌上的数字之和为9，但是并没有要求顺序，所以在取牌过程中不必考虑顺序。

第一步：1+2+6=9

第二步：1+3+5=9

第三步：2+3+4=9

所以：甲有3种不同的拿法。

58.两只瓢虫

可以首先推出这两只瓢虫的话有4种可能的真假组合：真、真；真、假；假、真；假、假。

然后再来分析：第一种情况（真、真）是不可能的，因为至少有一只瓢虫说的是假话；第二种情况（真、假）和第三种情况（假、真）也是不可能的，因为如果其中一只瓢虫说的是假话，那么另一个说的也不可能是真话。只有第四种情况（假、假）是符合推理的，两只瓢虫说的都是假话。所以，应该是雄瓢虫有黄斑点，而雌瓢虫有红斑点。

59.智分苹果

16岁，10岁，7岁。

60.猜头花的颜色

红色。

A看到一红一蓝，回答不知道；

B通过A的回答，猜测A看到2红或一红一蓝。如果B看到C戴蓝色的头花，代表A看到一红一蓝，B就能推断出自己戴红色的头花；如果B看到C戴红头花，B就不能推断出自己戴什么颜色的头花，也就是说B回答不知道，代表B看到C戴红色的头花，所以C就知道自己戴红头花。

61.一家三口

根据"王东的女儿不叫阿朱"，可知王东的孩子也是女儿，应该叫红红；那么，张东的女儿应该是阿朱；剩下的男孩小赤应是李东的儿子；已知李芳的孩子也是女儿，所以，李芳的丈夫应是张东或王东，又已知"张东和李芳的孩子不是同一个人"，所以李芳的丈夫应是王东；而"李东与杜芳不是一家"，那么李东的妻子只能是丁芳。

综上所述：张东、杜芳、阿朱是一家；王东、李芳、红红是一家；李东、丁芳、小赤是一家。

62.画第六个图案

把每个图案都遮掉左边一半，就会看到1、2、3、4、5，所以第六个图案如图所示。

63.活了多少岁

这个人只活到18岁。

也许，你认为20岁才是正确的，但实际上，你可能出现了两个误区：其一，你认为公元前10年到公元10年中间有20年，其实年历当中是没有公元0年的，那么这个人1岁时是公元前9年，所以到公元10年时他最多只有19岁；其二，一个人的岁数是从生日起计算的，但他死时是生日的前一天，所以应该再少算一岁。

这么一来，你就会找到正确的结果了。

64.指出牌值和花色

皇后不可能是1、4、7或9号牌〔线索（2）〕。因为中央的牌是红桃10〔线索（5）〕，这又排除了皇后是2、5和6号牌的可能性，所以皇后是3号牌。因此2号牌是"7"，6号牌是梅花〔线索（2）〕。再根据线索（6），梅花5一定是1号牌。"8"紧靠在黑桃的下面

〔线索（3）〕，这就排除了"8"是4或9号牌的可能性，因为已知5号牌是红桃，同时又排除了"8"是6或8号牌的可能性。又已知"8"不可能是5号牌，所以"8"是7号牌；4号牌是张黑桃，9号牌是张方块〔线索（7）〕所以杰克不可能是8号牌也不可能是6和9号牌〔线索（4）〕，杰克是4号牌的黑桃，因此5号牌是红桃10〔线索（4）〕，线索（8）揭示9号牌是的方块4。因此，8号牌是国王。根据线索（9）。国王不可能是梅花，所以，是黑桃〔线索（8）〕。同样根据线索（8），可推出3号牌是方块皇后。现在我们知道，线索（1）中，出现3次的牌的花色不可能是方块和黑桃。因为所有的牌都是已知的，2号牌和7号牌有相同的花色〔线索（9）〕，但是我们已知1号牌和6号牌是梅花，而这里不可能有相同花色的4张牌〔线索（1）〕，所以2号牌和7号牌是红桃，红桃就是有相同花色的3张牌的花色。最后得出6号牌是梅花3。

答案：

1号牌是梅花5。

2号牌是红桃7。

3号牌是方块皇后。

4号牌是黑桃杰克。

5号牌是红桃10。

6号牌是梅花3。

7号牌是红挑8。

8号牌是黑桃国王。

9号牌是方块4。

65.花园里的鲜花

首先，我们从条件可知，这是一种属于关系，甲园鲜花全部属于乙园，乙园鲜花全部属于丙园，那么甲园中

的鲜花也全部属于丙园。而丁园中的鲜花就不一定包含甲园或丙园的了。所以，可以判断出甲园中所有的鲜花都能在丙园中找到。

66.说出财产情况

菲利普·兰德得到了80万英镑〔线索（6）〕，发现一幅旧油画的人得到70万英镑〔线索（2）〕。根据线索（1），里约热内卢的银行抢劫犯得到的钱不是60万英镑、70万英镑或90万英镑；在新奥尔良的人得到了50万英镑〔线索（5）〕，因此抢劫银行的人得到了80万英镑，并且他是菲利普·兰德。叔叔的继承人伊恩·戈尔登得到了90万英镑。卖自己公司的人得到的不是50万英镑〔线索（3）〕，因此通过排除法他得到了60万英镑。得到50万英镑并住在新奥尔良的那个人中了彩票。线索（3）得出他是肖恩·坦纳。发现油画的人不是莱昂内尔·马克〔线索（2）〕，所以他一定是住在塞舌尔的艾德里安·巴克〔线索（4）〕。现在通过排除法可推出，卖公司的那个人是莱昂内尔·马克，而他家不在百慕大群岛〔线索（2）〕，而在帕果—帕果伊恩·戈尔登住在百慕大群岛。

答案：

艾德里安·巴克，塞舌尔，发现了70万英镑油画。

伊恩·戈尔登，百慕大群岛，继承叔叔的90万英镑。

莱昂内尔·马克，帕果—帕果，卖公司得到了60万英镑。

菲利普·兰德，里约热内卢，抢劫银行得到了80万英镑。

肖恩·坦纳，新奥尔良，中彩票50万英镑。

67.抓取不同颜色巧克力

由于总共有三种色彩的巧克力，所以，要想抓取同一色彩的巧克力，那么一共抓取四次即可。

68.探险者的谜题

（1）C；（2）D；（3）F；（4）A；（5）B；（6）没有。

69.是谁捐的钱

第一步：先从这道题的题干出发，运用演绎推理的方法，看一下王说的：这2000元是李捐的，还有李说的：这2000元不是我捐的。这种说法是互相矛盾的，所以可以排除王、李捐款的情况。

第二步：可以由以上演绎推理出不是王、李捐的款，但真话是在这两个人之间。那么张、赵说的就是假话。可以很明确的推出这是张捐的款。

70.喜欢开玩笑的家人

如图所示，从爷爷的左边开始，依次是儿子、女儿、爸爸、妈妈。

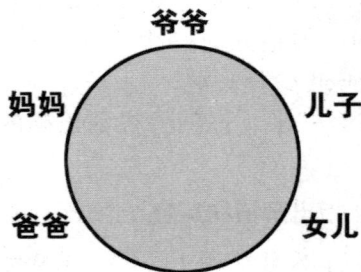

71.看看天气再遛狗

第一步：从题中甲、乙、丙的说法，以遛狗为假设的命题。

第二步：假若第一个人说的遛狗，就需要风大（逆命题是假命题）。

第三步：假若遛狗，则气温不高（逆否命题是真命题）。

第四步：假若遛狗，则天气晴朗（逆否命题是真命题）。

第五步：可以很快的知道第二个人说的天气晴朗是正确的。

72.护士的休息日

七名护士的休息日从星期一到星期日，依次为：蓉蓉、佳佳、小婉、小莹、小雪、小田、小红

73.哪个结论是正确的

第一步：先仔细的看一下题干，然后看一下甲所说的：脑筋急转弯的本质即是将毫不相干的事物联系起来，使之产生逻辑混乱而产生扭曲的效果。毫不相干的事物联系与题干不符，所以排除甲的结论。

第二步：丙所说的脑筋急转弯必须要有丰富的联想力。题干中压根没有提到他的这一说法，所以结论错误。

第三步：丁所说的脑筋急转弯的充分条件是不对的，正常思维和健康心理是必要条件，并不是如他所曲解出的结论那样。

第四步：最后，可以很明确得出乙所说的结论是正确的。

74.这是几场比赛

第一步：因为是三个班级进行的比赛，每两个进行的比赛最多共3场。

第二步：再根据（1）班得8分，（2）班得2分，（3）班得22分，可以推算出（1）班和（2）之间没有进行比赛。

第三步：假若（1）班和（2）进行了比赛，如果（1）班胜，应得10分，（2）班胜，应得10分。如两班平，应各得5分。这于上述条件不符合。

第四步：那么，这三个班共进行了二场比赛。

75.船在哪里呢

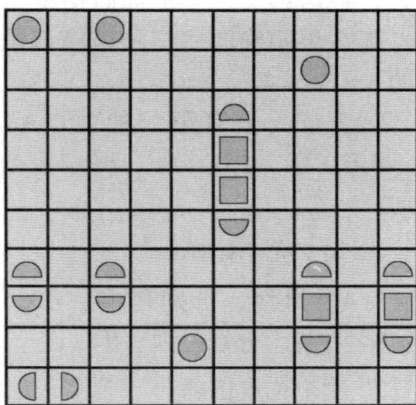

76.谁是决赛冠军

第一步：赵认为D、E都不可能取得冠军，那么他认为的冠军只能是在A、B、C或F中。

第二步：王认为冠军不是A就是B，但不可能是C、D、E、F中的任何一个。

第三步：孙认为绝不是C，那么只能是A、B、D、E或F可能是冠军。

第四步：最后只有一个人的猜测是正确的，200米蛙泳决赛的冠军可能是C或F，所以赵的猜测是正确的。

77.谁懂什么语言

第一步：基于以上所知内容，可以做出四组判断：

A韩、意，B美、意，C中、美，D中、意；

A韩、美，B韩、意，C中、美，D

韩、中；

A韩、美，B美、意，C中、意，D
中、美；

A韩、美，B中、意，C美、意，D
韩、意。

第二步：看清题干注意第（2）条
规则，韩语和美语不能同时由一个人
说。那么很明确的后三种推测都是错
误的。

第三步：只有第一种观点A韩、
意，B美、意，C中、美，D中、意是正
确的。

78.结义兄弟姐妹

有4名男性，分别是甲、乙、D、
庚；3名女性，分别是丙、丁、己。

79.哪个论点正确

答案是A。

80.女孩们的猜谜游戏

蔷薇23岁

雪莉25岁

米娜22岁

81.并不特殊的身份

由于法官和律师的总数为16名，
从（1）和（4）可知：律师至少9名，
男法官最多6名，再根据（2）可知，
男律师必定不到6名，又根据（3）可
知女律师少于男律师，所以男律师必
定超过4名。故男律师正好5名。由于
男律师多于女律师，且律师总数不少
于9名，所以有4名女律师。又因为男
法官不能少于男律师，则男法官正好6
名，这样还有一位就是女法官。因此
16人中有6位男法官，5位男律师，1位
女法官，4位女律师。如果说话人是一

名男法官，这样就少了一名男法官，
则（2）错误。如果说话的人是男律
师，也就少了一位男律师，则（3）错
误。如果说话的人是女法官，就少了
一名女法官，则（4）错误。如果说话
的人是女律师，也就是少了一名女律
师，则4种说法仍然成立。所以王刚是
一位女律师。

82.判断出行者情况

雷蒙德往东走〔线索（3）〕，从线
索（1）中知道，骑摩托车去上高尔夫
课的人不朝西走。去游泳的人朝南走
〔线索（2）〕。拍卖会不在西面举行
〔线索（2）〕，因此朝西走只可能是去
看牙医的人。西尔威斯特坐出租车出
行〔线索（5）〕，不朝北走。同时我们
知道雷蒙德不朝北走，安布罗斯也不
朝北走〔线索（1）和（2）〕，那么朝
北走的只可能是欧内斯特。从线索
（4）中知道，坐巴士的人朝东走。我
们知道雷蒙德不去游泳，也不去看牙
医，而他的出行方式则说明他不可能
去玩高尔夫。因此，他必定是去拍卖
会。现在通过排除法知道骑摩托车去
上高尔夫课的人肯定是欧内斯特。从
线索（1）中知道，安布罗斯朝南出行
去游泳剩下西尔威斯特坐出租往西走。
去看牙医。最后可以得出安布罗斯开
小汽车出行。

答案：

北，欧内斯特，摩托车，上高尔
夫课。

东，雷蒙德，巴士，拍卖会。

南，安布罗斯，小汽车，游泳。

西，西尔威斯特，出租车，看牙
医。

83.指出错误项

表达错的有 （2）、（4）项。

84.谁说对了

答案是B。

85.怎样对号入座

坐在A排13号位置的〔线索（6）〕不可能是彼特和亨利〔线索（1）〕，也不是罗伯特〔线索（4）〕。朱蒂不可能是13号〔线索（5）〕，那么这条线索也排除了A排13号是查尔斯和文森特的可能。通过排除法。在A排13号的只能是托尼。安吉拉也在A排〔线索（1）〕，除此之外A排还有另外一位女性〔线索（3）〕，她不是坐在B排的12号座〔线索（2）〕的尼娜因尼，也不是珍妮特和莉迪亚〔线索（7）〕。线索5排除了朱蒂，通过排除法只能是玛克辛在前排座位。她不可能是10或11号〔线索（4）〕我们已经知道她不是13号，那么肯定是门号。因此罗伯特是A排10号〔线索（4）〕。剩下的安吉拉是11号，现在从线索（1）中知道彼特是B排11号。B排还有一位男性〔线索（3）〕，他不是坐在C排的〔线索（1）〕亨利。而线索（5）排除了文森特在B排10号和13号的可能，问号和13号还未知。我们知道托尼和罗伯特在A排。那么通过排除法得知坐在B排的只能是查尔斯，但他不是13号〔线索（5）〕，因此肯定是门号。从线索（5）中得知，朱蒂一定是坐在C排10号，而她丈夫文森特是11号。从线索（1）和（7）中知道亨利是C排的12号，而莉达亚是那一排的13号，最后剩下B排13号上的就是珍妮特。

答案：

A排：10.罗伯特，11.安吉拉，12.玛克辛，13.托尼。

B排：10.查尔斯，11.彼特，12.尼娜，13.珍妮特。

C排：10.朱蒂，11.文森特，12.亨利，13.莉迪亚。

86.哪句话更为切题

答案是A。

87.荷花开了吗

答案是D。

88.谁是姐姐

现在是上午，胖的是姐姐。

假设：现在是上午，那么姐姐说实话，也就是较胖的是姐姐。那么没有矛盾，成立。

假设：现在是下午，那么妹妹说实话，而两个人都说我是姐姐，显然妹妹在说谎话，所以矛盾。

89.判断军官的情况

已知军官C不是陆军中尉阿尔迪丝或水兵〔线索（1）〕。根据线索（1）可知，如果水兵是A或B，陆军中尉阿尔迪丝是D，空军军官是E；如果水兵是D或E，那么陆军中尉阿尔迪丝是B。空军军官是A，这样得出空军军官一定是A或他的家乡不是爱达荷州〔线索（1）〕、新墨西哥州〔线索（2）〕或缅因州〔线索（3）〕，也不是乔治亚州〔线索〔4〕〕，那么一定是堪萨斯州。由此知道他不是军官〔线索（4）〕，而是军官A。同时得出水兵是D或E，陆军中尉阿尔迪丝是B。水兵不是普迪上尉〔线索（2）〕或沃德少校〔线索

（5）〕，因此他是德莱尼上尉或哈伦上尉。这样得出军官C一定是沃德少校〔线索（5）〕，因为陆军中尉阿尔迪丝就是军官。所以他不是步兵〔线索（2）〕或工兵〔线索（3）〕，而是军事警察。军官C沃德少校不是工兵〔线索（3）〕而是步兵。那么普迪上尉就是军官A。而来自美国新墨西哥州的是军官B，即陆军中尉阿尔迪丝〔线索（2）〕。军官E不是哈伦上尉〔线索（4）〕而是德莱尼上尉。通过排除法，哈伦上尉就是军官D。因此来自乔治亚州的是军官E〔线索（4）〕。因为步兵沃德少校不是来自缅因州〔线索（3）〕，由此得出缅因州是军官D的家乡。现在可以知道军官E是工兵〔线索（3）〕。最后通过排除法知道水兵是军官D哈伦上尉而沃德少校来自爱达荷州。

答案：

军官A，普迪上尉，空军，堪萨斯州。

军官B，陆军中尉，阿尔迪丝，军事警察，新墨西哥州。

军官C，沃德少校，步兵，爱达荷州。

军官D，哈伦上尉，水兵，缅因州。

军官E，德莱尼上尉，工兵，乔治亚州。

90.公司因何盈利第一

答案是B。

91.幸运的姑娘们

黑狼抓的是小琳，是富商家的女儿；

白狼抓的是小丽，是农夫家的女儿；

红狼抓的是小云，是工人家的女儿。

92.帮妈妈干家务

小杰洗菜，小芳淘米，小梅烧水，小漫挑水

93.谁不是马拉松选手

答案是A。

94.判断大前提是否正确

答案是D。

95.推导路径

如图：

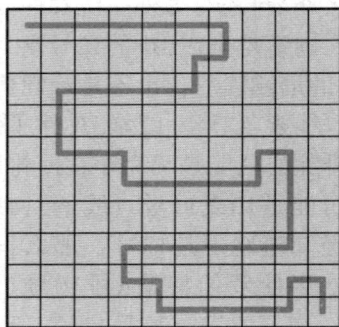

96.这个女子是谁

首先，假设莉娜说："我是恶魔"，那就说明了恶魔说了真话。所以，这个人不可能是莉娜。如果是安琪说了"我是恶魔"的话，就成了天使撒谎。所以也不可能是安琪。那么，这个人只能是凡人伊斯了。

97.谁是劫持者

由于四人的每一句话都是谎言。所以得出以下结论：

杰克：

（1）我们都是清白的，我们四个

人都没有劫持医生。（说明这四个人中一定有一个是凶手）

（2）我是去过他那里，可是在我离开他寓所的时候他还好好的。（说明在杰克离开公寓时，那名医生已经被劫持了）

维尔斯：

（3）我是去过医生那里，但在我去之前已经有一个人去过了。（说明维尔斯不是第二个去医生寓所的人）

（4）当我到达医生寓所的时候，他已经被劫持了。（说明在维尔斯到达公寓时，那位医生并没有发生任何事情）

迈斯里：

（5）我去过医生那里，可是在我去之前已经有两个人去过。（说明迈斯里不是第三个去医生寓所的人）

（6）我并不知道他被劫持了，在我离开他寓所的时候，他还好好的。（说明在迈斯里离开时，医生已经被劫持了）

查尔蒂：

（7）凶手比我先去过医生的寓所，我去的时候他已经离去。（说明凶手在查尔蒂之后到达医生公寓的）

（8）当我到达医生寓所的时候，他已经被劫持了。（说明在查尔蒂到达时，那位医生还好好的）

由上面的已知条件，可以进行以下推理：

首先，维尔斯和查尔蒂到达公寓时，医生还是好好的。而杰克和迈斯里离开公寓时，医生却已经被劫持了，所以维尔斯和查尔蒂一定要先于杰克和迈斯里到达医生公寓。而维尔斯说

自己不是第二个去的，这句话是谎言，所以可以得知他是第一个去的，那么查尔蒂就一定是第二个去的。因为查尔蒂去时医生并没有发生任何事情，所以维尔斯嫌疑可以排除。

接下来是杰克和迈斯里。因为两人都表示离开时医生还好好的，而既知是谎言，那么意思就是离开时医生已被劫持。而迈斯里说他是第三个去的，则证明他其实是最后一个去的，那么杰克则是第三个。同一个人是不能被劫持两次的，因此可以得出杰克就是劫持医生的人。

98.爱因斯坦的谜题

挪威人住黄色的屋子，抽Dunhill，喝水，养猫；

丹麦人住蓝色的屋子，抽Blends，喝茶，养马；

英国人住红色的屋子，抽PallMall，喝牛奶，养鸟；

德国人住绿色的屋子，抽Prince，喝咖啡，养鱼；

瑞典人住白色的屋子，抽Blue-Master，啤酒，养狗。

所以答案是：德国人养鱼。

99.詹姆斯是哪里人

詹姆斯不是英国人。

100.对论点做出判断

答案是D。

101.令人头疼的排名次

两句真话分别是（5）和（6）；

名次依次是：A、C、G、D、B、E、F。

102.亲戚大集合

B和C是兄弟；

A是B的妻子；

E是A的母亲；

D是C的子女。

103.杰克与约翰

答案是C。

104.运动员集合

杰森是网球运动员，爱丽丝是体操运动员，琼是乒乓球运动员，丽娜是羽毛球运动员。这个测验题旨在测验你的整理信息能力和逻辑推理的能力。

105.真正的贫困生

路亚并非家境富裕，她是贫困生。

106.性别的猜测

运用（2）中的信息，可以进行如下的推理。莱特的母亲和艾尔的女儿或者是同一个

107.请问哪位是医生

根据（2），在五人之中有医生的一个孩子，所以除了女儿的儿子，其他人都可能是医生。同样是根据（2），在五人之中有病人的一位父亲或母亲，所以病人要么是女儿，要么是女儿的儿子。

108.真假证词

供词（2）和（4）之中至少有一条是实话。

如果（2）和（4）都是实话，那就是爱德华杀了克劳德；这样，根据A，

（5）和（6）都是假话。但如果是爱德华杀了克劳德，（5）和（6）就不可

能都是假话。因此，爱德华并没有杀害克劳德。

于是，（2）和（4）中只有一条是实话。

根据B，（1）、（3）和（5）中不可能只有一条是实话。而根据A，现

在（1）、（3）和（5）中至多只能有一条是实话。因此（1）、（3）和（5）

都是假话，只有（6）是另外的一条真实供词了。

由于（6）是实话，所以确有一个律师杀了克劳德。还由于：

根据前面的推理，爱德华没有杀害克劳德；

（3）是假话，即乔治不是律师；

（1）是假话，即贝克是律师。

从而，（4）是实话，

（2）是假话，而结论是：

是贝克杀了克劳德。

第三部分

数学思维游戏

	24	63	24	21	
	★	★	★	✓	33
	✓	○	✓	✗	?
	✗	○	✗	✗	33
	✓	✓	✓	★	27

① 填写正确数字

在格内方框里分别填上数字1至9，使得大方格内每一横行、竖行相加的和相等。注意，在一个小方格内，数字不能重复出现。

		6	9		7			
1			3	4				2
			8					
5								9
3		7		8				
4					6	2		
6	4	9					3	7
								8
						6		

② 质数的运用

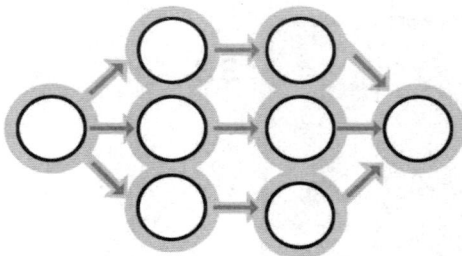

把20以内的质数分别填入左图的每一个圆圈中，使得图中用箭头连接起来的四个数之和都相等，试试看，很容易的！

③ 玩转 1234

你能够在右图的每个方格中填入一个数字，使得每行、每列以及每条对角线上的方格中的四个数字都是1、2、3、4吗？来试试吧！

1	2	3	4
2			

4　打乱前的多米诺骨牌是怎样排序的

一套包括（0，0）到（7，7）所有数字组合的多米诺骨牌竖放在图中的格子中，每张骨牌上的上部分数字要大于下部分数字。格子上面的数是这一列所有骨牌上部分的数，格子下面的数是这一列所有骨牌下部分的数。格子左边的数是与之相对应横行的骨牌上的数。所有给出的数都是打乱后的顺序，即从大到小的新顺序。

请问：在打乱顺序之前，多米诺骨牌是怎么排的？

```
            66 76 77 77 66 77
            53 54 66 75 42 55
            32 30 43 41 21 54
775522
764310
754441
432110
766432
222100
766533
653110
654310
543200
777665
543210
            33 74 66 33 52 54
            20 21 54 31 21 42
            00 00 21 00 11 10
```

5　为何多一个人就要多一分钟

暑假刚刚开始，朋朋和几个同学约好了去爬山，首先要经过一段山路。奇怪的是，当朋朋一个人从起点到终点时要用10分钟；当他和另一个同学一块儿走时就得用11分钟，而再加一个人则又多了一分钟，也就是说每多一个人就会多出一分钟。在这其中，并不是因为他们之间的谈话影响了速度。

是不是感到很奇怪啊？是什么原因呢？

6 巧移数字

移动右面等式中的一个数字（只能是数字，不能将数字对调，也不能移动符号），看看能不能使等式成立。

$$101-102=1$$

7 用数字连接重组图案

		3	2	3	1				
2	3	2	2			3	0	3	
	1	1	2		2		3		2
	2		2						
1		1	2	3		2			1
	2					2	2		2
	1					3			
3			3			2	1		
2	0		0			1	3		
	2		3		3	2	3	3	

连接左边方框中的方格子，使其组成一个完整的长条图案。要求：每个格子里的数字都应表明该格子有几条边属于这个长条图案。

8 中奖的概率

有一次，体彩发行了120张奖品为高级小轿车的彩票。有个人非常渴望得到这辆车，所以就一下子买了90张。

求：这个人赢得这辆车的概率。

9 涂黑方格变出图案

把图中的一些格子涂黑。同行或同列上连续几个涂黑的格子形成一个格子组，每一行或每一列上有一个或者几个这样的格子组。表格外面的数字表示该行（列）的格子组分别包含的格子数。不同的格子组之间至少由一个空白格子隔开。

问：应该涂黑哪些格子？要是完全做对，会出现一幅什么图？

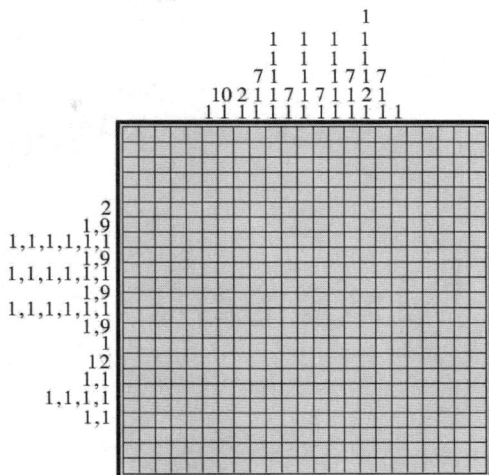

10 男生女生是多少

下课后，很多学生都没有出教室。明明站了起来，他看到教室里坐着的男生人数只占女生人数的1/3，然后坐了下来。女生莉莉站起来，却看到男女生人数相等。

请问：在教室里的男女生各有多少人呢？

11 怎样连接起始点线段

方框中相同数字的格子分别代表起点和终点。从起点出发，格子之间前后相连一直到终点形成一条路线，把这条线上的所有格子都涂成与起点相同的颜色。注意：这些路线不能与其他颜色格子组成的路线相交或分叉。

你来连一下路线吧！

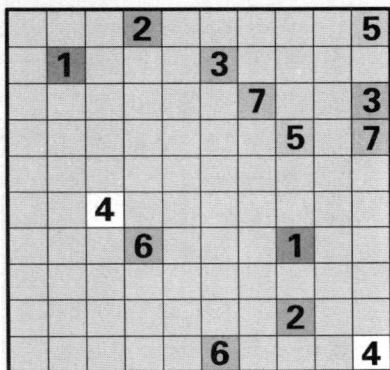

12 掷骰子的概率

前一个人掷一次骰子，后一个人再掷一次。请问：后者掷的点数比前者高的概率是多少？

13 减量的西瓜

一辆卡车将1000千克西瓜运往另一个市场，起运时西瓜的含水量为99%。因为路途遥远，天气又热，当西瓜到达市场时，含水量已经降到了98%。你觉得当西瓜运到市场时的总重量是多少呢？

14 猫捉老鼠

周伯伯家储存着大量的粮食，他时常担心老鼠会偷吃，所以每天都会去那里看上一眼。终于有一天，他的担心成了事实，他发现在粮食的周围有很多老鼠出没。所以就养了几只猫咪专门对付它们。养猫之后，粮食自然就安全了很多。它们每天都在粮食的周围转来转去。一次，有一只猫咪发现了一只离它只有十步之远的飞跑着的老鼠，便马上过去抓。因为它们大小不一，老鼠跑九步的距离等于猫咪跑五步的距离；但老鼠要比猫咪灵活得多，猫咪跑两步，老鼠就能跑三步。

请问：照这样的速度，你认为猫咪可以抓到老鼠吗？如果可以，它要跑多少步呢？

15　在长方形方格内填数字

把表格分割成多个长方形，使得每一个长方形里都包含一个数字，而且这个数字与该长方形所包含的格子个数相等。

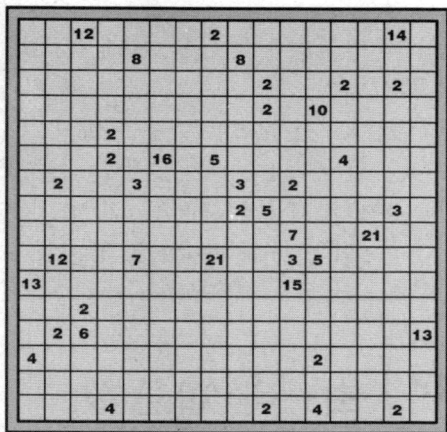

	12			2					14
		8		8					
					2		2		2
					2	10			
	2								
	2		16	5			4		
2		3			3	2			
					2	5		3	
					7		21		
12		7		21		3	5		
13							15		
	2								
2	6							13	
4						2			
			4			2	4	2	

16　张飞做生意

张飞年轻时是一个卖肉的。他为人豪爽，从不与人斤斤计较。有一次，一个人来他的肉铺里买肉（羊肉和牛肉）。那个人一共买了28斤，其中牛肉是3两银子1斤，羊肉是5两银子1斤。但是在结账的时候，张飞却错把牛肉当成5两银子1斤、羊肉2两银子1斤卖了出去，那人一共付了100两银子。张飞不知道自己是亏了还是赚了。

亲爱的读者，你来帮张飞算算吧。

17　第九个圆圈

看图，开动脑筋，找出这些数字之间的关系，把圆圈中的问号消灭。

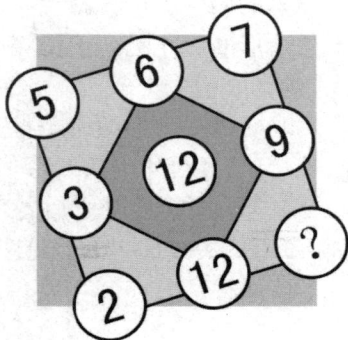

18 玲玲坐公车

　　玲玲去坐公交车，路上很无聊，就开始数上下车的人数。公交车上共有14人，到一站后，下去了三人，上来了五人；过了一会儿，又下去了七人，上来了八人；很快又到了一站，这次有11人下车，上来了两人；现在车上的人很少了，一站过后，又上来了五人，没有人下车；下一站也没有人上、下车。很快，公交车就开到了终点站。

　　请问：从玲玲上公交车到最后一站，一共停了几站？

19 由一半知总数

　　英国军队在一次激烈的战斗后，医护人员统计了一下受伤人数。据资料显示：连队100名士兵中有85名伤员失去了一只脚，80名失去了一只手，75名失去了一只耳朵，70名失去了一只眼睛。

　　医护人员为了能更准确地得出有多少伤员同时失去了一只脚、一只手、一只耳朵和一只眼睛，但是又不想浪费时间挨个去统计。现在，你能帮这位医护人员想出一种更好的解决办法吗？

20 写出新式子

　　帕斯卡三角形是数字与几何学相结合最经典的例子。来，跟我一起去探索帕斯卡三角形的规律吧！记得将第十五行补充完整哦！

　　帕斯卡三角形的一个显著特点是：它的第n行（顶行作为第0行）的数字分别为$(a+b)^n$这个式子展开之后各项的系数。比如 $(a+b)^2=1a^2+2ab+1b^2$（见图）。

　　请你试写出 $(a+b)^6$ 展开之后的式子。

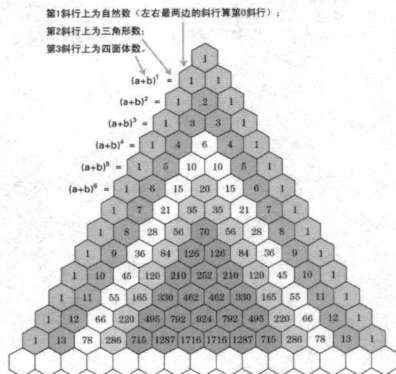

第1斜行上为自然数（左右最两边的斜行算第0行）。
第2斜行上为三角形数；
第3斜行上为四面体数。

21 多少学生在赛跑

　　学校举行运动会，有几名学生报名参加了长跑比赛。比赛开始，运动员们飞奔着向终点冲去。其中小杰跑在两个运动员的前面；小江跑在两个运动员的中间；小文跑在两个运动员的后面。几名运动员像风一样地跑过，看不清有多少名运动员在赛跑。请你计算一下，到底是多少人参赛呢？

22 问号解析

　　根据下面这些数字的排列规律，问号应该代表什么数字？

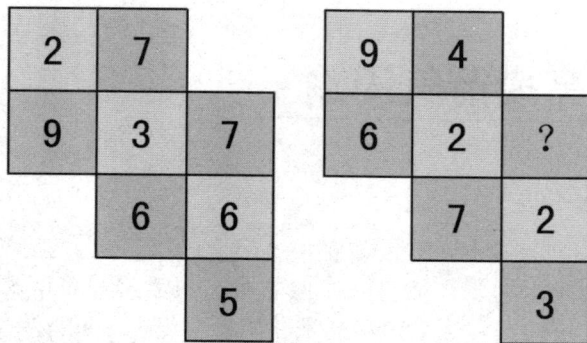

```
 2  7          9  4
 9  3  7       6  2  ?
    6  6          7  2
       5             3
```

23 狮子和猎豹赛跑

　　在一片大森林里，住着狮子和猎豹。有一天，狮子和猎豹进行百米赛跑。在第一轮比赛时，它们从同一起跑线起跑，狮子跑到一百米终点时，猎豹才跑到了90米。在第二轮比赛时，狮子从起点向后退了10米，然后才开始起跑。你来回答一下，狮子和猎豹，谁先到终点？

24 小猴齐齐卖香蕉

　　小猴齐齐从水果批发市场贩来了一些香蕉回老家花果山去卖。它把最好的香蕉定价为1.2元1斤，把最差的香蕉定价为0.45元1斤。它卖的最差的香蕉要比最好的香蕉多出5斤来，两种香蕉卖的钱是一样多的。

　　聪明的齐齐很快就知道自己卖了多少斤。

　　你能算出来吗？可别让齐齐失望哦！

25 诸葛亮摸箭气周瑜

　　周瑜很不服气诸葛亮比他聪明。他老是刁难诸葛亮。有一次，周瑜又刁难起诸葛亮来。周瑜事先把一些标有数字1的白箭，标有数字2的黄箭，标有数字3的黑箭装进了一个箱子里。周瑜当着诸葛亮的面从箱子里取了10枝箭，它们的数字之和是21。诸葛亮没有看清周瑜取出了几枝白箭，但他马上就闭着眼睛算出来了。周瑜赶忙一清点白箭，答案果然正确，他气得吐了一口血。

　　请问，诸葛亮算出了几枝白箭？

26 消灭问号

你知道应该用什么数字来代替图中的问号吗？

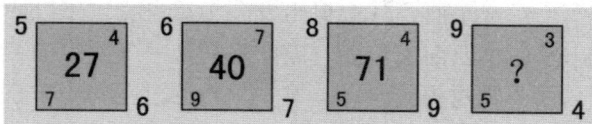

5		4	6		7	8		4	9		3
	27			40			71			?	
7		6	9		7	5		9	5		4

A. 30　B. 32　C. 34　D. 36　E. 38

27 阿亮称粮食

阿亮的姐姐把大米、小米和玉米分别装在3只袋子里，它们的重量都在35斤到40斤之间。然后姐姐给了阿亮一台最少50斤的磅秤，让阿亮用最少的次数称出小米、大米和玉米各重多少斤。阿亮很快就完成了姐姐交代的任务，你可以办到吗，最少需要称几次呢？

大米　小米　玉米

28 猫咪卖鱼

猫咪在门前的池塘中捉了很多鱼。它一下子吃不完，于是就把一些鱼装进筐里拿到森林大街上卖。

猫咪把全部鱼的二分之一卖给了第一位顾客，把剩下的二分之一卖给了第二位顾客，最后又把剩下的二之分之一卖给了第三位顾客，以此类推，当第六位顾客来买鱼时，猫咪把最后剩下的二分之一的鱼卖给了他。

那么猫咪鱼筐里最初有多少条鱼？

29 两家有多远

　　又到了星期天，小东东和小西西都有空。于是小东东打电话给小西西，约定小西西从家里出发向小东东家走来，小东东也从家里出发向小西西家走去，以此来测量一下两家的距离。

　　小东东和小西西相向而行，第一次相遇时在离小东东家40米的地方。两个人依然以原速继续前进，两个人分别到了对方家门口后便立刻返回，他们又在离小西西家20米的地方相遇。小东东和小西西笑哈哈地测量出了两家的距离。

　　那么两家距离到底是多少米？

30 将下表填写完整

　　根据上表中的数字，观察下表中的数字。你能找到规律，将下表填写完整吗？注意，数字不能重复。

1	2	3	4
5	6	7	8
9	10	11	12
13	14	15	16

1	3	5	
9	14		12
10		13	11
	6	4	2

31 请教路亚

　　数学老师又布置了两道课外作业，杰森做了两个小时都没有做出来。最后，实在没办法，只好去请教朋友路亚了。

　　题目是这样的：把最小的一位数、两位数、三位数、四位数和五位数加在一起，得数应该是多少？另外，把最大的一位数、两位数、三位数、四位数和五位数加在一起，得数又是多少？

　　路亚看完题目后马上就说出来了答案。

32　猫咪养的老鼠

　　猫咪养了115只小老鼠，因为小老鼠们不听话，所以猫咪就把白鼠平均分养在14只笼子里，余下的黑鼠平均分养在9只笼子里，正好每只笼子的小老鼠都一样多。老鼠们见猫咪不好惹，就都乖乖地听话了。

　　请问，猫咪养了多少只白鼠，多少只黑鼠？

33　猪八戒算对了

　　花果山的猴兵们都吵着要它们的头头齐天大圣孙悟空给它们买新衣服穿，要知道，它们已经有五百年没有穿过新衣服了。孙悟空决定要买150件猴衣，颜色分别为红、黄、蓝、白四种。孙悟空给猴兵们出了一道题目，"你们要是算不出来，就别想穿新衣服哦！"

　　题目是：如果红色猴衣加上4件，黄色猴衣减4件，蓝色猴衣乘以4件，白色猴衣除以4件，那么四种颜色的猴衣就一样多，问四种颜色的衣服各有多少件？

　　猴兵们算不出来，只好请来了猪八戒，猪八戒拍了一下肚皮答案就出来了。

34　神秘的规律

　　这张图中的数字之间有一种神秘的内在规律，你能看出来吗？而空白处该填什么数字呢？

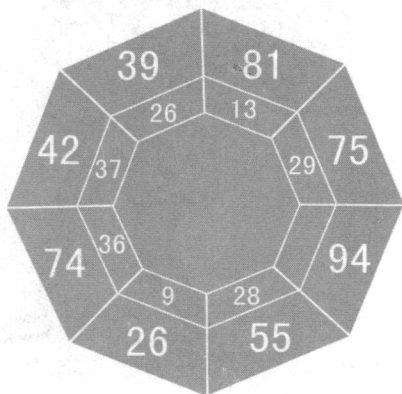

39 81 26 13 42 37 29 75 74 36 94 9 28 26 55

35 聪明的大力水手

大力水手波勃又要出海巡逻去了，他总是忘不了往自己的船上搬波菜。波菜的包装有三种：长方形、正方形、圆柱形。长方形罐头重量占总重量的一半；正方形罐头重量占总重量的1/3；圆柱形罐头比正方形罐头少30公斤。

大力水手波勃是个聪明的小伙子，他一下子就算出了三种罐头各自的重量。

你能这么快算出来吗？

36 被偷吃的人参果

唐僧师徒偷吃了镇元子大仙的人参果，但却在镇元子大仙面前耍赖，不承认偷吃一事。镇元子大仙气得要油煎唐僧。唐僧无奈地说道："你的人参果是被我三个徒弟吃了，你要惩罚就惩罚他们吧。他们一共偷吃了45个人参果。孙悟空先是分给猪八戒4个，然后又从猪八戒那里拿出7个分给了沙僧，那么他们三个人就吃了一样多"。镇元子大仙一下子就算了出来。

你知道孙悟空、猪八戒、沙僧各吃了多少个人参果吗？

37 成语等式

下图两盏数字灯，用适当的数字填空。使它直行是成语，竖行是数学等式。

□ + □ − □ + □ + □ − □ + □ = ⑩ 10

心　面　令　分　花　街　上

□ + □ − □ + □ + □ − □ − □ = ① 1

意　刀　申　裂　门　市　下

38 中间的问号

你能推算出可以填在问号处的数字吗？

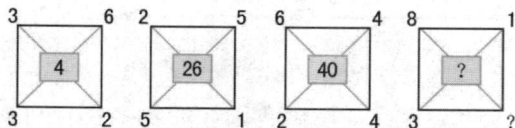

3		6	2		5	6		4	8		1
	4			26			40			?	
3		2	5		1	2		3	3		?

39 大雁的队形

有一群大雁，1只在前，4只在后；1只在后，4只在前；1只在左，4只在右；1只在右，4只在左；1只在2只中间，3只排成一行。问这群大雁有多少只？队形是怎样排的？想到了吗，快一点！

40 大门密码

邻居家忘记大门上的密码进不了家了，急得团团转。快帮助他把大门上的密码数字算出来吧！

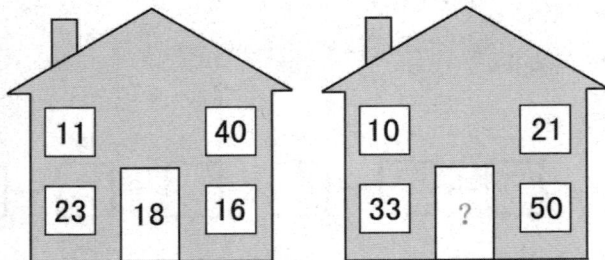

41 妮妮统计订报人数

妮妮班上的42名同学都订了报纸，其中订阅《智力报》的有33名；订阅《奥林匹克习题报》的有28名。问有多少同学两种报纸都订了？老师让妮妮帮忙统计一下，妮妮很快就完成任务了。

你一定比妮妮算得慢吧！

42 猫咪的家庭作业

猫咪的家庭作业很有意思，是一道填色游戏，猫咪很快就做出来了，来试试我们能够花多长时间把它完成吧！将这些圆形分别填上红、黄和绿色，使得：

（1）每种颜色的圆形至少3个；

（2）每个绿色的圆形都正好和3个红色圆形相接；

（3）每个蓝色圆形都正好和2个黄色圆形相接；

（4）每个黄色圆形都至少各有一处分别和红色、绿色和蓝色圆形相接。

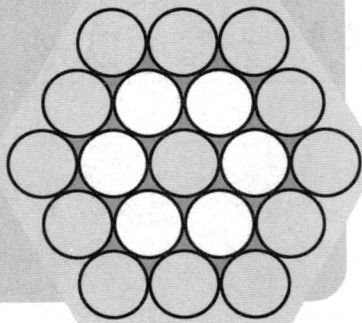

43 难倒唐僧

　　唐僧历经千辛万苦终于来到西天大雷音寺领取佛经。如来佛祖出了一个题目想考考他的智力。他对唐僧说："我这里有一本佛经，它的页码不到3000页。用它的全部页码除以2余1，除以3余2，除以4余3，除以5余4，依此类推，除以9余8。问这本佛经准确页码是多少？"

　　唐僧一遇到困难总是想到神通广大的孙悟空，可是现在悟空却没在身边，所以他只能厚着脸皮扳数手指头计算。他算了好长一段时间才算出来。

　　你没有唐僧那么笨吧？

44 球的位置在哪里

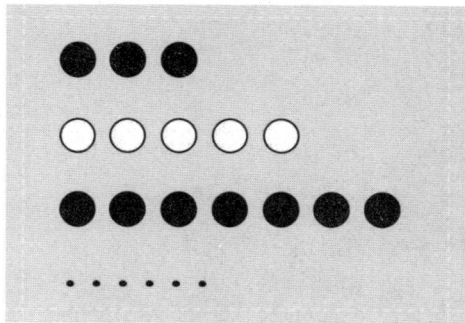

　　现在有黑白两种球，将它们自上而下排列，自左往右排列：

　　请问：当黑球比白球多2005个时，这个球排在第几层？第几颗？

45 老和尚为难小和尚

　　小和尚偷偷溜出山门，在外玩了一整天才回来，被老和尚发现后，罚他做一道题，如果答不上来，就不许吃晚饭。

　　题目是：寺里有100个和尚，共吃100个馒头。大和尚每人吃3个，小和尚3人吃1个。问寺里各有大小和尚多少个？聪明的小和尚一下子就算了出来，老和尚也只好放过他。

　　你知道聪明的小和尚是怎么算的吗？

46 替换问号

右面最后那个正方形中的数字，哪一个可以替换成问号？

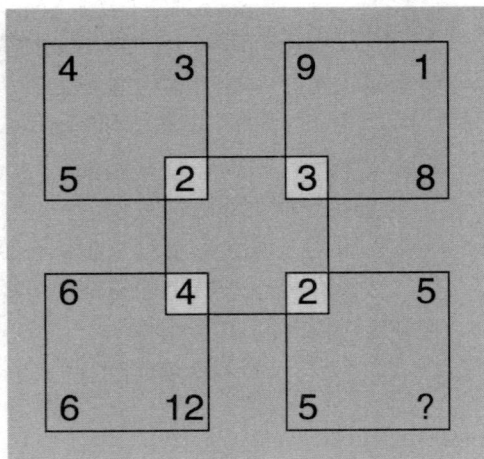

4	3	9	1
5	2	3	8

6	4	2	5
6	12	5	?

47 丽萨妙算数学家年龄

　　丽萨热衷于周游世界。一天，她来到古代大数学家丢番图的墓前，刻在墓上的碑文是丢番图出的一道数学应用题，要求依题算出他的年龄。

　　碑文是这样写的：我的1/6是童年，我的青年时代占据了我一生中的1/12，再过我一生的1/7我就结了婚，5年后生了个儿子，但是儿子的年龄只是我的一半，儿子死后，我只活了4年就去世了。

　　丽萨看完碑文很快算出了数学家的年龄。你能够算出来吗？

48 还原算式

右面是一位奥数学生做的算术题，但是有许多数字被墨水染得看不清楚了，只有1、9、8、6、0几个数字还能看得出来。数学很好的小明根据这个模糊的算式，很快就得出了被除数、除数和商数三个数的数值。你知道这三个数分别是多少吗？

```
                    ? 8 ?
          ? 1 ? ) ? ? ? ? ? ? ?
                  ? ? ? ?
                  ───────
                    9 ? ?
                    ? ? 6
                    ─────
                    ? ? ? ?
                    ? ? ? ?
                    ─────────
                          0
```

49 包拯考学位的怪题

宋朝大清官包拯15岁考状元的时候，碰到的考题是这样的：

有几个姑娘一块儿去买花布，她们同时看上了一家布店里的红色布料。便开始同时掏钱抢着购买，如果每人分6匹，就余5匹；如果每人分7匹，就差8匹。问有多少人在分多少匹布？

包拯才思敏捷，一下子就算出来了。

你和包拯比一比吧。

50 画出骨牌

这是一副骨牌，它已按照标准形式展开。为了看起来更加清楚，它用数字而非点数来表示。你能用尖锐的笔尖和灵活的脑瓜把每个骨牌画出来吗？这些格子对你很有帮助哦！

0	3	0	3	6	4	6	2
5	5	0	5	4	5	5	0
6	2	0	4	2	3	4	1
1	2	2	4	4	3	1	3
1	1	0	6	5	3	3	1
1	3	6	6	6	2	2	5
2	1	4	0	4	0	6	5

51 拿破仑操练敢死队员

　　法国皇帝拿破仑是个足智多谋的军事家，他训练了一支160人的敢死队专门打头阵。他为了让这支敢死队时刻保持警惕，就在半夜三更士兵熟睡的时候，突然吹响紧急集合的哨令。领队长官发现有89人戴了军帽，67人穿了军鞋，10人军帽没戴军鞋也没穿。拿破仑马上问领队长官："你知道有多少士兵既戴了军帽又穿了军鞋了吗？"

　　领队长官回答说："我去数数。"拿破仑大喝一声："不要去数了，我早知道了。"

　　你知道拿破仑算出的答案吗？

52 曹冲算时间

　　三国时期，魏国的太祖皇帝曹操有一个儿子叫曹冲。他很聪明，曹操非常喜欢他。有一次曹操骑马带他来到一片农田里。他们看到一个人在和一辆水车比赛灌溉农田。于是曹操马上出了一个题目来考曹冲：如果单独用一辆水车灌溉农田的话，5小时可以灌溉完一块，如果一个人用水桶提水灌溉的话，得需要15个小时；假如水车和那个人同时灌溉，需要多长时间呢？

　　曹冲马上就说出了答案。

　　现在轮到你算了，开始吧，朋友。

53 三角形的奥秘

　　想想第四个三角形中应该填上什么数字呢？

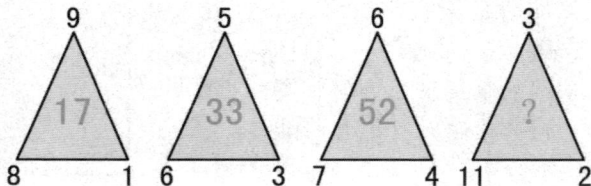

9 17 8 1　　5 33 6 3　　6 52 7 4　　3 ? 11 2

54 古城街巷

这座古城里的街巷纵横交错，聪聪和尼尼想要从A处出发步行到B处。尼尼坚持要沿着城边走，这样她认为路要短一些，而聪聪则认为在城里穿街走巷路短，两个人为此争论不休。你来帮他俩分析一下谁的路程更短一些吧！

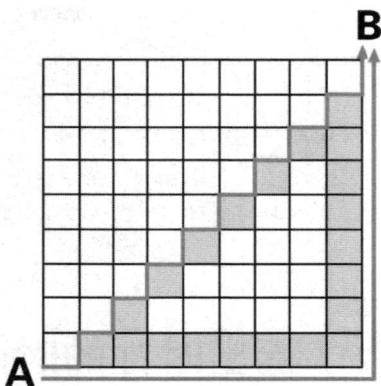

55 刘备追张飞

东汉末年，汉室王孙刘备为了请出隐居在卧龙冈的诸葛亮，三顾茅庐才将诸葛亮成功请出。下面就听我给你们讲——刘备第二次带领关羽、张飞请诸葛亮的故事吧！

关羽、张飞刚开始不服诸葛亮，他们要亲自去卧龙冈把诸葛亮捉下山来。于是他们就从住所大步朝卧龙冈走去。出发时间是早上8点，关羽每小时走4.5公里，张飞每小时走4公里。刘备在上午10点时得知了情况，便立刻快步去追张飞他们，下午4点，关羽和刘备同时到达卧龙冈。问刘备是什么时候追上张飞的？

56 把车开回家

右面三个方向盘中的数字有一定的规律，想要把车开回家吗？那就赶快把方向盘上的数字密码算出来吧！

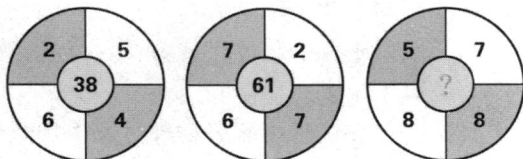

57 孔子书架上的书

　　青年时期的孔子收了100个弟子。孔子的书架有三层，总共放了450本书。有一次他问一个弟子："我从第二层拿35本放到第一层，从第三层拿出2本放到第二层，又从第一层拿出29本放到第三层。这样一放，三层的书就会相等，那么你知道原来三层各摆有多少书吗？"

　　孔子的弟子当然是非常聪明的，他没眨两下眼睛就说出了答案。

58 标出时钟的时间

　　根据下图所示，请你算出问号所在时钟的时间。

A 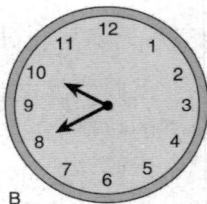B 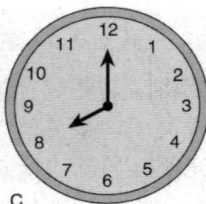C D

59 牛顿数苹果

　　著名物理学家牛顿来到后院的果园里游玩。他碰到了一个仆人在摘果子。仆人知道用脑过度的牛顿是特地出来休息的。于是便走到牛顿面前，出了一道非常简单的问题。"这个果园的苹果是橘子数的2倍。我和你再另外加上20人来分配，每人可分到3个橘子，4个苹果。最后，橘子分完了，而苹果却还剩着120个。问果园里共有多少橘子和苹果？"

　　牛顿的脑子太疲劳了，竟然去一个一个地数。而仆人一下子就算了出来。

　　你快帮帮著名物理学家牛顿吧！

60 格子里的问号

6	2	5	7
8	3	17	7
9	2	9	9
7	4	10	?

左面哪一项数字可以代替表格中的问号?

A.24; B.30; C.18; D.12; E.26。

苏东坡钓鱼 61

北宋三大文学家苏洵、苏轼、苏辙父子三人一块儿去郊外钓鱼。苏轼别名苏东坡。苏洵是苏轼、苏辙兄弟俩的父亲。他钓到的鱼是苏东坡的3倍,而苏辙钓到的鱼是苏东坡的2倍,同时又比苏洵少1条。那么苏东坡钓了多少条鱼?

62 格子外问号的数字是多少

格子中的每种标志都代表了某个数字,你能算出格子外面问号所代表的数字是多少吗?

24	63	24	21	
★	★	★	✓	33
✓	○	✓	✗	?
✗	○	✗	✗	33
✓	✓	✓	★	27

63 唐老鸭和米老鼠比赛

星期天，唐老鸭自己在家，感觉很无聊，不知道该怎么打发时间，正在这时候，它的老朋友米老鼠来了。米老鼠要和它百米来回赛跑，总共路程是200米。唐老鸭一步跑3米，米老鼠3步只能跑2米。米老鼠奔出一步的时候，唐老鸭已经奔出了两步，比赛就这样进行着。唐老鸭坚信自己会胜利。

你相信唐老鸭会胜利吗？

64 遗产分配

清朝康熙年间有个大贪官，他在临终前对怀孕的妻子说："如果生的是儿子，就把遗产的2/3分给他，你拿1/3；如果生的是女儿，你拿2/3，给女儿留1/3。"但是后来他的妻子生下了一对龙凤胎。真是出人意料，这下可把他妻子难住了。

你来帮他们分财产吧！

65 岳飞分兵

岳飞又招收了54389名勇士准备抗击金兵。他决定把这些士兵分到各大军营中去。每个军营分到的士兵人数一样多，但是军营个数却少于一个军营士兵的个数。

你知道岳飞的军队里有多少个军营，每个军营又应当分配多少士兵吗？

66 唐僧扫高塔

唐僧来到一座佛塔里拜佛，他看到塔梯很脏，于是就开始扫起塔梯来。这座佛塔共有9层塔梯。

塔层越往上，梯级数越少，并且是按一定的数目依次递减。到了第9层塔梯，梯级数为第1层的1/2。唐僧已经知道9层塔梯共有108级，但却忘了数各层的梯级数，他只好再开始自己算。

亲爱的读者，你算出来了吗？

67 汉字等式

诗仙李白有一首著名的《静夜思》，这首诗共有20个汉字，恰好组成下列等式：

其中，每个汉字分别代表0~9中的一个不同的数字，相同的汉字表示相同的数。如果以诗的"头"字为解题点，你能破解这些等式，把每个汉字代表的数字找出来吗？

$$床前 = 明月 + 光$$

$$疑是 = 地上 \times 霜$$

$$举头 \times 望 = 明月$$

$$低头 \times 思 = 故乡$$

68 吃了多少鸡蛋

　　李员外有几个很顽皮的儿子。一次李员外带他们到舅舅家里去玩。几个人一进门就嚷："舅舅，我饿了！"舅舅忙叫舅妈把仅剩的几个鸡蛋全煮了，然后拿给他们吃。舅舅一看就犯难了，说："一个人一个，就多出一个鸡蛋，一个人给两个吧，又少了两个。这样吧，幺外甥多吃一个。"

　　其他几个兄弟可嚷上了："不行，不行！谁也不能多吃！"

　　你知道李员外有几个儿子，舅妈煮了多少个鸡蛋吗？

69 末流枪手的中靶概率

　　三个末流枪手轮流射击一个靶子。梅里射五次一般会中两次，鲍勃也同样如此，但卡门就不同了，一般射十次就会中三次。

　　请问：在一轮开枪射击当中，三人中靶概率是多少？

70 缺少的数字

　　有一组空缺数字2，5，8，11，__。请从下列选项中填。

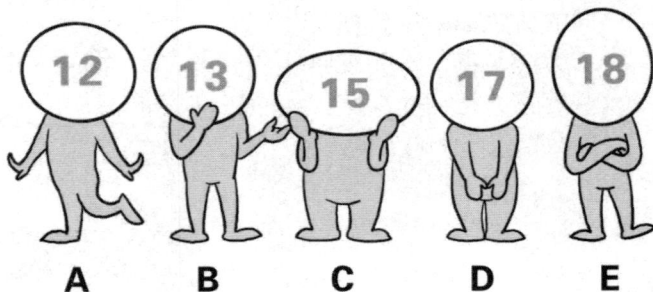

| 2 | 5 | 8 | 11 | ? |

A　12　　B　13　　C　15　　D　17　　E　18

71　求最小的数

有A、B、C、D四个数，它们关系如下：A、B之和大于C、D之和，A、D之和大于B、C之和，B、D之和大于A、C之和。

请问：四个数中哪个最小？

72　神奇数字奥秘多

第一题：一共有多少个两位的而且十位和个位上的数字不是连续的阿拉伯数字呢？

第二题：有多少个两位的而且十位和个位上的数字是不相同数字的阿拉伯数字呢？

第三题：试用一个有连续数字的三位数，如234，把它们倒过来，得到的数字是432，再用它减去原来的数字，就会得到198这个数。这个规律，对于符合同样条件的三位数都成立。第三题的问题是，将下面这组四位数按照同样的程序进行运算，并制出表格。

你用多长时间可以完成这项工作？1分钟够吗？好，现在就开始吧，抓紧时间哦！

345	543 - 345 = ?
456	654 - 456 = ?
567	765 - 567 = ?
678	876 - 678 = ?
789	987 - 789 = ?
1234	4321 - 1234 = ?
2345	5432 - 2345 = ?
3456	6543 - 3456 = ?
4567	7654 - 4567 = ?
5678	8765 - 5678 = ?
6789	9876 - 6789 = ?

73　求数学题答案

有这样一道数学题：一个两位数乘以5，所得积的结果是一个三位数，且这个三位数的个位与百位之和恰好等于十位上的数字。

请问：这道数学题的答案是什么？

74 自鸣钟敲响

君君家中有一座古老的自鸣钟，这种自鸣钟的特色是每个小时，它都会依着钟数的多少，发出适当的钟声来。今天，君君忽然想知道自鸣钟敲响十二下用了多长时间。他发现当钟敲到十下时，秒钟上正指着27秒，那么当敲完十二下时，又会是多少秒呢?

75 吃果冻的条件

现在有48个果冻，要想吃到这些果冻，有一个条件哦! 即把这些果冻分成4份，并且使第一份加3、第二份减3、第三份乘3、第四份除3所得的结果一致。

想吃果冻吗? 那就赶紧想吧，别让别人抢走了哦!

76 烟蒂接成的香烟

有一个烟瘾很大的吝啬人，常用3截烟蒂接成一支香烟来吸。在半夜里，他已把整支的香烟吸完，早上烟灰缸里横七竖八地放有7截烟蒂。于是，他像平常一样，把烟蒂收集起来接成整支香烟，又吸完了。请问，一早上他能吸到几支香烟?

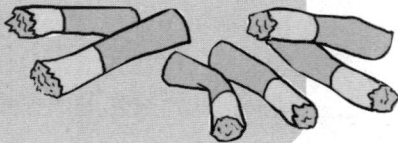

77　会遇到几艘船

　　每天中午，在法国塞纳河畔的勒阿佛和美国纽约之间，总会有轮船对驶。航船每次横渡的时间是正好一个礼拜。

　　请问：今天从美国开出的轮船能遇到几艘来自法国的轮船。

78　4个4等于多少

　　右面6个算术题都是4个4，请你在数字内添上加减乘除和括号等各种不同的符号，在演算后，得出不同的答案。

$$4 \quad 4 \quad 4 \quad 4 = 5$$
$$4 \quad 4 \quad 4 \quad 4 = 20$$
$$4 \quad 4 \quad 4 \quad 4 = 24$$
$$4 \quad 4 \quad 4 \quad 4 = 28$$
$$4 \quad 4 \quad 4 \quad 4 = 48$$
$$4 \quad 4 \quad 4 \quad 4 = 68$$

79　称重找球

　　有80个外观一致的小球，其中一个和其他的重量不同，不知道更轻还是更重。假如有一个天平允许称四次，把重量不同的球找出来，那要怎么称呢？

80 巧填数字

右面每一组图形都有它自己的规律。先把规律找出来，再把空缺的数字填进去。

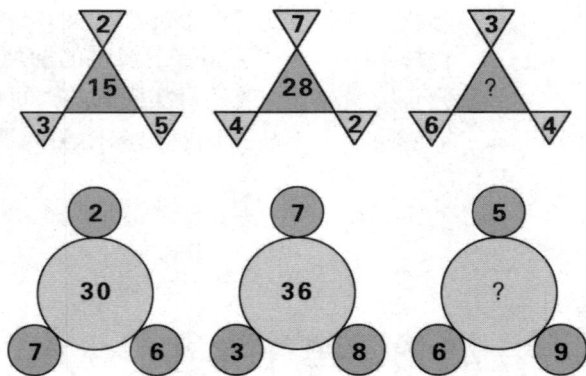

81 占美追珍妮

珍妮和占美正在沙滩上做游戏，珍妮说："快来追我，看你能追上吗?"

现在珍妮走在占美前二十八步，她每用一秒时间可以走出两步，而占美的两步，相当于她的三步，占美要多走长时间，才能追上珍妮?

82 怎样选择骰子

有一组骰子，共四个，如图所示。让你的同伴选择其中一个，你选择另一个。两个人轮流掷骰子，掷到点数高的一方获胜。

请问：要怎样选择骰子，才能在玩很多轮的情况下保证赢的次数最多呢?

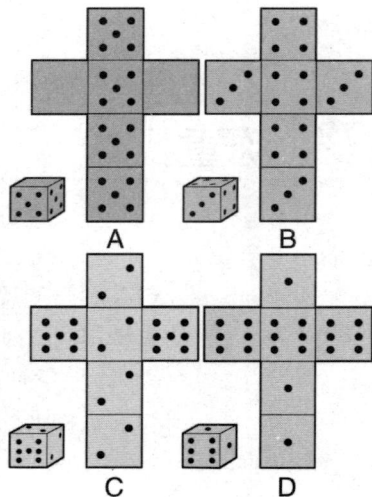

A

B

C

D

83 车上的乘客

　　有一辆马车，由A站开始，载着五名乘客出发。到B站时，有三名乘客下车，两人上车。在C站只有一名乘客上车。在D站则有三人下车，四人上车。当马车驶离D市不久，便遇到印第安人的袭击，结果有两名乘客遇难。当到达E站后，车长把死者的遗体和两名伤者留下。随后，便在没有乘客的情况下到达终站。那么，在到达站时，车上共有多少名乘客呢？

84 在黑暗中拿袜子

　　在抽屉里放了7只红色、7只黄色以及7只绿色的袜子。
　　请问"在黑暗中，必须要拿多少只袜子才能拿到一双左右脚相配套的（任意颜色都可以）？

85 梯子有几级

　　有一座3层的楼房着了火，一个救火员搭了梯子爬上去抢救东西。当他爬到梯子正中一级时，2楼的窗口突然喷出了火，他就往下退了3级。等到火过后，他又爬上7级，这时屋顶上有一块砖掉下来，他赶紧往后退了2级，还好没打着他，于是他又向上爬了6级。这时他距离最高一层还有3级。你想想看，这梯子一共有几级？

86 马戏团的人数

有个马戏团在某地表演节目，有120位观众观看，而全部入场费收入刚好为120元。马戏团的入场费收取办法是：男子每人5元，女子是每人2元，小孩子则每人为1角。那么，你可以据此算出成人男、女、小孩各有多少人吗？

87 何时一起返回

阿强、阿伍、小刘、小王四人都是海员，今年1月1日，他们同时乘不同的游轮出海，阿强要隔16星期回港一次，阿伍每隔12星期回港，小刘则隔8星期，小王也要4星期才返港一次。由此可见，哪一天他们四人才可一同返港，重聚友情呢？

88 两只鸟同时抓到鱼

小溪边长着两棵树，恰好隔岸相望。一棵树高是30肘尺（肘尺是古代长度单位），另外一棵高20肘尺，两棵树的树干之间的距离是50肘尺。每棵树的树顶上都落着一只鸟。忽然，两只鸟同时看见水面上游出一条鱼，它们立刻飞去抓鱼，并且同时到达目标。问这条鱼出现的地方离比较高的那棵树有多远？

89 智搬枕木

有枕木15根，排成一竖排。现在要求每次只搬1根，把这些枕木搬成5个组，每组是3根；每次搬的时候都要跳过3根。请你想一想，应该怎么搬？

90 青蛙第几天才能爬出井口

我们都知道青蛙"坐井观天"的故事，可是现在青蛙要爬出井口。青蛙白天睡觉、休息，只有晚上再出来活动。一只青蛙，晚上可以向上爬3米，但是白天睡觉的时候会往下滑2米，井深10米，问这只青蛙要几天可以爬出来？

91 内外各转多少周

两个环状物的半径分别是4和5，小环在大环内部绕大环的圆周转一周，又在大环的外部转一周。

请问：小环在大环的内部和外部各转了几周？

92 怎样填空格

每个圆圈中的数字，都有其特殊的联系，考考你的计算能力，把正确的数字填在下面空格里吧！

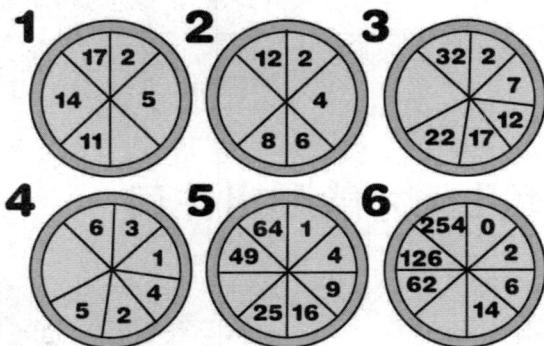

1
17	2
14	5
11	

2
12	2
	4
8	6

3
32	2
	7
22	17	12

4
6	3
	1
5	2	4

5
64	1
49	4
	9
25	16

6
254	0
126	2
62	6
	14

93 聪明的小明

小明想要对面超市的机器猫，但标价是11元，就回家让妈妈给他买。可他的妈妈想了会儿，就笑着拿出一张纸来，在上面写出1至8这8个自然数，并要小明找出两个不同的数相加之和大于10，只有这样妈妈才会答应小明买机器猫，小明只思考了5分钟，就用了不同的方法达到了自己的愿望。

请问：小明共用了多少种不同的方法呢？

94 拿球游戏

有一个箱子里面装有100个球，A和B轮着拿，每次最多不得超过5个，A先拿，他怎么拿才能确保最后一个是他的？

95 填空格

空格中少了一个数字，仔细想一下，把它填满吧！

4	6	9	13
7	10	15	

96 方阵中的士兵

古代一名大将，布下一座8层中空方阵。如果要让中间的空地站满士兵，还需要121人。问这座方阵中有多少士兵？

97 排排站

24个人排成六列，要求每5个人排一列，请问该怎么排列才能达到要求呢？

98　根据颜色求人数

在一队人当中，有人戴蓝色头巾，有人戴黄色头巾。在戴蓝色头巾的人看来，蓝色头巾与黄色头巾一样多；而戴黄色头巾的人看来，蓝色头巾比黄色头巾要多一倍。

请问：戴蓝色头巾的有几人？戴黄色头巾的有几人？

99　走了几步

在路上有一对男女并排走过。初看时，他们正好都用右脚同时起步。而后则因男的跨步大，女的3步才能跟上男的2步。试问，从都用右脚起步开始到二人都用左脚踏出为止时，女的应走出多少步？

100　鲁智深翻碗

梁山泊英雄好汉花和尚鲁智深最拿手的游戏就是两只手一下翻转3个碗。有一天，他的好朋友林冲拿出4个大碗要他翻，并且问他："这回你几次能将它们翻完？"鲁智深想了想，一次只能翻转3个碗，这回一下来4个？这下可把鲁智深给难倒了，到底需要几次呢？

答　案

1.填写正确数字

2	5	6	9	1	7	3	8	4
1	7	8	3	4	5	9	6	2
9	3	4	8	6	2	7	1	5
5	6	2	7	3	1	8	4	9
3	9	7	2	8	4	1	5	6
4	8	1	5	9	6	2	7	3
6	4	9	1	2	8	5	3	7
7	1	3	6	5	9	4	2	8
8	2	5	4	7	3	6	9	1

2.质数的运用

由题中的图看出，三组数都包括左、右两端的数，所以每组数的中间两数之和必然相等。20以内共有2，3，5，7，11，13，17，19八个质数，两两之和相等的有

5＋19＝7＋17＝11＋13，

于是得到下图的填法。

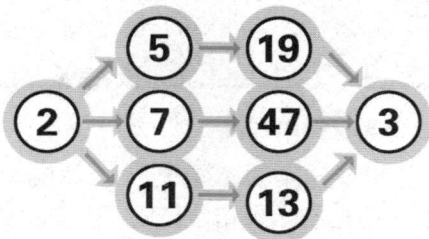

3.玩转1234

如图所示，受列及对角线的限制，a处只能填1，从而b处填3；进而推知c

处填4，d处填3，e处填4，右图为填好后的数阵图。

1	2	3	4
d	e	a	
c	b		
2			

1	2	3	4
3	4	1	2
4	3	2	1
2	1	4	3

4.打乱前的多米诺骨牌是怎样排序的

2	7	7	5	2	5
0	7	6	3	1	4
5	4	4	4	1	7
0	4	1	3	1	2
6	6	3	7	2	4
2	0	6	2	2	0
3	3	6	7	6	5
0	1	6	3	5	1
3	3	0	1	4	5
3	0	4	0	2	5
6	5	7	7	6	7
3	2	5	0	1	4

5.为何多一个人就要多一分钟

因为从始点到终点中间有一座桥，此桥只能一个人走，走完这座桥正好

用一分钟。所以每多一个人就要多一分钟。

6.巧移数字

将102改为10的2次方。

7.以数字连接重组图案

8.中奖的概率

这个人有90种途径会赢，30种途径会输，因此他能赢到这辆汽车的概率是90/120，即3/4（75%）。

9.涂黑方格变出图案

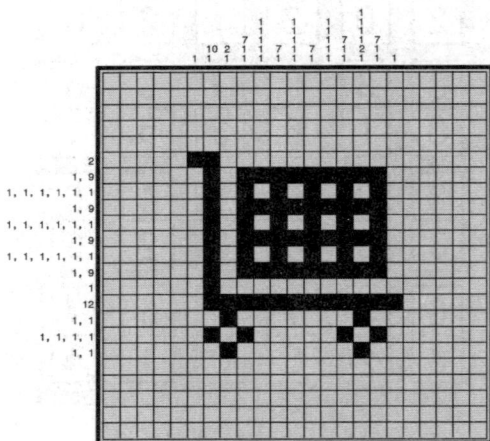

10.男生女生是多少

男生2人，女生3人。

11.怎样连接起始点线段

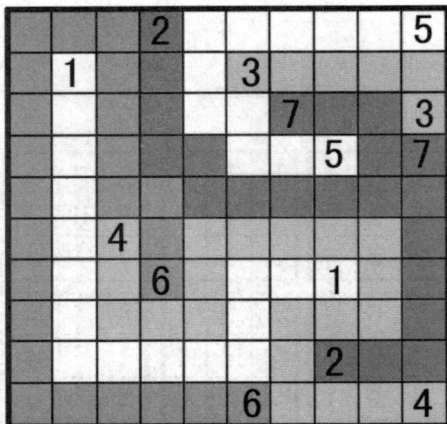

12.掷骰子的概率

两个人掷到同一点数的概率是1/6，因此两人中有一个掷的点数要比另一个高的概率为5/6。

因此前一个人比后一个人点数高的概率为5/6的一半，即15/36=5/12。

下表为详解。

1	*	+	+	+	+	+
2	−	*	+	+	+	+
3	−	−	*	+	+	+
4	−	−	−	*	+	+
5	−	−	−	−	*	+
6	−	−	−	−	−	+

13.减量的西瓜

大部分人的感觉是"大约800千克"，但这与结果相差甚远。

正确答案应该是500千克，这个结果出人意料。但是如果你拿起纸笔计算一下，就会马上得出这个结果。下边的图示可以帮助你更好地理解。

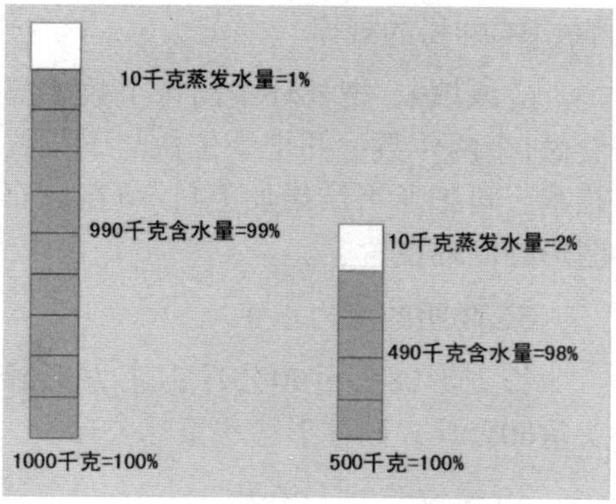

14.猫捉老鼠

猫能追上老鼠，猫跑60步就可以抓到老鼠了。

15.在长方形方格内填数字

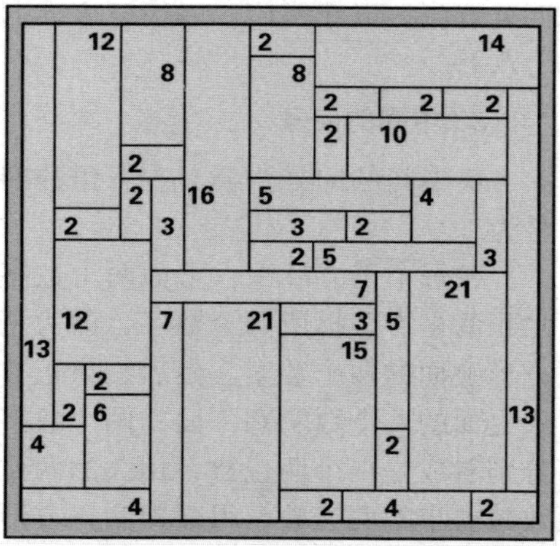

16.张飞做生意

张飞是亏了，而且还是亏了8两银子。

17.第九个圆圈

4。按行计算。从中间一行开始，把左右两边的数字相加，结果填在中间的位置上。上下两行也按同样方法进行，但是把所得的和填在对面的中间位置上。

18.玲玲坐公车

6站。很多人会算成有13人坐到终点，其实最后问的是停了几站，跟那些上、下车的人数并没有关系。

19.由一半知总数

如果一个问题从正面很难解决，不妨去换个角度考虑。在这100名士兵中，15人没有失去脚，20人没有失去手，25人没有失去耳朵，30人没有失去眼睛，这样加起来是90人，那就是说至少会有10人失去一只脚、一只手、一只耳朵和一只眼睛。

20.写出新式子

帕斯卡三角形里的每一个数字都等于它左上角和右上角的数字之和。

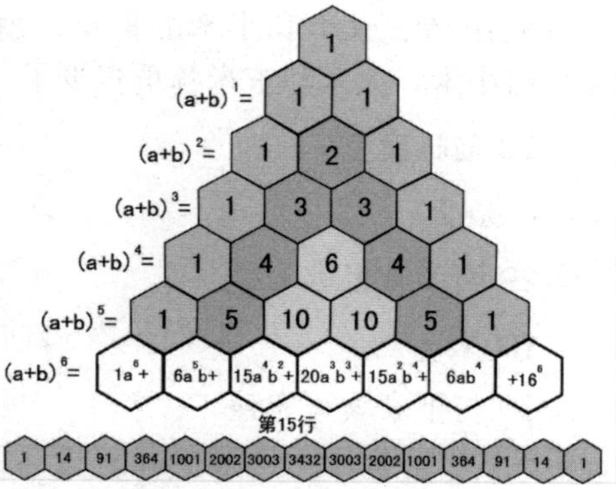

21.多少学生在赛跑

3个。

22.问号解析

问号代表数字5，各个数据块中，左列的数据加上中间列的数据等于右列的数据，即96+427=523。

23.狮子和猎豹赛跑

狮子。

24.小猴齐齐卖香蕉

最好的香蕉卖了3斤，最差的香蕉卖了8斤。

25.诸葛亮摸箭气周瑜

4枝。

26.消灭问号

问号应该是34。

每个正方形有着相同的规律，即：（左上角数字×右下角数字）－（左下角数字－右上角数字）＝中间的数字。

27.阿亮称粮食

称3次。把大米和玉米、玉米和小米、大米和小米分别两袋一起称。把三次的重量加起来除以2，就得到一袋大米、一袋小米和一袋玉米的总重量。然后把总重量分别减去大米和玉米、玉米和小米、大米和小米的重量，就能算出小米、大米和玉米各重多少了。

28.猫咪卖鱼

63条。

29.两家有多远

100米。

30.将下表填写完整

1	3	5	7
9	14	16	12
10	15	13	11
8	6	4	2

31.请教路亚

分别是11111和111105。

32.猫咪养的老鼠

白鼠70只，黑鼠45只。

33.猪八戒算对了

红衣20件，黄衣28件，蓝衣6件，白衣96件。

34.神秘的规律

应该填9。把外环中的每个数字都看做1个两位数，并把个位数与十位数相乘，再把所得结果加上1，填在对面图形的内环位置上。

35.聪明的大力水手

长方形罐头重90公斤；正方形罐头重60公斤；圆柱形罐头重30公斤。

36.被偷吃的人参果

孙悟空19个，猪八戒18个，沙僧8个。

37.成语等式

一心一意，两面三刀，三令五申，四分五裂，五花八门，六街三市，七上八下。

38.中间的问号

块中间的问号为48，右下角的问号为3。

在每个正方形中，下面两个数字之积的平方，拆成两个数字，即为正方形上面的两个数字。然后，将正方形上面的两个数字和下面的两个数字分别看成是一个两位数，用大的两位数减去小的两位数，得数即为正方形中间的数字。

39.大雁的队形

5只大雁，队形是十字形的。

40.大门密码

密码是15。窗户上的数字（都看成个位数）相加后等于门上的数字。

41.妮妮统计订报人数

19名同学。

42.猫咪的家庭作业

43.难倒唐僧

2519页。

44.球的位置在哪里

根据题意，第一层黑球多3个，第二层黑球多5个，第三层黑球多7个，依此类推，第n层黑球多2n+1，多2005个的时候，就是在黑球1002层的最后一个。

45.老和尚为难小和尚

大和尚25人，小和尚75个。

46.替换问号

数字2可以替换成问号。在每个正方形中，外面三个角上的数字之和除以中间角上的数字，所得结果都是6。

47.丽萨妙算数学家年龄

84岁。

48.还原算式

从商数的第二位看，应有XIY×8=CD6，不同字母代表不同的数字，只有X=1，Y=2，或Y=7。除数是112或117。112×8=896，117×8=936。由商数的第二位看出，9AA–936的结果是两位数，不合题意，所以除数是112。

由此推出商数的第一位和第三位都是9，那么被除数是112×989=110769。由此就可以使算式还原了。

49.包拯考学位的怪题

有13人分83匹布。

50.画出骨牌

0	3	0	3	6	4	6	2
5	5	0	5	4	5	5	0
6	2	0	4	2	3	4	1
1	2	2	4	4	3	1	3
1	1	0	6	3	5	3	1
1	3	6	6	2	2	2	5
2	1	4	0	4	0	6	5

51.拿破仑操练敢死队员

（89＋67）－（160－10）＝6（个）。

52.曹冲算时间

1÷（1/5＋1/15）＝15/4（小时）

53.三角形的奥秘

应该填28。

54.古城街巷

如果不考虑街巷的宽度，单从理论推算的话，两人走的路程是一样长的。但实际上，聪聪走的路程要短一些，因为街巷不是一条细细的直线而是有宽度的，路面越宽，聪聪走的路就越直，即可选择斜边走，而尼尼走的全是两直角边，而斜边是小于两直角边之和的。

55.刘备追张飞

下午2点。

56.把车开回家

应填96。右上角的数字乘以左下角的数字，再加上左上角的数字乘以右下角的数字等于中间的数字。（6×5）+（2×4）=38；（6×2）+（7×7）=61；（8×7）+（5×8）=96。

57.孔子书架上的书

第一层原来有144本，第二层原有183本，第三层原有123本。

58.标出时钟的时间

6：20。分针每次向前走20分，时针每次向后走20个小时。

59.牛顿数苹果

橘子是180只，苹果是360只。

60.格子里的问号

C项数字可以代替表格中的问号。每行数字从左到右的规律为：（第一个数×第二个数)–第三个数=第四个数

61.苏东坡钓鱼

苏东坡钓了1条鱼。

62.格子外问号的数字是多少

是39。钩=6，星=9，叉=3，圈=24。

63.唐老鸭和米老鼠比赛

米老鼠胜利。

64.遗产分配

将遗产分为7等份，儿子拿4份，女儿拿1份，母亲拿2份。

65.岳飞分兵

137个军营，397个士兵。

66.唐僧扫高塔

从第一层到第九层依次为：16、15、14、13、12、11、10、9、8。

67.汉字等式

7	1	=	6	8	+	3
9	0	=	4	5	×	2
3	4	×	2	=	6	8
1	4	×	5	=	7	0

68.吃了多少鸡蛋

三个儿子，四个鸡蛋。

69.末流枪手的中靶概率

先算出三个人全都没有射中的概率为：

$3/5 × 3/5 × 7/10 ≈ 0.252$

因此，三人中至少有一人射中的概率为$1–0.252 = 0.748$。

70.缺少的数字

答案是E。

我们可以归纳法进行推理：

第一种情况：

$5–2=3$

$8–5=3$

$11–8=3$

数字形成等差数列

所以？$=11+3=14$

2，5，8，11，14

由于答案中没有14，所以来看第二种情况

第二种情况：

因为$2+5=7$

$5+8=13$

$8+11=19$

$11+x=y$

相邻两项相加的和，为递增的质

数序列，而且中间隔开一个不算。

即7，（11），13，（17），19，（23），29。所以y=29，x=29−11=18。所以答案为E。

71.求最小的数

C最小。由题意可得（1）A+B>C+D；（2）A+D>B+C；（3）B+D>A+C。由（1）+（2）得知A>C，由（1）+（3）可得知B>C，由（2）+（3）得知D>C，所以，C最小。

72.神奇数字奥秘多

题1：一共有90个两位的阿拉伯数字，如下图所示。在它们之中有8个有连续的数字，所以答案是82个两位数。

10	11	12	13	14	15	16	17	18	19
20	21	22	23	24	25	26	27	28	29
30	31	32	33	34	35	36	37	38	39
40	41	42	43	44	45	46	47	48	49
50	51	52	53	54	55	56	57	58	59
60	61	62	63	64	65	66	67	68	69
70	71	72	73	74	75	76	77	78	79
80	81	82	83	84	85	86	87	88	89
90	91	92	93	94	95	96	97	98	99

题2：有9个两位数包含有相同的数字，所以答案是81个两位数。

345	543 − 345 =	198
456	654 − 456 =	198
567	765 − 567 =	198
678	876 − 678 =	198
789	987 − 789 =	198
1234	4321 − 1234 =	3087
2345	5432 − 2345 =	3087
3456	6543 − 3456 =	3087
4567	7654 − 4567 =	3087
5678	8765 − 5678 =	3087
6789	9876 − 6789 =	3087

题3：也许你可以在一分钟内做完这一长串的计算。但是对于任何的这类四位数只要算一次就可以了，如下图所示。你甚至可以按照这样的程序算到十位数。这些不同的数字叫做惟一数字。

73.求数学题答案

根据题目的已知条件，我们可先假设，两位数是AB，三位数是CDE，则AB×5＝CDE。

第一步：已知CDE能被5整除，可得出个位为0或5。

第二步：若后一位数E=0，由于E+C=D，所以C＝D。

第三步：又根据题意可得CDE/5的商为两位数，所以百位小于5。

第四步：因为上一步得出了C＝D，因此，当C=1，2，3，4时，D=1，2，3，4，CDE＝110，220，330，440。

第五步：若E=5，当C=1，2，3，4时，D=6，7，8，9，CDE＝165，275，385，495。

所以，这道题应该有8个这样的数。

74.自鸣钟敲响

当钟敲到第十次时，便用去27秒。很多人都感觉每打一次钟要用2.7秒。其实，这十次钟声之间，只有九个空间，因此钟声与钟声之间是相隔三秒。而12次钟声则间隔十一次空隙，故是33秒。

75.吃果冻的条件

四份分别是12，6，27，3。设这四份果冻都为x，则第一份为x+3，第二份为x−3，第三份为3x，第四份为x/3，总和为48，求得x=9。这样就知道每一份各是多少了。

76.烟蒂接成的香烟

在7截烟蒂中，先用其中6截接成

两支烟，还剩下一截，再加上这两支吸剩下的烟蒂，又可接成一支烟吸，他正好吸了3支。

77.会遇到几艘船

一共有15艘船。

分析：首先我们先想一下，从美国纽约开往勒阿佛的海航线上总会有七艘轮船，只有每天中午才会有6艘轮船，而且每两艘轮船相距一天路程。今天中午从勒阿佛开出的船每半天（12小时）会遇到一艘从纽约来的船（横渡一次时间是7天7夜），本应是会遇到14艘，可是从勒阿佛开出的船是中午开出。因此最后一艘是在美国纽约遇到的，第一艘是在法国勒阿佛遇到的，所以正确答案是：路途中遇到13艘从纽约来的船。然后，还要加上在勒阿佛遇到的刚到达的从纽约来的那艘船，最后再加上在美国遇到的准备出发的一艘船。

78.4个4等于多少

$(4 \times 4 + 4) \div 4 = 5$

$[4 + (4 \div 4)] \times 4 = 20$

$4 \times 4 + 4 + 4 = 24$

$(4 + 4) \times 4 - 4 = 28$

$(4 \times 4 - 4) \times 4 = 48$

$4 \times 4 \times 4 + 4 = 68$

79.称重找球

分析：

第一次称量：天平左端放27个球。右端也放27个球。有两种可能性：A平衡、B不平衡。如果平衡了，那么下一次就以余留的$80 - 27 - 27 = 26$个球作为研究对象。如果不平衡，那么选择轻的一端的27个球作为第二次称量的

物品。

第二次称量：天平左右两边都放9个球。研究对象中还有8至9个球没有放入天平中。有两种可能性：A平衡B不平衡。如果平衡了，那么下一次就以余留下的8至9个球作为研究对象。如果不平衡，那么就选择轻的一端的9个球作为下次称量的物品。

第三次称量：左右两边各放3个球。研究对象中还有23个球没有放入天平中。有两种可能性：A平衡B不平衡。如果平衡了，那么下一次就以余留下的2至3个球作为研究对象。如果不平衡，那么就选择轻的一端的3个球作为下一次称量物品。

第四次称量：天平的左右两边各放1个球。研究对象中还有0至1个球没有放入天平中。有两种可能性：A平衡B不平衡。如果平衡了，那么余留下的另一个球就是要找的球。如果不平衡，那么轻的一端就是你要找的球。

80.巧填数字

在三角形的那组图形中，外边三角形中的3个数相乘，再除以2就得到中间三角形的那个数字，因此，$3 \times 4 \times 6 \div 2 = 36$。在圆圈的那组图形中，小圆圈中的3个数相加，再乘以2，就会得到大圆圈的数，因此（$5 + 6 + 9$）$\times 2 = 40$。

81.占美追珍妮

28秒。

82.怎样选择骰子

各种可能性都列出来分析：A胜B，B胜C，C胜D，而D胜A。

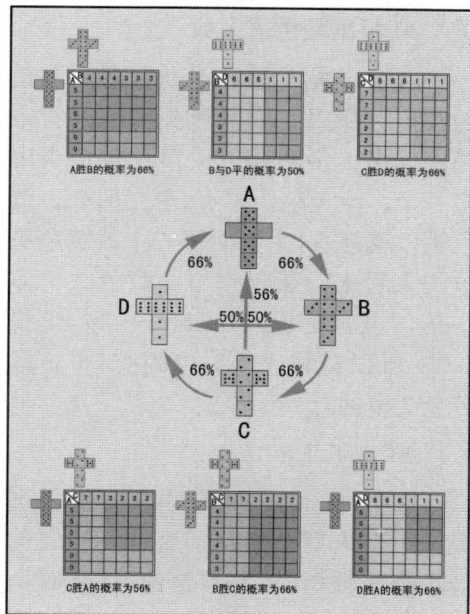

A胜B的概率为66%　　B与D平的概率为50%　　C胜D的概率为66%

C胜A的概率为56%　　B胜C的概率为66%　　D胜A的概率为66%

83.车上的乘客

只剩下两名乘客。

84.在黑暗中拿袜子

要保证至少拿到一双左右脚配套的袜子，至少要拿4只袜子。

85.梯子有几级

梯子一共有23级，即（3＋6－2＋7－3）×2＋1＝23。

86.马戏团的人数

男子17人，女子13人，小孩90人，一共刚好120人。

87.何时一起返回

先找出他们相隔日子的最小公倍数，即是他们要经过48个星期才会相会。分别之时是1月1日，48个星期后便是12月2日。

88.两只鸟同时抓到鱼

20肘尺。

89.智搬枕木

按下列次序搬枕木 5→1，6→1，9→3，10→3，8→14，4→13，11→14，15→13，7→2，12→2。

90.青蛙第几天才能爬出井口

第一天：＋3－2最高上升到了3米，距离井口最远有7米

第二天：＋3－2最高上升到了4米，距离井口最远有6米

……

第x天：＋3－2最高上升到了10米，距离井口最远有0米

x＝10－2＝8（天）

因此，青蛙需要8天才能爬出井口。

91.内外各转多少周

4周，9周

小环自动所转的周数只和它本身圆心的运动轨迹与它的半径有关。意思是小环在大环内部时，它的圆心运动轨迹是半径为4的环，所以是4圈。而当小环在大环外部时，它的圆心运动轨迹是半径为9的环，所以是9圈。

92.怎样填空格

6个空格中依次应填的数字为：8、10、27、3、36、30。

93.聪明的小明

从题中得知，两个不同的数相加之和大于10，不必考虑其顺序。

第一步：8＋7、8＋6、8＋5、8＋4、8＋3共五种取法。

第二步：7＋6、7＋5、7＋4共三种取法。

第三步：6+5仅一种取法。

所以，小明共用了9种取法达到了自己的愿望。

94.拿球游戏

A第一次拿4个，然后后面B拿N个B就拿6-N个（n为1，2，3，4，5中任意数），

所以拿的顺序是：

A，BA，BA……A，BA，BA

到A的时候已经拿了4+（5×18）=94个，最后B无论拿多少N（N为1，2，3，4，5中任意数）个，剩下的（6—N）都是A拿走的。

95.填空格

应该填22。

96.方阵中的士兵

608名士兵。

中间的正方形可站121人，每边11人。最外面正方形的一边上的士兵数为11＋2×8＝27人。因此，中空方阵人数为27×27-11×11＝608人。

97.排排站

如下图所示，这24个人排成正六边形，就可以达到题中的要求。

98.根据颜色求人数

由于每个人都看不到自己头上戴的头巾，所以，戴蓝色头巾的人看来是一样多，说明蓝色头巾比黄色头巾多一个，设黄色头巾有x个，那么，蓝色头巾就有x+1个。而每一个戴黄色头巾的人看来，蓝色头巾比黄色头巾多一倍。也就是说2（x-1）=x+1，解得x=3。所以，戴蓝色头巾的有4个，戴黄色头巾的有3个。

99.走了几步

这个问题是不是最小公倍数一类呢？很多人都会想到了这点：3和2的最小公倍数是6，是不是走第6步时两人同出左脚呢？不是的，需从实际出发去考虑，见下表：

男→右左右左右左右

女→右左右左右左右左右左

这样更一目了然，不可能有男女出现同时左脚踏出的情况。应该锻炼自己从抽象到现实，从现实到抽象的思维的飞跃转换。

100.鲁智深翻碗

4次。

第四部分

发散思维游戏

1 智者的逻辑

　　有一天，西方哲学的奠基者、雅典著名的哲学家——苏格拉底领着一个青年到智者欧底姆斯那里去请教学问。然而，这个智者为了显示本领，就向这个初次见面的青年劈头问道："你想学已知的还是未知的?"

　　苏格拉底肯定地回答："当然是未知的!"

　　欧底姆斯说："字母，你认识吗?"

　　苏格拉底说："认识。"

　　欧底姆斯说："都认识?"

　　苏格拉底说："是的。"

　　欧底姆斯说："这就是说，你刚学习字母时就已经认识它们了?"

　　苏格拉底说："是的!"

　　欧底姆斯说："那么老师教你的，就是你已认识的啦?"

　　苏格拉底说："是的。"

　　欧底姆斯说："这说明不是你在学习，而是那些不认识字母的人在学习!"

　　苏格拉底说："不是的，我一直在认真学习。"

　　欧底姆斯说："那么，你就是在学习已知的东西!"

　　苏格拉底说："是的。"

　　欧底姆斯说："那么，你最初的回答是错误的!"

　　苏格拉底一愣，立刻顿悟，于是他甘心拜欧底姆斯为师。

　　请问：欧底姆斯用了什么手法，才让苏格拉底这样的?

2 巧妙的计算

　　车间里打算用四块面积和厚度完全相同的锡皮做容器。当把四块锡皮分别从中剪去一部分后，张师傅就出难题了，要求徒弟用最简单的方法计算出剩下的锡皮——哪块面积最大? 哪块面积最小?

　　你帮忙想一下，徒弟该用什么方法计算呢?

③ 撒谎的火灾

　　张家发生了一场火灾，烧毁了许多财物。保险公司的调查员在调查损失情况时，张太太说："炒菜时火太旺了，锅里的油就着了火，我赶紧关上煤气，端起一盆水向锅里燃烧的火泼去，后来才发现，原来盆里装的不是水，而是一盆油。火上浇油，越燃越旺，火焰一下子就窜到了屋顶！"调查员听后对张太太说："你在撒谎！"请问：你知道这是为什么吗？

④ 谁盗窃了现款

　　一天夜里，有一个商场的保险柜被人撬开了，里面的巨额现款不翼而飞！

　　第二天，警察赶到现场，发现保险柜门的右侧有一点蜡烛油痕。他认定是商场内部人员在夜里拉下电闸后作的案。其中最值得怀疑的就是商场的三个会计，因为只有他们才知道保险柜内存有巨额现款。到底是哪一个会计作的案呢？警察对这三个会计进了画影分析，确定其中一个为嫌疑对象，后来经过审查，果真是这个会计所为。

　　看图分析一下，是谁作的案？为什么是他做的呢？

(甲)

(乙)

(丙)

⑤ 为什么看起来小呢

佳佳过生日那天，莉莉送来了一个蛋糕，两个小朋友高兴地分吃起蛋糕。为了更能活跃气氛，莉莉向佳佳提出了一个问题："佳佳，我问你，有几个形状、大小完全相同的蛋糕，在什么情况下，它越靠近你，但是看起来，却反而越小呢?"

佳佳拍了拍脑袋，很快就回答了出来。莉莉兴致勃勃地说："你太聪明了，来，奖你一块蛋糕吃!"

聪明的你，来告诉我，佳佳的回答是什么吧!

⑥ 只要哪个字

一位农民在路口卖西瓜，他在西瓜堆上立着一张纸牌，上面写了六个大字：此地出卖西瓜。

有一位赶马的人碰巧路过这里，看了看纸牌，对他说："你用不着写这么多字，少写两个，完全可以!"卖瓜的农民觉得很有道理，就从中去掉了两个字。过了会儿，又有一个摇扇的人路过，看着纸牌上的字说："真是罗嗦!"于是，农民又去掉了两个字。半小时过后，一个戴眼镜的人对他说："兄弟啊，你这只要一个字就行啊!"于是卖瓜人又去掉了一个字。最后，纸牌上只剩下了一个字，但对生意却没有丝毫的影响。

请问：这最后一个字是什么?

7 跷跷板上比跳高

　　有一天，丹丹和东东玩着木制的跷跷板，东东突发奇想地说："如果有两个跷跷板，我们分别站在一个跷跷板的一边，而另一边则请一位帮手帮忙。要请谁来帮忙，我们才会跳得最高呢？"

　　丹丹说："我请大象帮忙，肯定会跳得最高。"东东说："我请马戏团的高手帮忙，绝对比你还高。"

　　请问：他们究竟谁说得对呢？

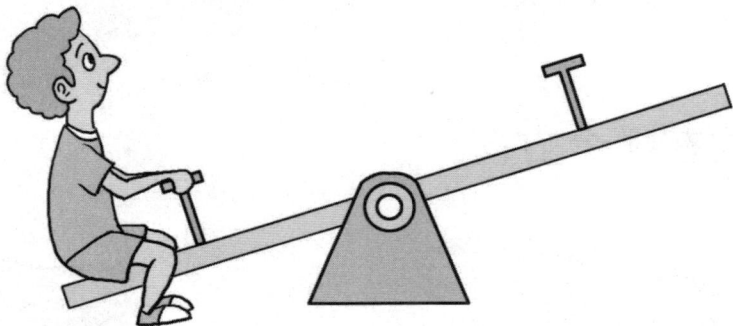

8 巧妙过河

　　从前有两个生意人，他们分别来到一条小河的两岸。望着湍流的河水，两个人都想到对岸去。但是，河面却有一丈宽，水也很深，让人失望的是河上竟然没有桥，河两边各有一块8尺长的木板。游泳呢？两个人又都不会，但却必须过河。他们呆呆地望着木板，过了会，其中一个人大声喊道："我有办法了。"于是，两个人都顺利地过了河。

　　你知道他们想出了什么妙法才能顺利过去吗？

9 黄豆和大米该怎样倒

一位农民丰收后，他拿着大米和黄豆到市场上去卖。而这个农民只有一个袋子，所以只能先把大米倒进袋里，用绳子捆牢，再将黄豆倒进，扎好袋口，形状好似一个葫芦。农民把袋子扛在肩上就上了路。

在半路上，他遇见了一个商人。商人很狡猾，愿意高价买他的大米，但却开出了一个条件——既不交换布袋，又不能把黄豆倒在地上，还要求农民把大米装进他的布袋里，同时也不能剪破布袋。

农民想了想，终于想出了一个好办法，可以满足条件地将大米倒进商人的布袋。

请问：这个农民用的是什么方法？

10 住在哪个方向

强强的家离车站不算很远，因为有急事，所以要到城里去一趟。这时正是中午12点，太阳恰好照在他家窗户和朝街的门上。强强出了大门，向右拐了个弯，走到街角时，又向右拐了个弯，就上了铁路上方的天桥。从桥上可以看见远方的城市，铁路一直向它伸展过去。下了桥右边的楼梯后，他再一次向右拐了个弯，便搭上了火车，向右驶去。

请问：强强的家住在城市的哪个方向？你是根据什么来判断的？

11 熊大伯买米

　　小猴和熊大伯一起去买米，熊大伯买走了市场上惟一的一袋大米。出了市场，熊大伯说："我挑两只筐，一只装有米，一只是空的，要怎么挑回去呢？"

　　调皮的小猴说："我坐在空筐里不就可以了？"熊大伯说："对呀，我真是傻。"小猴一下跳进了空筐里。熊大伯挑着大米和小猴往回走，累得汗流浃背。回到家，小猴狡猾地笑着说："熊大伯上当了！"

　　难道熊大伯真的上当了吗？

12 破碟子的重心

　　小洁和小美看完精彩的杂技表演后，都被演员们的精湛技艺所倾倒，想跟着学一手"绝活"。于是就到杂技表演室向师傅们请教，王师傅教她们转转碟——把塑料棍头上的针顶在碟子的重心处就可以将其转起来。小洁和小美问王师傅，要是只转一只破碟子，怎样才能找到其重心呢？

　　你能帮王师傅回答吗？

13 教书先生的文约

从前，有一位地主想请一位先生教他小儿子读书。可他十分吝啬，只管饭，不给钱，所以没人愿意去。有位老先生想教训一下这位地主，就去他那里应聘，双方协议以文约为凭。老先生写了一份没加标点的文约。地主不识字，就让老先生念给他听。老先生读到："无鸡鸭也可，无鱼肉也可，惟青菜豆腐不可少，不得学费。"

一年满了，老先生指责地主不给鸡鸭鱼肉，并讨要学费。双方争执不休，只能靠官司来解决问题。最后地主输了，不得不支付给老先生100两银子。

请问：这到底是为什么呢？

14 猫妈妈买回了什么

猫妈妈赶集回来，买回来一个精致的盒子。盒子里装着一样东西，小猫猫们都十分好奇，争着开盒看里面装的是什么。小花猫看了，兴奋地说："呀！妈妈买回来一只小花猫。"小黑猫见了，却说："不对，妈妈买回的是小黑猫。"小白猫连忙跑来看，笑嘻嘻的说："你们都错了，这是一只小白猫。"

这些小猫说得对吗？猫妈妈买回来的究竟是什么东西呢？

15 汽车没有撞伤盲人

有一位盲大爷，挂着一根拐杖，行走在漆黑的路上。这时候，迎面驶来一辆汽车，盲人当然没有发现，也没有躲闪，还不动声色地继续向前走着。而且这天，星星和月亮早早地就回家了，汽车也没开灯，可是让人纳闷的是，汽车不但没有撞伤盲人大爷，还及时刹住了车。司机的视力真好，避免了一场车祸事故的发生。

你能想出这是怎么一回事吗？

16 交回羊，又交回了钱

从前，有一个狡猾的财主。他交待仆人："明天你要把这1000只羊卖到集市上去，晚上再把卖得的钱和1000只羊一只不少地交还给我。"

这个仆人感到非常为难，如果要交卖羊款，就交不齐1000只羊；如果要交齐1000只羊，卖羊款从哪里来呢？但到了最后，他还是想出了一个办法。

第二天，仆人把1000只羊全部赶到市场上去，在晚上的时候，他果真把1000只羊和卖羊的钱交给了财主，财主自然无话可说了。请问：仆人想的是什么办法呢？

17　等汽车开过后

　　妈妈让亮亮去买盐，这是亮亮第一次独自上街办事。妈妈一再叮嘱他："过马路时要小心看两边，等汽车开过后，才可以走过去，千万不要在街上乱跑！"

　　亮亮记住妈妈的话，就上街去了。本来只需要五分钟的时间，亮亮却去了二十多分钟也不见回来。

　　妈妈着急了，连忙出门去找。原来亮亮还站在马路边没过去呢！

　　亮亮在干嘛呢？

18　乘小船的秘密

　　在一条荒无人迹的小河边，停着一只很小很小的船，这只小船只能承载一个人，要是稍微超重，就有可能沉没。有两位生意人，他们同时来到小河边，都要到对岸去做生意。但意外的是，这两位生意人都乘坐这只小船过了河，小船依然停靠在小河边。

　　你知道这两位生意人过河的秘密是什么吗？

19 怎样分别儿子和爸爸

有一天，张老师正在办公室写数学论文，小灵突然敲门走了进来，"张老师，外面有两位同志找您。"张老师一脸疑惑地问："是谁找我啊？"小灵眨眨眼，调皮地说："一位是您儿子的爸爸，一位是您爸爸的儿子。"张老师笑着摸着小灵的脑袋说："你真会耍嘴皮子！"

你帮李老师分析一下，来的两个人是他的什么人？

20 谁的儿子摔伤了

星期天，爸爸带着儿子去溜冰。溜冰虽然很好玩，可是冰面却很滑，儿子一不留心就重重地摔倒在冰面上，把胳膊肘给摔破了，爸爸只好把儿子送到医院。

看病的医生埋怨爸爸："你怎么把我的儿子摔得伤痕累累？"爸爸一句话都说不出来，只好低头认罪，医生才原谅了爸爸，赶忙给儿子医治。

请问：这到底是怎么一回事呢？

21 小飞学轻功

小飞看武打片着了迷，他看到那些侠客会轻功，能一下子就跳上三、四米高的墙上。小飞很羡慕，也想跟着学，所以就准备到他家后院的围墙边上去练习。他量了一下围墙，大概有四米高。他想，自己功夫不深，大侠们一下就跳上去的，他可以分四次跳，每次跳1米高，当功夫练好了，就会像那些大侠们一样，一下跳上墙去。小飞信心百倍地向后院围墙跑去。

请问：小飞要跳几次才能跳上围墙？

22 一天黑几次

小晶晶望着太阳东升西落，总是感到非常好奇，就缠着老爷爷给他讲，太阳为什么会升起，然后又落下呢？老爷爷说："太阳每升起、落下一次，天就会亮一次黑一次，这就是一天。"小晶晶真想打破砂锅问到底，于是又向老爷爷发问："有没有一天里天黑两次的？"老爷爷想了想说："有！"小晶晶问："能告诉我是哪一天吗？"

你能替老爷爷回答小晶晶吗？

23 锁子上哪了

　　小余和女朋友约好晚上8点去星星电影院看电影。可是，小余临时有事，过了会儿才来，等他骑着飞车赶到电影院时，电影马上就要开演了，他赶紧给车子锁好防盗锁，拉上女朋友匆忙地跑进电影院。

　　等看完电影出来后，他找到了自己的车子，可是锁子却不见了。只有丢钥匙的，哪有丢锁的呢？这到底是什么原因？

24 邮信不花钱

　　"小马哈"的叔叔在上海工作，他非常想念叔叔，于是就给叔叔写了一封信，告诉他自己的期末考试成绩。但是"小马哈"太粗心了，在写信封的时候，竟然把收信人和寄信人的地址给写反了，结果信又寄回了自己家中。他很气愤，想了半天，才想出了一个办法，可以一分钱都不花把信投进邮箱，寄给了叔叔。

　　你一定很奇怪吧，想知道为什么吗？

25 调钟表的好办法

山中寺院里的挂钟停了，众和尚打算派一个人到山下施主家问时间。可两地路程有一公里多，即使就算去问了时间，也不能保证回来调钟时是准确的。和尚们经过苦思冥想，终于想出了一个绝妙的好办法。果然，调整钟时间和准确时间没有多大的出入。

请问：和尚到底想出了什么好办法？

26 这个选手是怎么知道内幕的

魔术师将六只白色兔子和六只红色兔子放在四顶帽子里，每顶帽子上面都贴有标签，但是这些标签全部都贴错了。

A、B、C、D四个选手并不知道标签贴错了，他们每个人拿到一顶帽子和帽子上的标签，并可以从他的帽子中拿出两只兔子。魔术师要求四个选手说出自己帽子里的三只兔子的颜色。

A选手拿出了两只红色兔子说："我知道剩下的一只兔子是什么颜色。"

B选手拿出了一只红色和一只白色的兔子说："我也知道剩下的一只兔子是什么颜色。"

C选手拿出了两只白色兔子说："我不知道我帽子里的第三只兔子的颜色。"

D选手说："我不需要拿兔子，就已经知道我帽子里所有兔子的颜色，而且我还知道C选手帽子里另一只兔子的颜色。"

请问：D选手是怎么知道内幕的？

27 怎样说不被处死

阿凡提骑着他那头小毛驴到处旅游。一次他到了一个国家，这个国家的国王很害怕聪明的阿凡提，就把他抓了起来。

国王对阿凡提说："我一定要处死你。但是在你临死之前，我可以给你一次预言的机会。你可以预言我如何处死你，但是，如果你的预言对了，我就让你好死（用枪把你打死）一点，否则我就让你上绞刑架，慢慢绞死你。"

阿凡提不慌不忙，笑着说了一句话。国王听了却无法将他处死。你知道阿凡提是怎样说的吗？

28 三人的关系

新上任的公安局长本事可大着呢，刚上任不久就连破三起大案。这位公安局长除了破案厉害，还是个下棋高手。最近又刚破了一个案件，公安局长想休息休息，就和一位老人一起下棋。正下着棋，五岁的儿子进来对公安局长说："我爸爸叫你回去，他有事找你。"公安局长站起来对老人说："爸爸，我有事先走了，咱们以后有空再下吧。"

你知道公安局长和那个老人的关系是什么吗？

29 头像与省份

下边4幅有趣的图分别是我国的4个省份，你能判断出它们分别代表哪些省份？

30 六个字巧拼贴

你知道天下最奇怪的字画是谁作的吗？告诉你吧，是于佑任作的。

一次于佑任应邀到一个朋友那儿去喝酒。于佑任可是个大酒桶，一气喝了两三碗，喝得酩酊大醉。于佑任的字写得特棒，主人就乘机请他写一幅字。于是他醉眼朦胧，不假思索，大笔一挥，写下六个字："不可随处小便"。主人一看，顿时傻了眼，赶紧收起来，等于佑任酒醒之后再拿给他看，于佑任不觉哈哈大笑，忙用剪刀将这六个字剪开又重新拼贴。主人见了，赞不绝口，高高兴兴地珍藏起来。

于佑任到底是怎样把这六个字重新拼贴的呢？

③1 从哪一个门进去

古时候西方有个岛国叫荒唐国，这个国家发生了一些稀奇古怪的事情。"难不倒"是个大旅行家，他来到了荒唐国。在一家饭店吃完饭后，想上厕所。他按照服务员的指引，走到了三间房的前面，一看，三个门上分别写着："此门通厕所"、"此门不通厕所"、"第一个门通厕所"。

服务员告诉"难不倒"，上面三句话只有一句是对的，走错了门可就糟啦。好个"难不倒"，果然名副其实，一会儿就进了厕所，并且还没走错门。

厕所该从哪儿进呢？

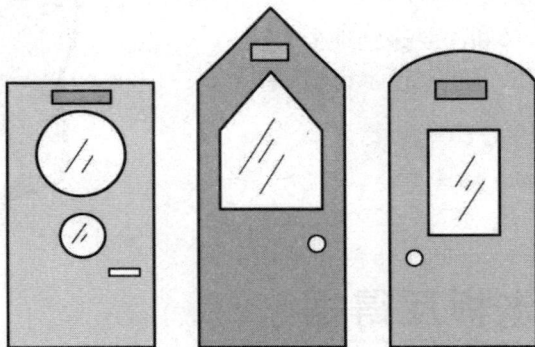

③2 怎么回家

杨婶婶说话特风趣。她有三个儿子，而且他们都已经娶了媳妇。三个媳妇好久都没有回娘家了，一天，她们同时向婆婆提出要回去看老爸、老妈。

杨婶婶笑着说："去吧去吧，都一起去吧。大媳妇去个三五天，二媳妇去个七八天，三媳妇去个半个月。你们同去同回吧，可不许误了日期。"三个媳妇一听，都不知如何是好，只好去跟她们的丈夫商量。丈夫们一听笑了，"你们真笨！"然后把怎样回来告诉了她们。三个人果然在同一天回来了。

你知道她们是怎么回来的吗？

33　运动员会不会死

　　威尔是世界跳高名将，他能跳两米四那么高。

　　威尔一次乘电梯时，由于电梯的缆绳断了，整个电梯厢快速地往下掉，情况相当危急。但是威尔却不怎么着急，他冷静地想："不要慌，只要在电梯厢着地的刹那间把握住机会，往上一跳，就不会跟地面撞击了。"

　　就在电梯厢快要碰到地面时，他猛力一跳。请你猜猜看，结果会怎样？

34　救了老板反得祸

　　有一个身家亿万的老板怕别人谋害他，就请了好几个保镖日夜保护他。一个夜间值班的保镖对老板说："我突然得到一个神奇的预示，请您今天不要乘坐开往西班牙的213次飞机，否则会有生命危险。"

　　老板对他的话有点儿不信，但还是改了启程的日期。晚上的电视台报道——这天飞往西班牙的213次航班发生爆炸，乘客全部遇难。

　　老板十分庆幸，就问那个保镖是怎么回事。保镖很得意地告诉他："那个预示是我做梦时得到的。"老板听了之后说："你被解雇了。"

　　保镖顿时张口结舌，不知道老板为何要解雇他。你知道吗？

35 聪明的小牛

　　树底下一头小牛被拴着鼻子，拴它的绳子只有三米长。离小牛五米外的地方有一个菜园，菜园子的园门是开着的。小牛真想进里面偷吃菜。它看看四周无人，就开始摇头摆尾，没过一会儿就进了菜园里，把一园的菜吃了个精光，然后就赶紧跑了出来。

　　真奇怪，这头小牛是用什么办法进到菜园里的?

36 玻璃上的子弹孔

　　某公寓发生一起枪杀案，杀手在公寓的窗户玻璃上留下两个子弹孔。你能分辨出哪个孔是先射的哪个孔是后射的吗?

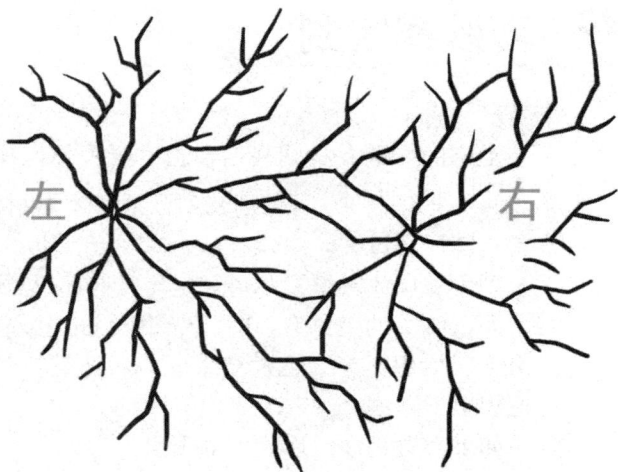

左　　　　右

37 小狗听不懂

时下好多人喜欢养小狗，有位富有的老板娘闲着无聊，也跟着养了一只聪明伶俐的小狗。她为了把这只狗培育成世界上一流的名狗，就把它送到了美国一家著名的训狗场去。

半年多过后，训练完的小狗被送了回来，随狗回来的还附着一封信，上面写道："这只狗毕业成绩不错，只要你命令它，学过的动作，它都会圆满地做给你看！"可是老板娘命令小狗，小狗却一个动作也没做。真是狗留了学架子也变大了。

真是这样吗？

38 巧妙寄宝剑

王刚的好朋友林同来信说："听说你们那儿有好宝剑，可否给我买一把寄过来？"王刚就到当地武术器材商店买了一把好剑，准备从邮局寄过去。

到了邮局才知道，邮局规定，凡是超过1米长度的物件不能邮寄，而王刚买的宝剑有1.2米长。怎么办呢？总不能亲自给林同送过去吧？他想了半天也没结果，最后还是在邮局工作的朋友小张给他想出了办法。

如果换做是你，你能把剑寄出去吗？

39　成绩弄错了

　　期中考试的成绩公布出来了，小兰这次考的成绩还不错。放学时，老师把打印的成绩单装进信封里让同学们带回去给家长看。

　　回到家里，小兰妈妈拆开信封一看，脸色马上就变了，问小兰："这次语文考了多少？"小兰说："89分。"妈妈说："这成绩单上明明写着你的成绩刚过及格线8分，为什么你要撒谎骗妈妈呢？"小兰说："我们老师在班上宣布过的，我怎么会撒谎？"

　　妈妈和小兰争论了半天，后来才弄清楚了原因。

　　你知道是为什么吗？

40　大力士搬巨石

　　在一条两面是山的碎石子公路上，由于塌方，滚下来不少石头。养路工人紧急出动，开始清理这些石头。小块的石头都搬走后，只剩下一块三千多斤重的大石还挡在路上。公路上堵起长长的一队车子。要是把这块巨石滚走，起码也要七八个小时，时间太长；就是采用爆破的办法也得需要三个小时，还是慢。

　　正在没有办法之时来了一个举重运动员，他观察了一下，然后叫几个工人一起动手，没多久就把这块巨石给解决了，公路又畅通无阻。

　　你说大力士是怎么解决巨石的？

41 认出是假画

小红的爸爸是个名画收藏爱好者，只要听说哪儿有名画出售，花再多的钱他也愿意买下来。今天爸爸又买了一幅名画回来，这幅画据说是古代一位大画家画的，画的是一只猫藏在玫瑰花丛下，正午的太阳正照在鲜艳的玫瑰花上，猫睁大了眼睛盯着前面的蝴蝶，正要猛扑上去的样子。爸爸正在为买得这幅画而得意时，不料小兰却对他说："爸爸，这幅画是假的！"爸爸大吃一惊说："胡说，怎么会是假的呢？"

这幅画是不是假的呢？

42 赶快逃命

晶晶家住在农村，他们这里最多的就是松鼠和黄蜂，兔子也不少。晶晶家要建一座房子，爸爸和叔叔到山上去砍松树。他俩看中了一棵大松树，就准备将它锯断。这可把树上的松鼠给吓坏了，因为它在树上搭了一个洞窝，并且准备要宝宝了。

怎么办呢？松鼠不愧是个机灵的小动物，它从树上摘下一个松果扔了出去。松果并没有打在晶晶的爸爸和叔叔的身上，可他们俩却吓得没命地逃跑。这是为什么？

(43) 没有解决的问题

马爷爷今年八十五岁了，耳朵很背，大声叫他，他有时也听不见。他守着家里的一部电话。因为他太聋，连电话响铃声也听不见，搞科研的儿子给他装了一个灯光信号，电话一来时就可以看见。

尽管这样，家里人还是经常抱怨马爷爷误了不少事。这是什么原因呢？

(44) 巧取爆米花

镇上来了一个爆米花的人，奶奶就拿着一些米去爆了点回来。她怕孙女小芹一次吃光，就把爆米花放到了一个罐子里，上面用米盖着。嘴馋的小芹知道了，嚷着要吃爆米花。

奶奶笑着说："小馋猫，你要吃也可以，但有一个条件，那就是你不能用手或其他东西在罐子里把米花翻上来。如果你能用其他办法弄到米花，就随便你吃。"

小芹抱着罐子想了半天也想不出办法来。你有办法让她吃到爆米花吗？

45 巧放鸡蛋

奶奶正在把鸡蛋装进玻璃瓶里，小胖胖嚷着要奶奶给他摘葡萄。奶奶说："要我给你摘也行，但是你得给我把这些鸡蛋全都装进瓶子里，可不准弄破哦！"

小胖胖一看那玻璃瓶很深，而口却只能容下一个鸡蛋。瓶子也不能放倒，因为这样也容易碰破鸡蛋。小胖胖抓耳搔腮地想了半天，终于想出了一个好主意，一会儿就把鸡蛋全装进了玻璃瓶里。奶奶直夸他聪明，给他摘下了好多葡萄。

你知道小胖胖的绝招是什么吗？

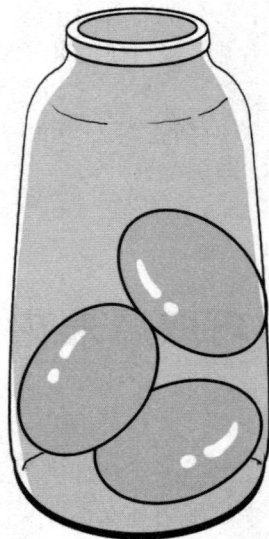

46 最有可能猜到的数

在数字9到11之间，你最有可能猜到什么数了？为什么？

47 切10刀的西瓜

把一个西瓜切10刀，你能知道最多、最少各能切成多少块吗？

48 必胜之道

　　甲乙二人一起玩移动棋子的游戏，桌子上共1111个空格排成一行，最左端空格里放有一枚棋子，甲先乙后轮流向右移动棋子，每次移动1～7格，将棋子移动到最后一格的人输。甲为了获胜，第一步必须向右移动多少格？

49 字迹怎么消失了

　　亮亮的书桌上放着两盏台灯，一只是绿灯泡，一只是红灯泡。有一天放学回家，他拿着绿铅笔在白纸上写道："弟弟，今晚8点到姥姥家来，我和妈妈在那边等你。"但8点过去了，弟弟还是没有来，他只好自己回家去看。回到家里却看见弟弟正坐在绿灯下看书，他按亮红灯问弟弟："你看见纸条了吗？"弟弟拿起纸条却说："真奇怪，刚才纸条上没有字呀！"弟弟为什么看不见纸条上的字？

50 龟兔100米赛跑

　　龟兔赛跑，小白兔因为骄傲自满，在半路上睡起了大觉，结果让乌龟跑赢了。小白兔耍赖不认输，要与乌龟进行100米赛跑，乌龟只好点头。小白兔再也不敢睡觉了，一口气就跑到了终点，乌龟比小白兔落后了20米。乌龟说："三次定输赢，我们再比一次。"小白兔说："比就比，我还怕你不成？我让你20米远的地方，你在起跑线起跑。"随着小白兔和乌龟高喊"一齐跑"，它们都向终点冲去。兔子和乌龟谁先到终点？为什么？

51　捎来的奇怪信

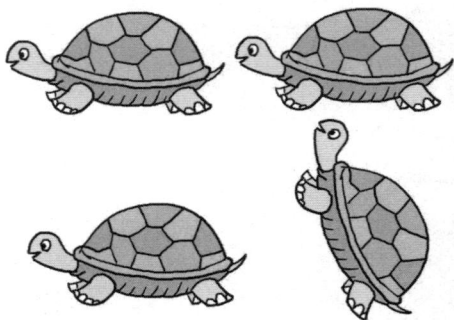

　　农妇是位目不识丁的文盲，她丈夫长期在外打工，她非常想念他，但又不会写信。于是就想了一个办法——写了一封奇怪的信，托人捎给她的丈夫。她丈夫拆开信一看，满页纸都画着排列整齐的乌龟，最后还画着一只竖着的大乌龟。当时她的丈夫很不理解，还以为老婆骂他是乌龟呢。过了几天，他才恍然大悟，卷起铺盖，回老家去了。这位农妇画着满纸的乌龟到底是什么意思？

52　巧加标点

　　李元度曾是一位江南的大才子，有位地主生了一个儿子，就请李元度作一副对联，以示庆祝喜得贵子。这个地主平时敲诈盘剥老百姓，很是可恶，李元度决定捉弄他，于是就作了一副对联：今年真好晦气全无财富进门；昨夜生下妖魔不是好子好孙。地主一看，顿时大怒，当场就要教训李元度。李元度却说："你真是有眼无珠，这本是一幅吉联！"他只在对联上打了几个标点，地主一看心中大喜，赏了李元度好些银两，连说"好文采、好文采"。

　　你知道李元度是怎样加标点的吗？

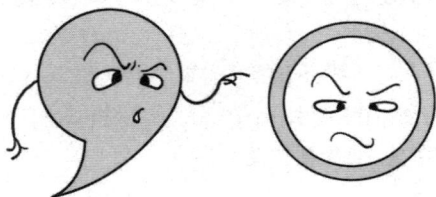

53 两人过独木桥

　　有一条小河哗哗地流着水，河上有座独木桥。从南边来了一个人推着独轮车子，上面装满了柴禾；到北边去的那个人，挑着两捆苇子。两人走得都匆匆忙忙，都要同时通过独木桥。可是两人在桥上并没有争吵，也没有推攘，就顺顺利利地过了桥。

　　请问，他们是怎么过的桥？

54 刘、关、张爬枣树

　　相传刘备、张飞和关羽相见时，三人志同道合，决定结为兄弟，共谋大业。但是三人年龄都差不多，不知该怎样排顺序。张飞乘着酒兴指着一棵枣树说："干脆我们比赛爬枣树，最先爬到树顶的为大哥，爬到中间者的为二哥，最后的那位是老弟。"刘备、关羽都同意了。

　　三人开始爬树。张飞性急，一下爬到了树顶，关羽爬到树中，刘备落在了树后。张飞满以为自己必当大哥，没想到刘备不同意，并说出了自己的观点，令张飞心服口服，结果刘备成了大哥。

　　请问：刘备说的是什么道理呢？

55 地球照不到太阳

小星总是望着天空数星星，但他怎么也数不清。他就经常缠着爸爸，要他讲关于星星的问题。爸爸看见小星对天文知识很感兴趣，就带他去参观天文台。天文台的模拟宇宙和天文望远镜让小星增长了许多天文知识，但小星还是对神秘的宇宙似懂非懂，一心想搞清宇宙的秘密。小星问爸爸："地球表面哪边照不到太阳？"你猜他爸爸是怎样回答的？

56 总共才 800 元

新春佳节，两位父亲为两个儿子发压岁钱。一位父亲给了儿子800元，另一位父亲给了儿子300元。后来，两个儿子数了数自己的钱，发现两人的钱加在一起总共才800元。这是什么原因呢？

57 10 盆鲜花摆满屋

五年级乙班组织召开元旦庆祝会。文艺委员丽丽借来10盆盛开的鲜花，但老师说每面墙至少要放3盆，可丽丽再也找不到别的鲜花了。她想，四面墙如果都要放上的话，那么一共要放12盆花才行。这可把丽丽给急坏了，幸好班上的文文想了一个办法才解决了问题。你知道文文想的是什么办法吗？

58 智取王冠

英明的国王为了考验大臣们的智慧，特意命人在皇宫中放了一块很大的地毯，地毯正中有一顶金光闪闪的王冠。国王宣布，如果谁能不踏上地毯就能拿到王冠，那就立刻被封为宰相，当然不准用其他任何工具，只能用手。

大臣们都争先恐后地伸手去拿王冠，但怎么也够不着，有些人还摔倒在地毯上，出尽洋相。这时，有一个大臣，他没有踏着地毯，却走到了王冠跟前，双手抱着了王冠。于是，这个大臣当上了宰相。那么，这个大臣是怎么拿到王冠的呢？

59 小白兔种竹笋

小公主将小白兔领到一座山上，对小白兔说："请你种10棵竹笋，种成5行，每行4棵，你能行吗？"小白兔可乐了："这道题我有办法。"

小公主说："你要设计出最新颖的种法。"

小白兔用一根树枝在地上画出了种竹笋的设计图，小公主看了连连称赞。你知道小白兔是怎么设计的吗？

60 船上卸西瓜被摔碎

　　麦克装了满满一船西瓜，准备运到河对岸的城里去卖。为了赶时间，船还没有靠岸，缆绳也没系，他就开始卸起了西瓜。麦克站在船尾把一个西瓜扔给岸上的琼斯，琼斯伸手就接着了西瓜，当麦克扔第二个西瓜时，琼斯伸着手却没有接着，西瓜掉在石卵上摔了个粉碎。难道琼斯接西瓜的技术不高明吗？

61 蚊子搞沉大型油轮

　　一艘大型油轮在太平洋上航行，当油轮航行到一个海湾时，黑压压的大片蚊子扑向油轮。甲板上黑乎乎的一层蚊子嗡嗡叫着，声音超过了油轮的轰鸣声。船员们千方百计驱赶这群蚊子，但总是难以奏效。最后，巨大的油轮竟被小小的蚊子给搞沉了。

　　你知道这是什么原因吗？

62 最佳答案

为了增强文物保护能力，法国做了一次民意调查，在一家报纸上出了一道题："假如最大的博物馆卢浮宫着火了，在这种紧急情况下只能抢出一幅画，你会抢哪一幅呢？"

答卷有千百万份，法国著名剧作家贝尔纳的答案却被评为最佳答案。

你知道贝尔纳是怎样回答的吗？

63 睡着和醒着

晶晶与妈妈一起睡觉，他总是睡不着，缠着妈妈讲故事给他听。妈妈说："每天晚上都讲故事，故事都讲完了，妈妈就给你出个思考题吧！"小晶晶点着头说："好好好，我就喜欢思考题。"妈妈说："你认真想一想，从你出生到现在，你睡着的次数和醒来的次数哪个多一些？多多少？"小晶晶想着想着，就迷迷糊糊地睡着了。你来替小晶晶回答这个问题吧。

64 盲人提灯笼

　　黄丽的邻居是一位盲人大爷，这位盲大爷有点奇怪，他经常晚上出去听戏，因为回来得晚，所以手里经常提着一盏灯笼。这位大爷是盲人，本来就看不见道路，出去时提着灯笼，有什么用呢？黄丽感到非常奇怪，岂知盲大爷的回答让黄丽佩服得五体投地，既有理又有趣。你知道盲大爷是怎样回答的吗？

65 把路标放回到了原处

　　这天晚上，陈太太发现十字路口有一个路标被什么东西破坏了。陈太太沉思片刻后，便把路标放回了原处。其实她以前并没有到过这个十字路口，这次她只是无意路过。

　　那么，陈太太既然不熟悉这里的路况，她又是根据什么做的这些呢？

66 新旧号码

田义到某部门办事领取了一个四位数的号码，因为没有及时办事，办事人员通知他重新领取一个新号码。新号码正好是原来号码的四倍，原来的号码从面倒着写正好是新号码。田义的新号码是多少？

67 为何能在同一时间到达同一点

一座山庙只有一条路可以从山上走到山下。每周一早上8点，有一个聪明的小和尚去山下化缘，周二早上8点从山脚回山上的庙里。小和尚的上下山的速度是任意的，但他每次往返总能在周一和周二的同一时间到达山路上的同一点。例如，有一次他发现星期一的9点和星期二的9点他都到了山路靠山脚的地方。

请问：小和尚为何能在同一时间到达同一点？

68 巧找白糖

三只瓶里分别装着白糖、碱面和精盐。小华说他能不用嘴尝、不用鼻子闻，只用两个手指就能分辨出哪个瓶子里装的是啥，你认为这可能吗？

69 没有铁轨的铁路

　　陈先生是一名铁路博物馆的介绍员。今天，他对参观者说："从A市到B市之间，大约有两公里的地方没有路轨。"这一段话立刻引起乘客的议论。因为行驶中的火车如果突然脱轨的话，就会造成很严重的后果。然而这段铁路自通车以来，却一直平安无事。你知道是什么原因吗？

70 狗叫不止

　　一位富翁的左右邻居各养了一只狗。而这两只狗，一入夜就狂吠不已，吵得他无法入睡。他终于忍无可忍了，就决定拿一千元作为搬迁费，要求这两家人迁走，这两位邻居都答应了下来，并且带着狗迁居他处。但到了晚上，相同的狗吠声又再度响起，这到底是怎么一回事呢？

71 正确的意见

　　两个技术员需要一个最多能称3千克的秤。他们手边只有两个一模一样的弹簧。每个弹簧只能称1.5千克的东西。他们决定用这两个弹簧代替秤来称东西。可是他们意见不一致：一个人主张把两个弹簧叠起来（如图），另一个人主张把两弹簧并排地放着称（如图）。到底哪一个的意见才正确？

72 水位会升高吗

有一艘玩具小艇，载着几颗铁弹放在一只盛满水的大脸盆里。当把小艇上的铁弹全部投进水里之后，请问水位是升高、降低，还是保持原状不变（注：比较铁弹未投前的水位)？

请你试一试，然后再想一想，为什么？

73 揪出偷鱼贼

从前，有一位商人在荷兰的阿姆斯特丹港口，向当地渔民购买了5000吨青鱼。为了防止丢失，他亲自监督过磅，然后又亲眼看着装上船，这才放心地起锚开航。旅途中，他派专人看守盛鱼的船舱，认为这样做就能万无一失了。当船航行几十天后，停泊在了非洲赤道附近的马加沙港，准备在那儿卖鱼脱手。谁知一过秤，却发现青鱼少了将近19吨。丢失的鱼到哪里去了？被偷是不可能的，因为轮船沿途并没有靠过岸。当时，大家都无法揭开这个秘密。那么，你能解开这个谜，揪出那个偷鱼贼吗？

74 分辨棋子

现在分别有红、白、蓝三色的三对棋子。从外表看，所有的棋子都是一模一样，但事实上，每对棋子都有一粒是比较重的（为了方便说明，以"重子"和"轻子"来表示）。

现在，给你一个天平，只许你称两次，分辨出每组的"轻子"和"重子"来，你该怎样分呢？

(75) 上楼的时间

　　唐小清住在大吉大厦的12楼。自从她知道爬楼梯可保持一个健康的身体后，便不用升降机，而是日日走楼梯。从一楼走到六楼，小清需用40秒，假设她的步速不变，那么从六楼至十二楼亦只需40秒，但事实并不如此，你知道是什么原因吗？

(76) 大鸡蛋进小瓶

　　公鸡想把一个去了壳的熟鸡蛋放入一个空牛奶瓶内，但由于蛋的直径比牛奶瓶大，便无法装入。如果用手去挤压的话，蛋当然会进入瓶中，但恐怕已经被压破了。如何使蛋完整地落入瓶中呢？

(77) 如何过关卡

　　相传有一个恶霸在山间惟一的一条交通要道上，设了5个关卡并巧立名目对过往行人进行敲诈勒索。其中有这么一条规定：凡赶带家畜者，每道关卡先扣其家畜的半数（如果所赶带的家畜数是单数，则多扣留半只），然后再退还一只。

　　一天，兄弟3个赶着5只羊准备翻山到集市上去卖。当他们从过路行人那里得知上述规定后，都很生气，又很着急。最后，聪明的大哥想了个办法，向两个弟弟嘱咐了几句话，便扬鞭赶着羊顺利地通过了5道关卡，结果是一只羊也没损失。

　　问：这兄弟3人到底是怎样赶着羊通过这条山路的？

78　几个馒头

　　王先生为了避难，便躲到防空洞中栖身。一周过后，他带来的食物就只剩下了馒头。如果他现在拿出三个馒头的话，那么，现在他手上还剩下多少个馒头呢？

79　哪只鸡蛋会碰破

　　一个人的两只手里各拿一个鸡蛋，拿一个去撞另一个。假如两只鸡蛋都是一样坚硬，大小、形状完全一样，而且都是同一部位互相碰撞，问碰破的鸡蛋会是哪一只？

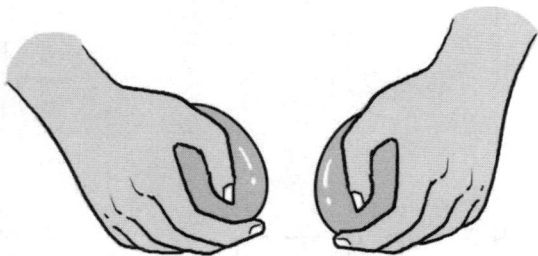

80　会砸坏肚子吗

　　一块大石头，有三四十千克重，放在一个躺着的人的肚子上，另一个人抡起铁锤，使劲砸石头，会不会把躺着的人的肚子给砸坏呢？

　　这不是什么气功，而是一个物理学上的问题。请你先好好想一想，再看答案。

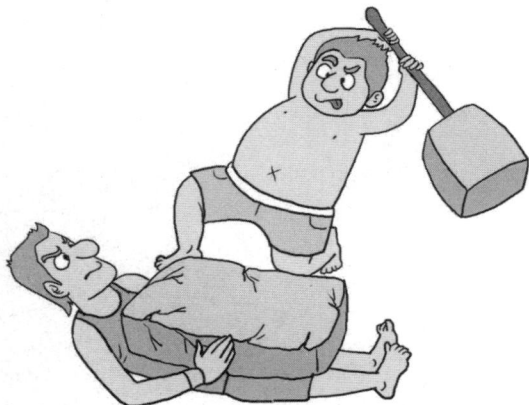

81 谁先发觉

有两座高山，中间相隔500多米。有一天晚上，在第一座高山的山顶上有3个人；一个瞎子、一个聋子、还有一个虽然不瞎不聋，可是因为太疲倦，所以躺在地上睡着了的人，因此，既看不见，也听不见。

夜里非常安静，忽然，在第二座高山上有人向这边放了一枪，瞎子马上听见了"砰"的枪声；聋子虽然听不见，可是却看到了枪口上的火光；而那个睡着的人呢，他也发觉了，原来那颗枪弹恰巧擦着他的鼻尖飞过去。

当然，他们3人都发现有人放过枪来，可是你能说出是谁最先发觉的吗？

82 谁先返回

两个水上运动健儿在划船训练时进行比赛：一个在河里先顺流划，一个在河旁的一个平静的湖里划，两个人划的路程是一样的。假如在全部时间内两个划船的运动员所用力气完全一样。那么，谁会先回到出发点呢？

83 能晒黑吗

有一次方方想把皮肤晒黑一点。她脱下衬衫，坐在屋里的玻璃窗前，炎热的阳光穿过玻璃，照射在她身上。可奇怪的是她坐了半天却一点效果也没有，这到底是为什么呢？

84 哪堆火先灭

同样大小的两堆干柴燃烧着，一人用一桶冷水去浇，另一人用一桶开水去浇，冷水和开水的用量是相同的。你看，哪一堆火先灭？

85 巧调饮料

有两只容量一样大小的瓶子，甲瓶里装满了牛奶，乙瓶里装满了可可。

现在，一位顾客要求，把两只瓶里的饮料，调配成牛奶和可可各一半的混合饮料。但是，旁边只有三只一样大小的杯子，而且杯子的容量，恰巧是瓶子的三分之一。聪明的招待员并没被难倒，一会儿就利用这三只空杯满足了顾客的要求。

你知道他是如何调配的吗？

86 一句话定真假

地球上，有许多奇怪的地方，尼伯市就是其中之一。这个市分为南北两区：南区的居民很爱说谎；北区的居民十分诚实。

一天，一位游客在这座城市迷了路，他本想向别人问路，但又害怕问到的人是南区居民。后来，他终于想到可以确定路人身份的一句话，你知道是哪一句话吗？

87 哪种最省力

同一匹马，一：让马驮两袋麦；二：拉两轮车、两袋麦和一个人；三：拉四轮车、两袋麦和一个人。请问，哪种方式马最省力？为什么？

88 添一个字

在"不，仁，王，O，吾"的"O"位置，应当填写"东，南，西，北，中"的哪个字？

89 哪里出错了

程控专家发明了一个可以在简单操控下穿过马路（不是单行线）的机器人。一日，专家命令机器人去马路对面，并给他输入了"25m内是否有车辆"的命令。以便于机器人能安全过马路。可谁知机器人在穿越马路过程中竟花了将近6个小时。这时，专家才意识到在给机器人输入程序时犯了一个严重的错误。

请问：专家究竟是哪里出错了？

90　老猴子出的是什么主意

　　两只小兔子大肥和二肥分蘑菇。它俩都不想少要，便争吵起来。于是，森林中最聪明的老猴子给它们出了一个奇怪的主意，它们拿着自己的蘑菇，高高兴兴地回去了。
　　请问：老猴子给他们出的是什么主意？

91　禁闭在何处

　　一个谍报员来到夏威夷度假。这天，他在下榻的宾馆洗澡，足足泡了20分钟，才拔掉澡盆的塞子。盆里的水位下降，在排水口处形成旋涡。漂浮在水面上的两根头发，在漩涡里好像钟表的两个指针一样，由左向右旋转着被吸进下水道里。

　　从浴室出来，他边用浴巾擦身，边喝着服务员送来的香槟酒，突然感到一阵头晕，随之就困倦起来。这时他发现香槟酒里放了麻醉药，但为时已晚。很快，他失去了知觉。

　　不知睡了多长时间，他猛地清醒过来，发觉自己被换上了睡衣躺在床上。床铺和房间的样子也完全变了样儿。他从床上跳下地去找自己的衣服，但怎么找也找不到，除了一件肥大的新睡衣挂在椅背上就什么也没有了。

　　"我这是在哪里呀?"

　　写字台上放着一张纸，上面写着："我们的一位工作人员在贵国被捕，想用你去交换。现在正在交涉之中，很快就会得到答复。望你耐心等待，不准走出房间。吃的、用的房间内一应俱全。"

　　他立刻思索起来。最近，本国情报总部的确秘密逮捕了几个敌方的间谍。其中与自己能对等交换的只有两个人，一个是加拿大的，另一个是新西兰的。那么，自己现在是在加拿大还是新西兰呢?

　　房间和浴室一样都没有窗户，温度及湿度是靠空调控制的。他甚至无法分辨是白天还是黑夜，真像置身于宇宙飞船的密封舱里一样。

　　饭后，他走进浴室，泡了好长时间，身体都泡得松软了。他拔掉塞子看着水位下降，见掉落的胸毛打着旋儿由右向左逆时针旋转着被吸进下水道。他突然嘀咕道："噢，明白了。"

　　你知道这个人被监禁在什么地方?

92 一条狗

一天，著名警官梅格雷在郊外办案时，看到一个长相凶恶的男人从一座房子的后门走出来，他感到十分可疑便大声说："喂，请等一下。看你鬼鬼祟祟的模样，肯定是干了不光彩的事吧？"

那人一惊，回道："我是这房子的主人，你别胡说八道。"

这时一条狗从后面跑了出来，站在那人的脚边，虎视眈眈地瞧着梅格雷。

那人摸着狗的头说："玛丽是我们家的看门狗。别看它是条雌狗，可比雄狗还要凶。怎么样，你可以消除对我的怀疑了吧？"

这时，这条狗又对着梅格雷警官吠叫起来。那人喝道："玛丽，快闭嘴。"狗就乖乖地闭上嘴，跑到一旁抬起脚撒起尿来。

梅格雷警官一看，冷冷地瞧了瞧那人，说："喂，看来没错，你就是小偷！"说完，就逮捕了那个男人。

试问，梅格雷警官凭什么断定那人是小偷呢？

93 手辨颜色

在伊拉克首都巴格达大街尽头的一个小货摊前面，摆着许多精致光滑的罐子，有白色的，有黑色的。温暖的阳光洒在上面，闪闪烁烁，光彩照人，货主不停地吆喝着，招揽来往的行人。

有位盲人，听到喊声走过去，向货主说："我想买个罐子，不知道是什么样的？"货主忙作了一番介绍。然后说："先生，这是巴格达最好的罐子，我不欺骗你——骗人会受到真主惩罚的！买一个吧，几十个罐子，卖得就剩这几个了。"说着连连敲打着罐子，发出清脆的响声。

盲人又问："你的罐子是什么颜色的？""四个白的，一个黑的，一共五个。"货主说："白的两元一个，黑的三元一个。别看黑的贵，一分钱一分货，黑的结实，耐用。"

"那就买一个黑的吧。"盲人说着，掏出钱付给货主。

奸诈的货主收下钱，眼珠骨碌一转，把一只白罐子给了盲人。

盲人接过罐子，上下摸了个遍，又伸手摸其余四个。摸过后，盲人突然高声喊道："你这个狡猾的商人，为什么要欺骗一位双目失明的人？"

试问，盲人怎么知道自己被骗了呢？

94 坐在炸药桶上

　　普特南（1718~1790），美国独立革命时的重要将领之一。早年参加法国与印度之间的战争。在法印战争期间，一位英国少将向普特南提出决斗。普特南知道对方的实力和经验，如果真的干起来，自己取胜的机会很小。于是他邀请这位英国少将到他们的帐篷里采取另一种决斗方式：两个人都坐在一个很小的炸药桶上，每个炸药桶里都有根烧得很慢的导火线，谁先移动身体就算输。

　　在导火线燃烧时，英国少将显得极度不安，而普特南则悠然地抽着烟斗。

　　看到旁观者都纷纷走出帐篷，少将再也坚持不住，从小桶上跳了起来，承认自己输了。

　　这时，普特南说了一句话，把少将气得要死。

　　试问，他说了什么呢？

95 当车

　　某人驾了一辆劳斯莱斯名车到了B城，他跑进一家当铺，问当铺老板："我要当20块钱。"

　　"你用什么来当？"当铺老板问。

　　这人指着停在外面的那辆车："这是车子的证书和钥匙。"

　　三天之后，他跑去了当铺，交回20块钱，另交了5块钱作为利息。

　　当他走出门口时，当铺老板忍不住问道："你们这种有钱人，难道还缺20块钱？"

　　那人回答以后，使老板啼笑皆非。

　　试问，那人是怎样回答的呢？

96　假如这是一枚炸弹

一位海军将官在舰上散步，他为了考验一下正在值班的新兵在紧急情况下的应变能力，于是就对着值班士兵说："值班官！"他随手把自己戴着的帽子脱下放在甲板上说："假如这是一枚炸弹，你该如何处理？"

试问，你知道这事该如何处理吗？

97　人数固定的村落

埃及有一个名叫乌姆·萨菲尔的小村庄，村民至今过着与世隔绝的氏族生活。这里没有买卖和交易，所有产品都是按数量平均分配给全村成员，也不存在盗窃和其他犯罪行为。这个村落的人认为，他们之所以能过着安闲自在的生活，秘密在于一个幸运的数字——147。这个村落自古以来一直保持着147口人，而且永远不变。

试问，他们怎么能做到这一点的呢？你能说说吗？

98　捕鸟师

一天下午，有个捕鸟师悄悄地张开罗网，撒下食饵，躲进芦苇丛中。一会儿，成群的大雁和各种鸟雀都飞来抢食。捕鸟师一拉绳，呼啦啦，所有的鸟都被网扣住了，捕鸟师正要上前捉鸟，忽然，整个罗网扑腾腾地朝前跳动起来。捕鸟师紧追几步，罗网竟然腾空而起。原来，其中两只大鸟张开翅膀向上飞去，其余的鸟雀也跟着奋力腾飞，连网一起上了天空。

捕鸟师抬头望着罗网，紧紧追赶，越过田野和村镇。行人见了，嘲笑他说："真是个大傻瓜，鸟在天上飞，凭你两条腿，怎能追得上？"

捕鸟师毫不理睬，仍全力向前追。

试问，捕鸟师能追上鸟吗？

99　不是塔

1959年暑假，北京一位姓王的同学，考取了苏州大学中文系，在从苏州火车站乘公共汽车到观前街的途中，他发现前方左侧高高地耸立着一座塔。这时，在他右边的座位上有两位苏州大嫂正在轻声交谈，他便用普通话问道："同志，请问那是什么塔？"她们异口同声地回答："那不是塔"。这可把他弄懵了：明明是座塔，怎么"不是塔"？恐怕是有意捉弄我这个外来人吧？

后来，他到学校报道上课，闲暇时与苏州同学谈及此事，才弄明白了明明是塔却"不是塔"的原因。

你知道这是什么原因吗？

100 各走一千米

有一个勘探队从某一个地点开始出发，依次向南、向东、向北各走了一千米，结果又回到了原点。

请问，这是为什么？

101 苹果皮

你会削苹果吗？如果把苹果皮按一定宽度连续削下来，平放在桌面上，应该是什么形状的？注意，苹果皮不能断，一定要先练习一下刀功。

102 一笔成功

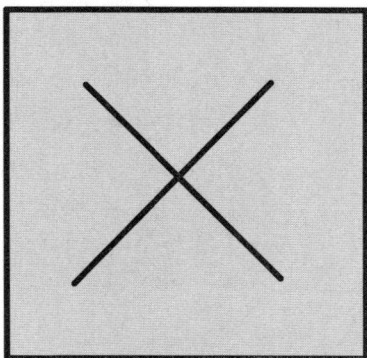

你能一笔连续画出图中的图形吗？要求线条不可以在任何地方交叉。

103 出入眼科医院

有一个人胃有毛病，但是，却总看到他出入眼科医院，你能猜出这是为什么吗？

104 看到什么影像

一个人站在两块相对排放着的立镜中间，就会照出一连串很多的影像。那么，假设有一间小屋，屋内上下、左右、前后都铺满了无缝隙的镜片，请问：当有个芭蕾舞演员走进这间小屋时，她能看到什么样的影像呢？

105 布中取硬币

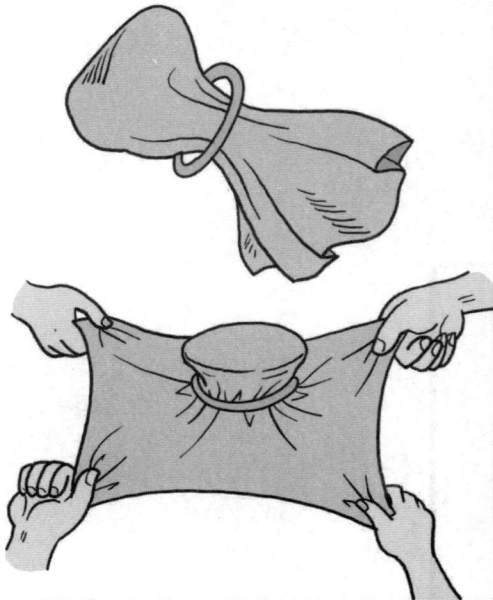

有1个硬币、1块方布和1个内径比硬币直径还小的戒指。我们用布包上硬币，再把布角从金属环里穿出来，然后由两个人拉住布的四角。在这种状态下，既不弄坏或剪开布、圆环，又不放开手，你能把硬币从布里取出来吗？

106 一次解绳结

　　拿一根绳，在这根绳上结3个或5个结。要把这几个结同时一次解开，不得解第二次。请你想一想该怎样解？

107 到底是星期几

　　三天前是星期五的前一天，你能马上告诉我后天是星期几吗？

108 厨师量醋

　　有位厨师在配菜时，需要量出40克的醋，但他手里只有一个可以量50克和一个可以量30克的杯子，他可以用这两个杯子量出40克的醋来吗？

109 圆形的下水道井盖

　　一天，4位博士在大街上看到一些工人在安装下水管道。有个工人向他们提出这样的问题："下水道的井盖一般都做成圆形的，为什么？"4位博士的回答是："这样制作起来比较容易，也方便运输和移动。"可工人说还有别的原因。这一下可真把4位博士给难住了。快来帮这4位博士解围吧！

110 九人怎样守十屋

　　现有九个人看守家里的十个屋子，要求每个屋子不能缺人。
　　请问：应该怎么样分配人和屋子？

111 镜中的影子

　　我这里有一道很有趣的问题：为什么人在镜子中的影像可以左右颠倒，却不能上下颠倒？

112 怎么切蛋糕

　　把一块蛋糕切成均匀的八块，要求只切三刀。你会切吗？

113 巧妙主持

如果你去参加一个晚会，要你做一个互动游戏。主持人对来宾说："请各位完全模仿我的动作。"如果你是主持人，设计一个其他人都无法模仿的动作。那么你会从举头、举手、立定跳、先闭上眼睛，然后睁开眼睛这几个动作中，选择哪一个才会让其他人都无法模仿呢？

114 想想瓶子的重量

小胖对妈妈商店里的秤很感兴趣。于是，妈妈拿出来一个装有糖果的玻璃瓶，对小胖说："你想一下，假如把一只鸟放到这个瓶子中，盖上盖子。鸟在瓶子里飞动时和停在瓶子底部时，瓶子的重量会有变化吗？"

小胖想了很久，认为当小鸟停在瓶底时，瓶子会显得重一些。你也动脑筋想想，小胖这样说对吗？

115 画中的物变了

有一个特制的"画框"，乍看起来是一个一般的画框，可是到了第二天，画框内的风景并没有变化，但原来画上的一对男女却看不见了。为什么会这样呢？

116 新房闹"鬼"

不久前，贵州省都匀市某厂工人李某和女工莫某喜结良缘。新房、会客室等布置得喜气洋洋。美丽的玉丁香、洋绣球，散发出一股诱人的清香，给新房增添了温馨的蜜意。

新婚之夜，热闹非凡。晚上，亲朋好友们喝罢喜酒，闹完洞房，就各自回家休息了。新婚夫妻正欲欢度美好的婚夜，突然新娘发了哮喘病——烦闷、咳嗽、皮肤奇痒，痛苦万分，弄得新郎手足无措。父母和几位未走的亲戚知道后，有的说，喜结良缘，没有去敬"石军长"（当地附近的土地庙菩萨），莫非是它暗吹"妖风"，把新娘作弄得如此狼狈？新郎是个高中生，不相信有"鬼"作怪。次日，新郎送新娘看病后，让其回娘家呆了两天，新娘恢复了健康。说也奇怪，新娘返回新房后，却又旧病复发。正在新郎心慌意乱，束手无策之时，当地饮食服务公司医务室草药医生胡云松路过，详细问过病情后，起身观看了新房各个角落，随后哈哈大笑，风趣地说："我把'鬼'给你捉住了。"

试问，"鬼"是什么呢?

117 6198

6198

一位正在穿行人行横道的男子，被突如其来的一辆车撞倒。肇事汽车停都未停便逃之夭夭。被撞的人气息奄奄，在被送往医院途中，只说了逃跑汽车的车号是"6198"，便断气了。

警察马上找到了该牌号的车辆，但该车驾驶员有确切的不在现场的证据，而且这辆车在案发前就坏了并送到了修理厂。

如此说来，嫌疑人的车牌号不是"6198"。然而，聪明的警察很快便抓到了真正的肇事车主。

你知道这是为什么吗?

118 白纸条

猜谜晚会快要结束了，悬挂着的使人眼花缭乱的一条条谜语，都被人一一猜中了，最后只剩下三张没有写字的白纸条。工作人员说："这三张白纸条，是一句成语，谁能猜中?"

人们立刻围过来，开始苦思苦想，可谁也答不上来。过了好一会儿，突然一个人走上去，伸手撕下这三张白纸条，转身到领奖处领奖去了。工作人员笑着说："他猜中了。"

请问，这个人猜中的是哪一条成语呢?

119 看电影

晚饭后，大杂院里放电影。小赵只顾在屋里看书，把这事全忘了。不爱看电影的妻子忽然想到电影早已开映，便问他："你怎么不去看?"小赵这才如梦初醒，忙放下书走了出去。

不大一会工夫，小赵又回来了。妻子问："电影散了?"他说："没有。"妻子嗔怪地说："去那么晚，又回来这么早，看了个没头没尾，多没意思!"小赵听了忙说："这你可就说错了。我虽然去的晚回来的早，可还是看了头和尾。"妻子说他瞎说，小赵说自己绝对没有说谎。

小赵的确没有说谎，那你知道其中的奥秘吗?

120 打赌

徐阿六喜欢和别人打赌。有一次，他跟几个朋友外出郊游。路过一户财主家的门口，看见一位如花似玉的姑娘正坐在院里。这时，有个朋友说："这姑娘是财主家千金，年方十八，性格内向，是个有名的正经女子。平时很少同家人谈笑，对陌生人更是不理不睬。"接着又说："如果哪位能使她又笑又骂讲起话来，我愿为他置办一桌酒菜!"

大家都摇摇头，觉得难以办到，惟独徐阿六赌兴上来，说办法总是有的，乐意一赌。结果徐阿六真的赢了。试问，徐阿六用的是什么办法呢?

121 秋千的秘密

　　这天，爸爸带阿娇去游乐场。他对阿娇说："游乐场内有一项惊险活动，叫魔术秋千，很好玩。"

　　他们沿着阶梯走进高处的小门，只见室内横着一根坚固的钢梁，吊着许多秋千。阿娇同游客们在秋千上坐定后，工作人员就关上门。灯光暗下来，室内的物品变得模糊了。这时，服务员小姐宣布："马上要让大家做一次短期的空中旅行，请坐好。"接着，服务员小姐走出屋子，阿娇感到秋千晃动起来。渐渐地秋千摆动的幅度越来越大，啊！荡得同横梁一般高了！这时，秋千不但不减速，反而荡得更快，竟围着横梁绕了一周！阿娇觉得自己被倒挂着，头顶上的电灯像要掉到了地下。阿娇不由得抓紧了扶手，生怕跌下来。不久，秋千摆动慢了，屋里的物品也慢慢平稳下来。又过了一会儿，秋千完全停稳了，阿娇这才舒了一口气，同大伙儿一起走出屋子。

　　爸爸这时才告诉阿娇，其实不用担心，秋千始终一动没动。阿娇愣住了。

　　试问，这是怎么回事呢？

122 深夜归来

　　有个剧团招考演员，应考者纷至沓来。

　　在考试中有个即兴表演，题目是"深夜归来"。

　　一位男青年上场：他急匆匆地推门而入，靠在床上，拿起桌上的一本书，认真地看着，看了一会儿就睡觉了。

　　一位姑娘上场：她走进屋里，麻利地收拾了一下房间，然后打起毛线。她看了看表，伸个懒腰，就上床了。

　　第三位上场的男青年，他懒洋洋地跨进门槛，关上房门。一不小心，腋下夹着的一盒象棋掉在地上，棋子撒了一地。他刚要蹲下去捡，忽然打了个呵欠，回身就把电灯拉灭了。

　　导演认为这三个人中谁表演得最好呢？

123 特种锅

　　王爷几次跟他的仆人阿志斗智，但每次都是失败。他不甘心，总想找个机会把阿志难倒。

　　一天，王爷把阿志叫来说："明天，会有很重要的客人驾临本府。但客人用餐很特别，一时我又找不到合适的厨师，想叫你去做，可以吗？"

　　阿志毕恭毕敬地从命，问道："客人用的是什么膳食？"

　　王爷说："客人的膳食，既不能咸，也不能淡；既不能苦，也不能甜；既不能辣，也不能酸。咸、甜、辣、酸还都必须有点。做的时候，不能焙烤，不能烙煎；不能水煮，不能汽蒸；不能火烧，不能油炸。做出来的饮食，必须是不干不稀，不硬不软，不冷不热，不咸不淡，不香不酸。客人最喜欢的就是这样的一种膳食。"

　　阿志答应道："我可以给客人做这样的膳食。不过，常言道，'刀子再锋利，削不着把柄；人再灵巧，没有工具雕不出精品。'王爷既然要我给客人准备，那就请王爷给我准备一只特种锅吧！"

　　王爷问："什么特种锅？"

　　阿志一说出了特种锅的样子，王爷一听，张着大嘴，半天说不出一句话来。

　　试问，那是一种什么锅呢？

124 老汉捉贼

有一天，有个老汉深夜回家，快到门口时看见前面有个人影从围墙上跳了下来。他赶紧快走几步，仔细一看，原来是大家切齿痛恨的惯偷"三扣子"。

老汉想：今天我非抓住你不可。可是，他一合计，又犯了愁：我赤手空拳一个老头子，怎么能打得过一个手持凶器的小偷呢？何况，捉贼捉赃，没有赃证，捉到了也没法治他。想了片刻，老汉高兴地一拍脑门：有了！他故意低下头咳嗽几声。前面黑影一闪，躲到一棵大树背后。这一举动，老汉瞟了个一清二楚。这时老汉想了个办法，就捉住了小偷。

试问，他是怎样捉住小偷的呢？

125 缺秤砣

为了给市重点工程提供优质服务，果品公司决定派小王和小李到远郊的一个建筑工地送西瓜。两人装了一车绿皮、红瓤、黑子的"苏蜜"西瓜，带上一架小台秤出发了。一路上山路崎岖，曲曲弯弯，快中午时才到工地。

卸车时，小李发现那架小台秤除了底砣和一个1公斤砣以外，其余的砣全在颠簸的路上丢了。这样，这台秤最多只能称2公斤，可是西瓜大的就有6~7公斤，小的也有3~4公斤，怎么办呢？打听了一下，因工地坐落在半山坡上，想借吧，附近也没有。

工人们兴高采烈地来买西瓜，一听没法过秤，都很扫兴。有个小伙子出主意说："要不把西瓜切成几块，慢慢称吧？"

这时一旁有位老工人说："那又何必呢？"说着他只用了几分钟的时间，就使这台秤恢复了原来的称量。

试问，他用的是什么方法呢？

126 30分钟

星期天，小红在做作业，妈妈在蒸馒头。妈妈把馒头装进笼屉里、把脏衣服放进洗衣机以后，就要上街去买菜。临走时妈妈对小红说："再过30分钟，你把馒头拿出来。"

小红答应了，但一看家里的钟却停了，家中又没有其他的表。但小红很聪明，她没有走出屋子，照样在30分钟后把馒头拿了出来。

试问，她想的是什么办法呢？

127 过新年

从前有三个弟兄，都是好吃懒做之徒。分家之后，哪一个的日子都不好过。有一年新春佳节，别家都备足年货，欢度新年。惟有他弟兄三人少吃没穿，外债重重。因此老大门上帖了一副对联：

过一年又一年不如一年，

挖窟窿补窟窿尽是窟窿。

横额是"紧够招架"四个字。但无论如何，尚可勉强维持。老二门上也有一副对联：

欠你的有你的不昧你的，

爱咋着便咋着随便咋着。

横额为"看着办"三个字，老二已到了有借没还的地步。而老三更惨，已到了走投无路的地步。

你来给老三门上写副对联吧！

128 自吹自擂的垂钓者

有个好自吹自擂的私人侦探。

"昨天，我在池塘钓鱼，一个刺客偷偷从背后过来，正要用匕首刺我。这时，我从池塘的水面上看到了他的身影，便迅速挥起鱼竿朝后抡去，正好鱼钩勾住了那家伙的脸，那家伙嚎叫着逃走了。"

听了此话，他的朋友不相信，说道：

"即使你是个名侦探，这种事也不可能吧?"

那么，是为什么呢?

答 案

1.智者的逻辑

欧底姆斯所采用的基本手法，就是玩弄语词把戏，以混淆是非。概念是通过语词表达出来的，但二者又存在着差别，即不同的语词可以表达同一个概念，而同一个语词也可以表达不同的概念。然而，在日常生活中，常有人故意利用这种联系和区别，加以割裂或夸大，那就势必会造成语词或概念的混淆。而欧底姆斯正是利用了语词的不确定性，来混淆同一语词所具有的各种不同涵义。所以，把苏格拉底弄得昏头昏脑的。

2.巧妙的计算

分别称一下重量，最重的面积最大，最轻的面积最小。

3.撒谎的火灾

因为冷油泼在热油上，只会降温熄火，所以，张太太是在撒谎。

4.谁盗窃了现款

是图中乙作的案。因为蜡烛油滴在保险柜右侧，肯定是左撇子右手持蜡所为。

5.为什么看起来小呢

佳佳说："把几块蛋糕排放在我与平面镜之间，蛋糕与我一起照镜子的时候，我看蛋糕靠得越近，反而越小。"

6.只要哪个字

第一次去掉的是"此地"，第二次去掉的是"西瓜"，第三次去掉的是"出"，最后只下了一个"卖"字。

7.跷跷板上比跳高

东东说得对。因为丹丹用大象帮忙，大象太重，会把木制的跷跷板压断，丹丹根本就弹不起来。

8.巧妙过河

一个人把木板向河对岸伸出五尺左右，自己压住留在岸上的这一头。对岸的人就把他那边的木板搭在伸过来的木板上，从上面走过来。然后，他再替换着压住这岸的木板，这岸边的人就可以从木板上走过去了。

9.黄豆和大米该怎样倒

农民先把黄豆倒进商人的布袋，用绳子捆紧后，又把商人的布袋朝里翻过来，再倒进大米。最后，从里面解开绳子，把黄豆倒回自己的布袋里。这样，商人布袋里剩下的就是大米了。

10.住在哪个方向

强强家在城市的西边。因为中午12点，太阳正好照在强强家的门窗上，可见门朝南开。他从里面出来，面孔一定是朝南的，向右拐个弯就朝西了。走到街角上，他又向右拐了个弯，这样就朝北了，以后便走上铁路上空的天桥，就是沿着桥从南往北走。沿着在桥右面（朝东）的楼梯下桥后，他再一次向右拐了个弯（朝南），就搭上火车向右（朝西）——城市的方向驶去。所以，强强家在城市西边。

11.熊大伯买米

如果他把米平均放到两个筐里，小猴就坐不成筐了。

12.破碟子的重心

在一根线的一端拴一个螺母，用手把线的另一端轻轻捏靠在侧立的破碟子的上边，让线自然下垂，画下线所在的位置，然后换个位置再做一次，两线交叉的地方就是破碟子的重心。

13.教书先生的文约

因为原文约上没有标点，后来断案时为："无鸡，鸭也可；无鱼，肉也可；惟青菜豆腐不可，少不得学费。"

14.猫妈妈买回了什么

这些小猫说的都不对。猫妈妈买回的是一面有盒装的镜子。

15.汽车没有撞伤盲人

这是在白天。

16.交回羊，又交回了钱

仆人将羊毛剪下卖掉，将售出的钱连同1000只羊一并交给了财主。

17.等汽车开过后

妈妈教亮亮，要等汽车开过去后再过马路，而此时街上并无一辆车开过，所以，亮亮只好等在那里。

18.乘小船的秘密

两人分别处在河两岸，一个渡过去，另一个渡回来。

19.怎样分别儿子和爸爸

一个是张老师的丈夫，一个是她的哥哥或弟弟。

20.谁的儿子摔伤了

医生是这个孩子的妈妈。

21.小飞学轻功

他永远也跳不上围墙。

22.一天黑几次

那就是发生日全食的那一天。

23.锁子上哪了

因为小余在慌忙中把车锁锁到了别人的车上。

24.邮信不花钱

"小马哈"写上"查无此人"，便投回了邮筒。

25.调钟表的好办法

和尚出门前，先把寺里的挂钟上满弦使之走动，并记住当时的时间，等到回来时再根据时间计算路程所用的时间，将其一半加在从施主家里所问的时间上，就是正确的时间。

26.这个选手是怎么知道内幕的

A选手帽子上的标签可能是RRR或RRW。我们假定是RRR，那么由于标签是错的，他就可以马上推断出帽子里的另外一只兔子是白色的。

那么B选手的标签肯定是RRW（因此他也可以推测第三只兔子的颜色）。那么C选手的标签不是RWW，就是WWW，他应该可以推断他帽子里另外一只兔子的颜色（如果是WWW，就是红色，如果是RWW，就是白色）。但是题目中已经告诉了我们，他说不出第三只兔子的颜色，因此A选手标签应该不是RRR，而是RRW，也就是他的帽子里三只兔子都是红色的。

由此B选手的标签只可能是RWW，他的帽子里有两只红色兔子，一只白色兔子。如果C选手的标签是WWW，他应该知道另一只兔子的颜色，因此他的标签是RRR。D选手的标签是WWW。由此已经知道了八只兔子的颜色（五红三白），那么D选手的兔子只有可能是三白或者一红两白。由于他的标签是错的，那么他的兔子只有可能是一红两白。因此C选手人剩下的那只兔子是白色的。

27.怎样说不被处死

阿凡提的话是：上绞刑架被枪毙。无论国王对阿凡提采取哪种方式处死都不符合道理，所以无法处死阿凡提。

28.三人的关系

公安局长是老人的女儿，老人是公安局长的爸爸。

29.头像与省份

江苏省、江西省、浙江省、山东省。

30.六个字巧拼贴

"小处不可随便"

31.从哪一个门进去

该从第二个门进去。第一个门与第三个门上的话是矛盾的，因此其中必有一个是真的，这样就可推出第二个门的话肯定是假的，也就是说第二个门通厕所。

32.怎么回家

婆婆说的三五天是$3 \times 5 = 15$天，七八天是$7 + 8 = 15$天，因此三个媳妇可同去同回。

33.运动员会不会死

威尔根本就无法跳，因为他在降落过程中人是悬浮的，无法用力。

34.救了老板反得祸

保镖夜间值班做梦是失于职守，因此被解雇。

35.聪明的小牛

其实小牛什么办法也不用，因为小牛根本就没有被拴在树上。

36.玻璃上的子弹孔

左边的是先射的，因为由图中可以看右边弹孔周围裂痕无法正常扩散，都受到左边弹孔裂痕的限制。

37.小狗听不懂

不是的。因为小狗留美时训练师讲的是英语，而用他国语言命令它时，它自然不会听懂。

38.巧妙寄宝剑

小张让王刚做了一个长、宽、高各1米的大盒子，把宝剑斜放在里面就可以邮寄了。

39.成绩弄错了

原来是打字员把89打颠倒了。

40.大力士搬巨石

大力士的办法是叫工人们在巨石前挖一个大坑，然后再把巨石推入坑中填平即可。

41.认出是假画

这是一幅假画，因为正午的太阳吓得猫眼睛是眯着的。

42.赶快逃命

松鼠扔的松果打在树上的黄蜂窝上，黄蜂一出动，人就赶紧逃。

43.没有解决的问题

因为马爷爷只能看到电话来时的灯光信号，却没法听清楚电话的内容。

44.巧取爆米花

因为米比米花重，只要拿着罐子使劲摇，米就会沉到下面，而米花则会冒上来。这样就可以吃到米花了。

45.巧放鸡蛋

先往瓶里灌满水，把鸡蛋装进去之后再把水倒出来。

46.最有可能猜到的数

你的第一反应肯定是10，但是在这道题中如果x＝9，那么你的错误率将高于10%。

因此，在这道题中，猜x＝9.9将是最好的答案，猜它的错误率最高只有10，它与9相差0.9，与11相差1.1。

47.切10刀的西瓜

最多能将西瓜切1024次块，就是2的10次方。最少切11块。

48.必胜之道

第一格里已经有一枚棋子，棋子的右面只有1111－1＝1110（个）空格。甲只要始终留给乙（10＋7）＝8的倍数加1格，就可获胜。

（1111－1）÷（1＋7）＝138余6。

所以甲第一步必须移5格，还剩下1105格。以后无论乙移几格，甲下次移的格数与乙移的格数之和是8，甲就必胜。

49.字迹怎么消失了

因为用绿铅笔在白纸上写的字，在绿灯下会反射绿光，所以，就看不见纸上的绿字了。

50.龟兔100米赛跑

小白兔先跑到终点。因为小白兔跑得快，即使小白兔让给乌龟20米，但乌龟要到达终点，还是要比第一次多爬20米。小白兔同样多20米，当然会先跑到终点了。

51.捎来的奇怪信

这是谐音：龟（归）字。归、归……速归（竖龟）。

52.巧加标点

今年真好，晦气全无，财富进门；昨晚生下，妖魔不是，好子好孙。

53.两人过独木桥

南来北往，实际是向同一个方向。

54.刘、关、张爬枣树

刘备说："树是先生根，后长干，最后才长出树梢。树既然是从下往上长，岂不是越在下面的排列就越大，越在上面的排列就越小吗？"听了这话，张飞就甘心当小弟了。

55.地球照不到太阳

全都照不到太阳。因为地球不会发光，所以，地球绝对不会照到太阳。

56.总共才800元

原来，两位父亲和两个儿子是祖

父、父亲和儿子的关系。祖父给儿子（父亲）800元，父亲又从中拿出300元给儿子。因此，两个儿子的钱加在一起只有800元钱。

57.10盆鲜花摆满屋

只要把这些花在每一个角落都摆一盆，再在每一面墙的中间摆一盆，就是每面墙都有三盆花了。

58.智取王冠

他用手先将地毯卷成筒，然后走到王冠跟前，捧走了王冠。

59.小白兔种竹笋

如图：

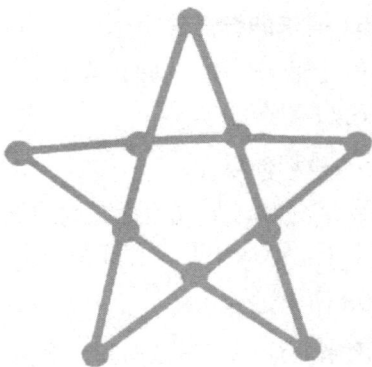

60.船上卸西瓜被摔碎

不是琼斯接西瓜的技术不高明。原来，当麦克站在船尾向岸上扔西瓜时，人会受到力的反作用，船就会离岸移开，麦克与琼斯的距离就加大了。

61.蚊子搞沉大型油轮

由于驾驶室的瞭望窗全部被蚊子遮盖，舵手不能分辨方向，致使油轮不幸触礁沉没。

62.最佳答案

贝尔纳的回答：“我抢离出口最近的那幅画。”

63.睡着和醒着

如果你出生时是睡着的，那么你睡觉的次数就多一次；如果你出生时是醒着的，那么你醒着的次数就多一次。

64.盲人提灯笼

盲大爷的回答：“我怕别人在黑暗中撞倒我。”

65.把路标放回到了原处

将路标杆放回原处是因为，上面标有陈太太刚刚去过的城镇名字的牌子就指向她来时的方向，同时，她也知道了该去的地方。

66.新旧号码

田义的新号码是：8712

67.为何能在同一时间到达同一点

分析：如果是一天早上8点，有“两个”和尚分别从山上的庙和山脚同时出发，并且只有一条路可走，你想他们是不是一定会相遇。换一种说法，就是小和尚在同一钟点到达山路上的同一地点。

回到问题，星期一和星期二都是8点出发，又是相向的走同一条路，如果能跨越时间思维的局限，星期一和星期二都8点出发看成是小和尚有分身之术——即同一天的8点分别从山上的庙和山脚出发，这样“今天的小和尚必然和昨天的自己”相遇就不难理解了。这样，就能证明小和尚能在同一钟点到达同一地点了。

68.巧找白糖

可以。只要用两个手指捻一捻，就可以凭感觉定出这三种东西，因为糖粘、盐涩、碱滑。

69.没有铁轨的铁路

由于铁具有冷缩热胀的特性，因此在铺设铁路的时候，都会在车轨之间留有空隙，好让铁轨在受热膨胀时有地方伸展，以此避免铁路弯曲，酿成意外。但是由于A与B市之间距离很远，因此铁轨之间的空隙加起来便有两公里。

70.狗叫不止

两位邻居只是互相调换了房子，这不也叫搬家吗?

71.正确的意见

第二个人的主张是正确的。因为弹簧的最大载重量并不是由它的长度和螺旋纹的圈数决定的。因为它的最大载重量并不是由它叠起来称东西，看起来长，可是它最大的载重量仍旧是1.5千克。要是按照第二个人的主张，每个弹簧能载重1.5千克，两个弹簧并排放，这样就可以承受3千克。

72.水位会升高吗

试验结果水位降低了。根据"阿基米德原理"，任何物体浮在水面上，将排去和该物体同重力的水容量。如果将物体沉入水内，则所排去的水容量仅等于该物体的体积。因为铁弹比较重，放在艇内，可以排去很多水，并可以增高水位。如果投入水内，因为它体积小，排出的水就有限，所以水位比放在艇内时要低出很多来。

73.揪出偷鱼贼

物体所受重力的大小，取决于地球对物体的吸引力。地球对同一物体的吸引力，在地球表面的不同地方，实际上是不完全相同的，它随着离地心距离的大小而改变。距离近了，吸引力就大些；距离远了，吸引力就小些。据科学计算，在两极地区物体的重力，要比赤道附近大0.53%。如果在南北极称是1千克的东西，运到赤道附近时，就只有0.9947千克了。同时，物体重力还同地球的自转速度有很大关系。在南北极，基本上不受地球旋转的影响，所以，那儿的地球引力最大；在赤道附近，受地球旋转的影响最大，地球引力就会减小。基于以上原因，那位商人将5000吨青鱼从北极附近的阿姆斯特丹运到赤道附近的马加，自然就减少19吨。因此，偷鱼贼不是别人，而是"地球引力"。

74.分辨棋子

首先，在天平的两边各放上一红一白及一蓝一白的棋子，如果是平行的话，便知道每边都是轻重各一。第二次便留下两枚白子作比较，就可以区别出哪枚白子是重子。从而也告诉你，刚取下的一个红子和蓝子，哪个是重子，哪个是轻子。

如果第一次不平衡，重的一边的白子一定是重子。记着它并把两枚白子移到一边，一红一蓝则移到另一边，从而来进行比较。这时会出现三种可能：

其一：白子那边往下沉，则红蓝二子都是轻子；

其二：两白子轻，则红蓝二子是重子；

其三：是平衡的，则一红一蓝二子中，在第一次处在沉的一边那一枚是重子，而另一枚则是轻子。

75.上楼的时间

原来由地下至六楼，实际只有五层；由六楼至十二楼，则有六层，故此需要48秒。

76.大鸡蛋进小瓶

将一根点燃着的火柴放入牛奶瓶之内，然后再把鸡蛋放在瓶口。由于物体在燃烧时会消耗氧气。因此瓶内的空气便会变稀薄，使瓶外的空气流入瓶内，而放在瓶口的鸡蛋就会被流入的空气推落瓶中。

77.如何过关卡

兄弟3人各自赶1至2只羊，分别通过关卡，所以一只羊也未损失。

78.几个馒头

王先生既然拿出三个馒头，即手上握着三个馒头。

79.哪只鸡蛋会碰破

从表面看来，两个鸡蛋所处的状况似乎是不同的，一个不动，一个在运动。其实，要讲一个物体在运动，都是相对而言，也就是说，至少要有两个物体的相对位置在变化。所以从这点来看，我们说的这两个鸡蛋是在相互接近，它们所处的运动状况是相同的。

因此，二者被碰破的可能性是一样的。

80.会砸坏肚子吗

石头受到铁锤打击，向下运动，然后才挤压肚子。石头很重，因而保持静止状态的惯性很大。同时，因为石头的面积比较大，又把力量分散了，所以那人的肚子不会被砸坏。若是压在肚子上的石头又小又轻，情形就完全不同了。铁锤砸下去，石头会猛烈冲击肚子，躺着的人一定会受伤，甚至有生命危险。

81.谁先发觉

光速每秒20万千米，子弹速度约每秒1至2千米之间，而声速为每秒1/3千米。可见最先发觉有人开枪的是聋子，其次是睡着了的人，最后是瞎子。

82.谁先返回

一百位读者中有九十九位都会说道："两人同时回来。"但事实上却不然。

在流动河水中划艇，若是顺流时，当然缺少不了气力和时间，但所缩短的时间却不是弥补在逆流时所增加的时间。所以在河里划船的运动员回到出发点要晚于在静水中划船的运动员。

83.能晒黑吗

因为太阳光中的紫外线，能晒黑皮肤，但紫外线不能透过玻璃。所以，方方坐在屋里的玻璃窗前晒不黑。

84.哪堆火先灭

用开水浇的一堆火先熄灭。开水碰着燃烧的物体，一下子就吸收了大量的热。这些热量很快就随同蒸气散发掉了。所以，开水很快就将火熄灭。冷水碰到燃烧的物体，先要吸收热量使水变热，然后才能变为气体蒸发。所以，冷水不如开水灭火快。

85.巧调饮料

把三只杯子分称为A、B、C。先把牛奶（下称甲瓶）倒满A杯和B杯，而将可可（下称乙瓶）倒满C杯。跟着把C杯的可可倒入甲瓶，再把乙瓶里的可可倒满C杯。第三步是把A杯的牛奶倒入乙瓶，然后将乙瓶的混合饮料倒满甲瓶，这时乙瓶正好还可再装两杯饮料，即B杯的牛奶和C杯的可可。这样，招待员便将两瓶饮料调配成牛奶和可可各占一半的混合饮料。

86.一句话定真假

游客只要问："你是否住在这座城？"就可知道路人的身份。如果是北区居民，他会回答："是。"；而爱说谎的南区居民则会说："不是！"

87.哪种最省力

第三种方式马最省力。驮东西是费力的，因为既要把物体举起，又要把物体带走。拉二轮车省力多了，可是还是抬着车子的一端。拉四轮车就更省力了，因为马不用花力去举起物体，只要把车子拉动就行了。

88.添一个字

应当填：西。因为前几个字中分别有一、二、三、五。

89.哪里出错了

因为专家在给机器人输入程序时，把"25m内是否有车辆"弄错了，若是车辆没有行驶却在它前方停放，这就会使它望而却步。所以专家应该把程序改为"25m内是否有正在行驶的车辆"即可。

90.老猴子出的是什么主意

现在我们不用两只兔子的名字来称呼他们，而换做A、B代表。老猴子给他们出的主意就是：兔子A先将蘑菇平均分成两份，然后由兔子B在两份中挑走其中的一份，剩下的一份就是属于兔子A的。因为蘑菇是由兔子A分的，所以在他的眼中，这两份当然是一样多的。兔子B在两份中挑选的时候，当然会挑走他认为比较大的一份。这样，两个兔子就都满意了。

91.禁闭在何处

谍报员被关在新西兰。在北半球的夏威夷宾馆里，拔下澡盆的塞子，水由左向右呈顺时针方向旋转流进下水道。在这个禁闭室，水由右向左逆时针流下去。所以，谍报员判断当地是位于南半球的新西兰。

水的旋涡受地球自转的影响。北半球水的旋涡是由左向右顺时针旋转，南半球则相反。

92.一条狗

狗抬起后腿撒尿，使梅格雷警官发现对方的真面目。因为抬后腿撒尿的狗是雄狗，显然他不是这狗的主人。狗亲近他，是因为他过去常到这户人家做客，这次他进入房子之前，又给狗吃了食物。

93.手辨颜色

原来，白罐子反射阳光，黑罐

子能吸收阳光。在阳光照射下，黑罐子晒得热乎乎的，白罐子只稍微有点热，用手一摸，就能感觉出是黑是白。

94.坐在炸药桶上

普特南对他说："这桶里装满了洋葱，不是炸药。"

95.当车

那人说："我不缺钱。我是来这里做生意的，你们城里有什么地方可用5块钱停三天车的?"

96.假如这是一枚炸弹

那位值班士兵看了一下，一言不发，一脚把那顶绣着金丝的将军帽踢进了大海。

97.人数固定的村落

原来，如有新生儿出世，同样数目的成年人就会马上离开村子，生一个，走一个；生两个，走一双，直到村子里有人死亡，总人口少于此数的时候，他们才回到村里，再凑够147人。所以他们村的人口数字永远不变。

98.捕鸟师

捕鸟师最后能追上鸟。

太阳落坡，夜幕降临，这些鸟儿都要各自回巢。有的想飞回树林，有的想翔归山崖，有的向东飞，有的向西飞，方向一乱，闹成一团，一个个精疲力竭，整个鸟网就掉落下来。捕鸟师扑上去，连网带鸟全都抓住了。

99.不是塔

那座塔叫"北寺塔"，苏州话听起来像"不是塔"。原来他错怪了那两位

大嫂。由此他想到，推广普通话是何等的重要。

100.各走一千米

因为勘探队员位于北极点上。

101.苹果皮

102.一笔成功

按照图1所示将1张纸的顶部和底部的一部分折叠，然后，画出"×"的一边，并将线画到顶部折纸上，如虚线所示，接着往回画线，返回纸张的中部并将"×"的另一边画出来，如图2所示，随后继续画线并延伸到底部折纸上，同时将线延伸到另一侧，如图3中虚线所示，最后，使线条离开折纸，并返回纸张的中部，再围绕"×"画出方框，如图4所示，这时，你就可以用一笔

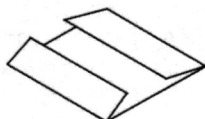
图1

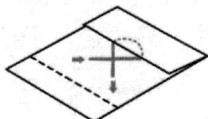
图2

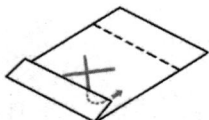
图3

图4

在线条不相互交叉的前提下画出所要求的图形了。

103.出入眼科医院

一般情况下，一个人决不会患有严重的胃病而频繁出入眼科医院的。本题中的患者这么做，最有可能的原因是：他是一名眼科医生。

104.看到什么影像

这个芭蕾舞演员什么都看不到。

因为镜子的背面是水银，而且屋子里铺满了镜子，屋中进不了光线，所以这个演员进入这样的屋子什么都看不到。

105.布中取硬币

实践是最好的解题方法，只要用手从外面轻轻抓住戒指，把布放松一些，使硬币移动到布边就可以了（如图）：

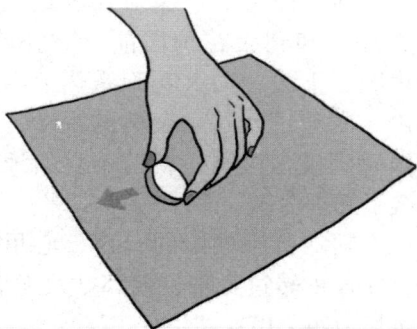

简单地做一下设想，似乎这件事无法做到，但一试就知道其实这并不难，动手做一做，很简单。

106.一次解绳结

将绳的一端穿过每一个绳圈，再拉那个穿过来的绳头，绳结就全部解开了。

107.到底是星期几

星期二。

108.厨师量醋

完全可以用50克和30克的杯子量出40克的醋。

首先量出50克的醋，再把这个杯子中的醋倒入30克的杯子中，这样就剩下20克的醋。接着，把30克杯子中的醋倒开，再把50克杯子中剩有20克的醋倒入30克的杯子中，那么，只需10克醋就可将30克的杯子倒满。最后，那个50克的杯子中就盛满了醋，把这些醋倒入盛有20克醋的30克的杯子中，当30克杯子倒满时，50克杯子中恰好剩下40克醋。

109.圆形的下水道井盖

下水道井盖是为了防止行人掉入下水道，但首先要井盖本身不掉入井盖。而不是圆形的井盖都有掉入井内的危险，只有圆形的井盖是绝对不会掉下去的。

很多物体的形状都有一定的道理，比如，铅笔制成六角形，目的是为了防止它随意滚动。想一想，生活中还有哪些类似的例子。

110.九人怎样守十屋

想这个问题时不能仅限于十个屋子，把九个人放在一个屋子里，再在这个屋子的外头做上九个小屋，这样每个屋子里就有九个人了。

111.镜中的影子

因为你与你在镜子中的影像始终是平行的，即使将镜子转成任何角度的影子都不会与之同步。

112.怎么切蛋糕

先以蛋糕为中心切个平衡的十字，再从侧面对称切一刀，就成了均匀的8块蛋糕。

113.巧妙主持

先闭上眼睛，然后再睁开眼睛。闭上眼睛肯定其他人都不知道你做的是什么动作，即使睁开眼又怎么去模仿呢？

114.想想瓶子的重量

小胖讲错了，实际上，当鸟停到瓶底时，秤的指针不会发生变化。在密封的瓶子里，鸟的重量都以压力的形式加在了瓶子上，有鸟和没有鸟的瓶子是不一样重的。所以，不管鸟在瓶子中的任何地方，重量都是一样的。

不过，只要瓶子不是密封的，飞动的小鸟就有些压力跑出了瓶外，这时候再停到瓶底时，指针就一定会发生变化。

115.画中的物变了

可以肯定这个"画框"不是真正的画框，在屋内走一圈儿，什么地方可以看见风景和人物又类似于画框呢？想到这儿，问题就豁然开朗了，把窗框当成画框，画框中的画，就是实际的风景，人物会随时变动，不受约束。

116.新房闹"鬼"

胡云松把两盆花——玉丁香、洋绣球搬出室外，开窗换气。真灵，当晚新娘的病便不治而愈。原来，新娘患的是花粉过敏症，是玉丁香、洋绣球在作怪。

117.6198

警方推断，被车撞后仰面倒地的男子，很可能将逃跑车辆的号码上下看颠倒了。

"6198"的数字倒过来看，就成了"8619"。警方按此线索调查，果然抓到了交通肇事犯。

118.白纸条

三思（撕）而后行。

119.看电影

这天共放了两部电影，小赵看了第一部的尾，第二部的头。

120.打赌

徐阿六看了看，只见姑娘正端坐在一棵大樟树下的石板凳上乘凉，对面不远处，有一条大花狗蹲坐在地上。见到这一情景，徐阿六就朝大樟树走去。

来到大樟树下，徐阿六没跟姑娘打招呼，却到大花狗面前，"扑咚"一声跪了下去，向大花狗亲热地叫了一声："爹！"。这一突然的举动，使姑娘感到极为可笑，就情不自禁地掩嘴笑了起来。

徐阿六听到姑娘的笑声，心里一喜，便连忙转过身来，朝那姑娘跪下，又亲切地叫了声："娘！"

这下可不得了！他称大花狗为爹，呼姑娘为娘，那么这姑娘岂不成了狗妻了吗？姑娘一下子从石板上跳起来，圆睁杏目，骂了声"无赖"，连忙躲进了屋。

徐阿六急忙站起身，拍了拍膝上的泥土，向朋友们挥挥手，高喊一声："喝酒去！"

121.秋千的秘密

这是一间特制的活动房屋，是房子在动，由于人眼睛的错觉，以为自己是在荡秋千。

122.深夜归来

导演认为第三个人表演得最好。因为他深刻地刻画了一个深夜归来极度疲乏的形象。

123.特种锅

阿志答道："这种锅，它不是金的，也不是银的；不是黄铜锅，也不是紫铜锅；不是钢制的锅，也不是铁铸的锅；不是锡制的，也不是陶烧的锅。一句话，不是金属制作的锅，也不是一点金银铜铁没有的；不是泥土制的锅，也不是没有一点泥土。请王爷给我弄来这样一种锅，我就能做出您说的那种特异膳食。

124.老汉捉贼

不一会儿，老汉已经走了过来，嘴里还小声咕哝着："我的混账儿子啊，你不孝顺我，嘿，我把你的录音机偷出去。对了，它已经藏在地窖里好几天了，也不知还在不在?我回家得去看看。"

小偷在树后听见了，一阵狂喜，心想：今天该我三扣子发财了！老汉在前面走，他在后面走。老汉进了家门，掀开地窖下去了，看了看，又慢腾腾地爬了上来，嘴里咕哝着："还好没被别人发现……"边说边走，进屋睡觉去了。

约摸半个时辰，小偷估计老汉已经睡熟了，就悄悄地翻墙进院，掀开地窖下去了。地窖里很黑，小偷扭亮手电筒，搜寻一番，哪里有什么录音机啊?

小偷知道上当却为时已晚，一块四四方方的石板"嘭"地一声压住了窖口。一个苍老的声音笑道："哈哈……哈哈，姜太公钓鱼，愿者上钩。今晚，我老汉就钩个鳖吧?三扣子啊，暂且委屈一下吧！老汉失陪了。"老汉又搬来两块石头压在上面，然后关照家里人看着，自己快步到乡政府报案去了。

125.缺秤砣

先把那个二斤的砣放在秤上称出重量，然后用手帕包上沙子或别的东西，称出几倍二斤的砣的重量，把它系在底砣上，就可以称西瓜了。

126.30分钟

她把洗衣机上的定时器开了30分钟。

127.过新年

老三门上的对联是：
年好过月好过日子难过；
进有门出有门借债无门。

横额是"死路一条"，已到了走投无路的地步。

128.自吹自擂的垂钓者

水面上不会有身影。

私人侦探说："刺客从背后过来时，他从水面上看到了刺客的身影，这是在撒谎。"

池塘的水面是水平的，在垂钓者的下面。池畔边的人能看到映在水面上的只能是自己前方的人。只要不是用倾斜的镜子，是映不出身后的人影的。

第五部分

侦探思维游戏

1 幽灵人

在一个深夜，警察A正在巡逻时，突然在一个漆黑巷子的转角处碰见一个戴着太阳眼镜的人。由于他的行动很怪异，所以警察A便向前去询问。而那名男子却突然抽出一把刀，向警察A的腹部刺入后逃逸。

警察A负伤追赶，并拔出腰际的手枪警告他说："不要跑！再跑我就要开枪了！"

子弹打中了他的右腿，那名男子弯了一下膝后又继续跑。警察A又开了第二枪，这次又击中了右腿腿肚子。

但那名男子仍然跛着脚继续逃跑，在转角处消失了。

几分钟以后，B巡警听到声音也赶到现场。过了不久，警车也来了，但在附近搜索，却找不到犯人的踪迹。

沿着犯人的脚印去找，也没有发现血迹。这名男子难道是没有脚的幽灵吗？

2 雪地上的证据

一个罪犯在自己家中杀人后，穿过一片积雪30厘米的小树林，将其尸体转移到邻居家正在建造中的空房内。然后，这个罪犯又顺着原路回家，并报了警。

警察赶到后，经过现场勘查后，突然厉声对罪犯呵斥道："你在说谎，你就是凶手！"

大家来猜一下，警察这样说的根据是什么？

3 把自己吊在梁上

酒吧的服务员早上来上班的时候，忽然听到顶楼传来了呼叫声。大家奔到顶楼，发现领班的腰部束了一根绳子被吊在顶梁上。

吊在顶梁上的领班对服务员说："快点把我放下来，去叫警察，我们被抢劫了。"

警察来后，领班把经过情形告诉了警察："昨夜酒吧停止营业以后，我正准备关门的时候就有两个强盗冲了进来，把钱全抢去了。然后把我带到顶楼，用绳子将我吊在梁上。"

警察对他说的话并没有怀疑，因为顶楼房里空无一人，他无法把自己吊在那么高的梁上，地上没有可以垫脚的东西。有一部梯子曾被盗贼用过，但它却放在门外。可是，警察发现这个领班被吊位置的地面有些潮湿。没过多长时间，警察就查出了这个领班就是偷盗的人。

请问：这个领班是怎样把自己吊在顶梁上的？

4 满船财宝

当了海盗的基德船长，掉转"冒险号"的航向，驶向红海。在红海狭窄的入口处有佩利姆岛。"冒险号"停靠在该岛背后隐蔽起来，伺机捕获猎物。

第三天，猎物终于出现了，是一艘两根桅杆的穆尔船。这是一条往来于印度、阿拉伯、非洲之间的伊斯兰教徒商船。

基德将全体部下集合在甲板上，宣布了自己的决定。

"今后，凡是在我们眼前出现的船都要捕获，诸位，有异议吗？"

尽管没有尽用海盗的黑话，但当船员们听懂他的意思后，立刻扬起一片欢呼，以前的不满情绪一下子烟消云散了。

"诸位，现在出现在海湾的那条穆尔船，就是我们的第一个猎物。以前我们的运气不佳，现在只要捕获眼前的这条船。我们"冒险号"就会金银成山，要想成功还要靠大家的努力！"

穆尔船见"冒险号"的桅杆挂着英国国旗，丝毫没有怀疑是海盗船，径直朝这边驶来，打算进入佩利姆港。

当对方船驶进射程之内时，船长基德立刻下令开炮，令其停船。

穆尔船发觉是海盗惊慌失措，忙用侧舷的几门大炮还击。可能是过于惊慌，6门大炮射出的炮弹都从"冒险号"的桅杆上空飞过，落到小岛的海滩上。

"哈哈哈，愚蠢的穆尔船员，好吧。让我们来教教他们怎么打炮，只瞄准甲板和桅杆，但不要把它打沉了，开炮！"

基德的命令一下，"冒险号"一齐开火。穆尔船的甲板受到重创，桅杆折断，炮弹也打光了，只好乖乖地投降了。基德船长率领全副武装的部下一齐拥到穆尔船上。

他们俘虏了全体船员并清查了船上的货物，发现都是从印度的戈亚开往阿拉伯半岛麦加，为伊斯兰教运送的货物。如此说来肯定有很多光彩夺目的金银珠宝。

可是，翻遍了船舱，却只有绸缎、香料和砂糖。他们扒光了船员的衣服进行搜身，也还是没有发现金银珠宝的影子。

"怎么会没有呢?一定是藏到什么地方了。船长，如果不说实话，就把你们全杀掉！"

基德将穆尔船长及水手长等5人倒吊在桅杆上进行拷问。

"不凑巧，这条船上没有财宝。我敢用全体船员性命担保，如果有的话，会全部献给您。没装财宝是我们双方的不幸！"穆尔船长意识到死神将至，无可奈何地说："真倒霉，遇上这么个没油水的破船！"

满心期待着赫赫战果的基德船长大失所望，无奈下只好掠夺了船上值钱的财物，然后一赌气放火烧了船。

"冒险号"为获取新的猎物又扬帆起航了。

穆尔人纷纷从燃烧的船上逃进

海里，拼死向岛上游去。可能是炸药发生爆炸，眼看船被炸毁沉没。

基德船长站在"冒险号"的船头用望远镜观察着。

"糟了，我们被那个穆尔船长给欺骗了，马上向小岛返航。"他慌忙大声命令舵手返航。

他带领全副武装的部下，乘小舢板登上海滩。那些幸存游上岸的穆尔人正好在集合，基德用枪把他们驱散后，将他们掩藏起来的财富掠夺一空。

那么财宝究竟藏到哪里了？

海盗基德是如何发现财宝的？

⑤ 抢劫大钻石

某市一个大型珠宝展览会的大厅里，人山人海，热闹非凡。一位男子走到装有一粒价值连城的钻石的玻璃柜旁，抢起锤子向柜子一敲，玻璃"哗啦"一声破裂开来，男子抢出钻石，乘乱逃去。

警察赶到现场，珠宝商哭诉道："柜子是用防盗公司制造的特别防盗玻璃制成的，别说锤子，就是子弹打上去也不会破裂呀？"

展览大厅里安装了一台监视仪，专门监视这粒巨大的钻石。但屏幕上只显示了偷盗者的手，却看不清他的脸。

经过调查，认定那些碎玻璃的确是防盗玻璃。

警方百思不得其解，于是向名探哈莱金请教。哈莱金略一思考，便根据防盗玻璃的特性指出了谁是罪犯。

试问，你知道罪犯是谁吗？

6　秘密接头

　　前田警部得到情报，一个犯罪团伙准备在百货商店秘密接头，于是便跟踪而至。

　　一个男的在商店服务台前，请求女店员为其广播找人，内容是：

　　"从东就八王子市来的山形先生，请到一楼的总服务台前，您的同伴在等您！"

　　前田警部在服务台前监视了好一阵子，但始终未见那个叫山形的"同伴"出现。实际上，在这段时间里，那个男的已和同伴接上了头。那么，到底是如何接的头呢？

7　名侦探武藏

　　夏日，艳阳高照，武藏在小河旁悠然垂钓。

　　两小时前才下过骤雨，所以河水有点混浊并暴涨。

　　这时，村里的一个小孩跑了过来。

　　"荒寺有位男子被杀了！"

　　武藏于是前往荒寺一探究竟。

　　夏草茂盛的寺内已经集满了村人，他们将尸体团团包围。一位满面胡须的男子仰面躺在崩塌的土墙旁的合欢树下，左肩被砍了一刀，伤口不小。正午的骤雨把死者的衣物全淋湿了，血痕也几乎被大雨冲掉。

　　"漂亮的衣服被割坏了，一定是技术不怎么高明的人干的！"

　　武藏感慨凶手技术太差。

"死者是谁?"

武藏询问村民。

"没见过。大概是路过的旅人吧!"

村民如此回答。

他身上并没有带钱,很可能是半路遭遇抢匪,钱全被抢走,连命也给搭上了!

"什么时候被杀的?"

群众中有人说道: "看他全身湿淋淋的,很可能是在这树下躲雨时被杀!"

但武藏看见合欢树叶表面飞散的血迹,立即断定:

"不! 他是在骤雨前被杀的。"

武藏凭什么如此推理呢?

(8) 项链失盗案

一天夜里,怪盗斯班化装成贵族青年出席了在M伯爵夫人的别墅举办的一次酒会。M伯爵夫人很喜欢狗,经常将长毛小白狗放在膝盖上抚弄着。那是条长着长毛的室内犬。今天夜里夫人也是同样兴致勃勃地抱着小狗和三位女士聊天。她们的中心话题是:演员米赛尔的那条珍珠项链,说是从前玛利·安多阿内特王妃曾用过的项链。

米赛尔将项链从脖子上摘了下来,放到桌子上向大家炫耀。但正在这时,突然停电,室内一片漆黑。就在众人惊慌之际,一分钟后,天花板的吊灯又重新亮了起来,室内恢复了光明。

可是,就在这时,米赛尔发出了刺耳的尖叫声。

"啊! 不见了,我的项链……"

放在桌上的珍珠项链不翼而飞,是停电期间被谁盗走了! 当时,斯班等一些男士在另一间房里。毋庸置疑,罪犯就是桌子周围的三位女士。

"即使互相怀疑，问题也得不到解决。我们三人还是请米赛尔小姐搜身的好，以此来证明清白。"

在M伯爵夫人提议下，三人当场让米赛尔搜身检查。然而，三人身上都没有，当然，室内找遍了，也没找到。因为窗户插着插销，不可能仅一分钟的停电空隙开窗扔到室外。如果打开窗户，不仅可以听到开窗的声音，还会吹进风来。并且，停电期间三位女士谁都没离开过桌子。

怪盗斯班却冷静地注视了这场闹剧。在米赛尔报警之前，悄悄地将M夫人叫到房间的角落处耳语几句。

"M伯爵夫人，罪犯就是你哟。你再装傻否认也无济于事，我是非常清楚的，利用停电作案，可谓精彩的表演。明天我再来取被盗的项链，如果你说个不字，我马上就去报警！"

听到斯班的这一番话，伯爵夫人脸色变得惨白。

那么，M伯爵夫人把珍珠项链藏到哪里了？

9 名画失踪案

伦敦富翁有一幅小而珍贵的名画被盗。据传，有人要挟带这幅画渡海到巴黎去。有关当局立刻行动，彻底检查每位旅客的行李。

这时，有一个女学生，在开往巴黎的火车上离奇失踪。他们共有10人，是各个学校派出来送往巴黎留学的优秀生。有人看见她进入火车站的洗手间，后来就不见踪影了。既没有跳车迹象，也没发现尸体。而她所戴的帽子和鞋子却在铁路旁被发现了。

这列火车，除了这些女学生外，另外还有三组乘客，他们都在私人车厢，一组是两个到巴黎观光的老小姐；另一组是两个中年的法国商人；最后一对是最有嫌疑的年轻夫妇。因为事关重大，所以警方重点检查了他们俩的行李，但却什么也没有发现。

第二天，失踪的女学生在伦敦被找到。她因头部受到重击而丧失记忆力。后来，富翁的名画在巴黎火车站那个失踪的女学生的书包中被发现，这是怎么一回事呢？

⑩ 谜一样的绑架者

某董事长的孙子被人绑架，绑架者向他勒索一千万来作为赎金。

绑架者以电话指定如下："把钱用布包起来后，放进皮箱。今晚十一点，放在M公园的铜像旁的椅子下面。"

为了保住爱孙的性命，董事长只能按照他们的指示，把一千万元的钞票放进箱子里，拿到铜像旁的椅子下。

到了十一点半左右，一位年轻的女性来了，她从椅子下拿了皮箱后就很快离去，完全不顾埋伏在四周的警察。

那个女的向前走了一段路后，就拦下了一辆恰好路过的计程车。而埋伏在那儿的警车，立刻就开始跟踪。

不久后，计程车就停在S车站前。那个女的提着皮箱从车上下来，警车上的两名刑警马上就跟上她。

那个女的把皮箱寄放在出租保管箱里，就空手走上了月台。其中的一位刑警留下来看守着皮箱，另一人则继续跟踪她。

但是很不凑巧，就在那个女的跳进刚驶进月台的电车后，车门就关了，于是无法再继续跟踪。

然而，那个皮箱还被锁在保管箱里，她的共犯一定会来拿。刑警们这么想着，就更加严密地看守那个皮箱。

但是，过了好久，都不见有人来拿，于是警方便觉得不太对劲，便叫负责的人把保管箱打开。当他们拿出箱子一看，里面的一千万元已经不翼而飞。

而这一千万的赎金，到底是谁拿的呢？又是怎么拿走的呢？

11　喝苦药的考验

尽管气温高达44℃，但那50名美国游客还是及时赶到了墨西哥的一个小村庄里。

"本村少年进入成年仪式现在开始！"当墨西哥导游高声宣布后，一位气喘吁吁，汗流满面的小伙子步履艰难地跑进村子，精疲力竭地倒在树荫下。几个村民马上递上冰块给他吃，替他擦汗、按摩。

导游从村长手中拿过一只水杯，对游客大声说："现在最后的考验到了，这位刚跑完40英里的小伙子必须从容地喝下这杯最苦的药水！"

说着，导游将杯子递给游客，3位游客尝后脸色骤变，于是导游大发议论，旁边的美国游人也纷纷解囊下注，与导游打赌，判定那个小伙子经不起喝苦药的考验。

哈莱金博士恰好是游客中的一员。他目不转睛的看着水杯被递给那个小伙子。

小伙子一仰脖子喝下了苦药水，甚至连眼皮都没眨一下。

"你和这些村民在此设下了一个巧妙的骗局。"哈莱金博士对导游说，"但我劝你将钱归还游客，不然我要通知警察！"

游客是怎样被骗的呢？

12 绳子是帮凶

一个深夜，住在共有十层楼的M旅馆九楼中的909号室的女人，被发现遭人勒死在屋顶上。

但经过调查，909号室的房间里，已从里面上了两道锁，而且那个女人并没有离开房间一步。

那么，凶手究竟使用什么方法，将她引诱到屋顶再予以杀害的呢？

13 不可思议的宴会

　　这是一件发生在美国的案子。某夜，一名犯人从牢中逃脱了。由于他穿着带有横条纹的囚衣，所以不敢走在大街上以避人耳目。而整个城里，警方都已布下严密的网络，道路也全被封锁。因此，这名囚犯就陷入进退不得的情形中。

　　他正在想要躲在哪里好时，突然看见前面五十公尺处，有一间大宅邸似乎正在举办宴会，明亮的灯光从窗子向外泄出。他打算偷偷地进去偷一件衣服来换，但不幸被人发现了。而令人惊讶的是，大家居然都拍着手来欢迎他。

　　于是，这名逃犯便和大家一起快乐地玩了一整晚。到宴会结束前，他才穿着别人的衣服，成功地逃走。

　　然而，这个欢迎可怕逃犯的宴会，究竟是个什么样的宴会呢？

一场不在现场的戏 14

　　在一个冬天晚上8点的时候，私家侦探朱鸿，接到老友林楷山的电话，"朱鸿，我的珠宝被盗了，你快点来，我叫司机去接你！"语气很紧张。朱鸿知道那个珠宝是人家汇钱定制的，一两天就得交货，老友怎能不心焦？大约过了两个小时，林楷山的司机到了。

　　当车子驶回公司后，已是子夜11点了。司机说："老板应该在二楼，我去请他。"

司机请朱鸿稍候，就上楼去了。没多大会儿，就听到司机喊叫声："不好了！不好了！老板自杀了！"

朱鸿大吃一惊。急忙冲上楼去，但见老友吊在天花板的铁管上，脚下踏的椅子横倒在一边。这时，朱鸿和司机把林楷山的尸体移下来。

"咦，尸体怎么是温的？"司机脸色苍白，惊讶地说道："室内的空气是冷冰冰的，而尸体却是温的！"

"你是说，林楷山在我抵达之前才自杀的？"

"嗯……从尸体看，他似乎死了不到一小时。"

朱鸿搜查死者的身上，并没有遗书，他东摸西摸，却在口袋里找到一块融化的巧克力。巧克力是锡纸包着的，朱鸿打开一看，不由把怀疑的目光投向司机："如果没猜错，你就是凶手。你在接我之前，就把他杀了，然后略施手脚，造成假象，对吗？"

"哪……哪有这回事？我接你来回3小时，如果我杀死老板，尸体应该是冰冷的，何况屋内无暖气设备，莫非你认为我刚才在楼上杀死他的吗？"

"你是用巧妙的计谋，来演了一场不在现场的戏，我不是3岁小孩，不会轻易上当！"

朱鸿是怎么识破的呢？

15 安然无恙的遗产

艺术品收藏家万斯，出于一种求知的好奇心，经常私下帮助检察机关从事疑难案件的侦查工作。

一天，一位年轻的妇女慕名来访，向他讲述了这样一件事："我伯父住在芝加哥，终身未娶。他的全部财产大约有10万美元，换成现钞和宝石，保存在芝加哥银行的租赁金库里。然后，通过邮电局把金库的钥匙寄给了我，并留下遗嘱，让我在他死后再打开金库继承遗产。上月他因病去世，料理完丧葬，我去银行，可是，打开金库，里边只放着个信封！"说着，她从手提包中拿出那个信封，递给了万斯。

这是一个极为普通的信封，上面没有写收信人姓名，只是贴着两枚陈旧的邮票，里面也没有装信。万斯把信封拿到窗前的明亮处对着太阳照看，心想：也许在这上面有用密写墨水写着遗产藏匿地点。可他还是一无所获。

万斯歪着头沉思了片刻，突然好像意识到什么，问道："您的伯父有什么特别的嗜好或古怪的性格吗？"

"我对他并不是太了解，只是在孩提时代见过几面，但据说他是个怪人，喜欢读推理小说。"

"原来如此。小姐，请放心，您的遗产安然无恙。"万斯微笑着把信封交还给她。"

那么，10万美元的遗产到底在什么地方呢？

16　口红写成的数字

　　一名刚出道的女侦探在侦查一起黑帮犯罪案时被人枪杀，胖侦探在其被杀现场发现她倒在窗户边，手里握着一支红色的口红，背后窗户玻璃上有用口红写下的歪歪斜斜的三个数字：809。在女侦探的衣服中找到一张纸条，上面写着：小心，608汤姆、906杰克、806鲁尼。胖侦探沉思了一会儿，指着纸条上其中一个人的代号说："凶手就是他！"

　　凶手是谁？胖侦探怎么判断出来的？

17 吃过柿子的男子

柿子刚就口钟声就隆隆鸣响法隆寺

这是正冈子规有名的俳句。法隆寺内池边即立此诗碑。

古都奈良，在柿子结出红色的果实时，和远眺五重塔的风景很相似。事实上，奈良县正是皇家柿子的原产地。

在一个秋日，在法隆寺附近的一处民家，一对同父异母的兄弟边吃柿子，边讨论继承父亲遗产的话题。但话不投机，说着说着竟打了起来。被哥哥推倒的弟弟，头部撞到了柱子，当场死亡。

哥哥心想，这下糟糕了。

半夜时，哥哥将弟弟的尸体藏在后车箱，送到弟弟位于奈良市的公寓。由于弟弟一个人住，而且位于一楼的角落，所以没被人瞧见。

接着，哥哥将尸体裸露，移至浴室假装其弟是在沐浴时不小心踩到肥皂滑倒，后脑部碰到浴缸边缘而死。

确定没有任何疏失之后，哥哥准备返家。但这时突然想起，在弟弟死亡前几分钟，还和他一起吃柿子。

如果警方验尸，发现胃中有未消化的柿子，一定会追究原因，到时候一定会牵扯到自己。

哥哥想起这栋公寓院子里有一棵柿子树，赶紧跑到院子一看。树上正好结了柿子，于是摘了三个。

回到室内，将柿子皮削掉，皮留在盘子上，果实用塑料袋装妥携回。桌子上还留下了柿子。

当然，水果刀及柿子皮均留下弟弟的指纹。

隔天，弟弟的尸体被发现。

解剖结果，发现胃内有食后数分钟未消化的柿子。

现场取证的刑警看了留在桌上的柿子一眼，当即笑道：

"被害人不是吃这个柿子，这是犯人做的伪装。但犯人真是粗心啊？"

他立即如此断定。

请问，那位哥哥到底什么地方露出了马脚？

18 爱鸟家之死

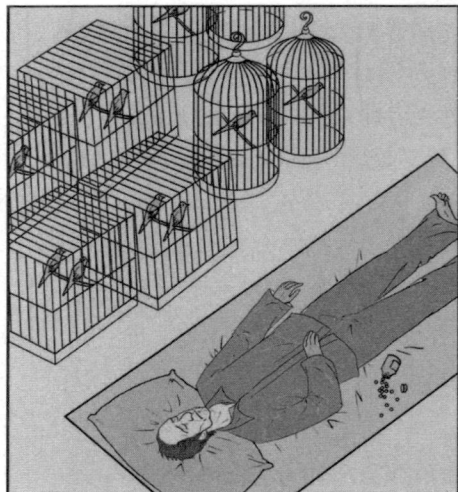

　　一位孤身老人死在杂木林深处的一幢别墅里。一天后才被发现，死因是服用了过量的安眠药。发现尸体的是死者亲戚，因为老人留下一份字迹潦草的遗书，被认定为自杀。

　　室内有很多鸟笼，小鸟不知道主人死去，都在欢快地啼叫着。

　　"这位老人三年前当了爱鸟协会会长。"发现者这么介绍说。

　　"如果那样的话，肯定是他杀，遗书也是伪造的。"刑警果断地下了结论。

　　那么，为什么呢?

19 踏雪无痕

　　漫天风雪的晚上，在城外的一家宅院内，一位女士被发现死在家中的床上。首先发现死者的是住在隔邻的单身画家。画家在下午7点左右到死者家，未料她却被人杀害了，于是利用死者家中的电话报案。

　　经过法医的检验结果，证实死者确切死亡时间是下午5点左右。

　　死者遇害那天，清早就开始下雪，约傍晚4点左右才停止，积雪达30厘米。令人奇怪的是，雪地上只有画家的脚印，而没有凶手的足迹。

　　那么雪停之后1小时，即在下午5时许，凶手施用什么诡计，才能不留痕迹地踏过茫茫雪地呢?

　　接办这件案子的探员，运用其超人的推断能力，立即迅速地侦破了此案!

20 同饮一杯酒

　　侦探博士在酒吧喝酒，恰好店主的弟弟来了。二人见面后，店主立刻调好一杯加了冰块的酒，准备与久未谋面的弟弟畅饮。

　　这对兄弟，最近为了争夺遗产问题，双方闹得不愉快。弟弟深怕哥哥会毒死他，所以拒绝了。

　　哥哥明白弟弟的意思，于是拿起酒杯来，喝了一大口，以证明酒里没有掺毒。

　　弟弟见哥哥喝了一口后，没有什么异状，于是也不便拒绝他的诚意，接过酒杯，并把剩下的酒一饮而尽。

　　就在弟弟喝下没多久，忽然大叫一声，趴在桌面暴死了，这正是中毒的迹象。

　　刚才，兄弟二人同样喝过这杯酒，为什么弟弟当场死亡，哥哥却安然无恙呢? 侦探博士深觉奇怪，然而稍微镇静后，立刻明白是怎么一回事。

　　到底哥哥施了什么毒计谋害弟弟呢?

21 大脚男人

　　著名的摔跤界高手马场先生，以穿着三十公分的大鞋子而闻名天下。而这个事件中的凶手也不差，他也是个穿着三十三公分大鞋子的男人。

　　这个凶手在将这个穿着二十三公分的鞋子的女子杀害后，为了混淆脚印，所以穿着被害者的小高跟鞋逃离现场。

　　然而，以他那么大的脚而言，绝不可能穿上那双小高跟鞋。但他究竟是怎么做到的呢?

22 与小偷斗智

一个自称"潇洒的小偷"的女盗，给银座的一流珠宝店发了一封偷窃预告信：

这几天，我就去取"人鱼之泪"啦。我想它配我的蓝色晚礼服是再合适不过的。

潇洒的小偷

"人鱼之泪"是一对镶嵌着许多绿宝石的豪华耳环，时价数亿日元。

然而，珠宝店的老板对防范潇洒的小偷早已胸有成竹。那么是什么对策呢？

23 一对经济合伙人

约翰和莫维是一对经济合伙人。这天，他俩一起去打猎，结果发生了悲剧。约翰向警署人员说，自己朝一只雄鹿开枪时，子弹击中莫维，穿进了他的左太阳穴。

死者没戴帽子，脸朝下，一只手还握着猎枪。刑事专家霍尔边查看尸体边听约翰诉说："我俩在这里转了4天，才发现这只雄鹿，它正在树丛中睡觉。这次轮到莫维先开枪，我偷偷地靠近那只鹿，以为莫维就在我身后跟着，不料，鹿有点警觉，突然立起前腿。这时莫维还没开枪，眼看着鹿就要逃走，我只能先开枪了，结果这一枪没打中鹿，却击中了莫维。我真没想到他会悄悄地溜到对面去。"

在归途的车上，霍尔对警员说："我很怀疑约翰，他可能出于某种原因谋害了合伙人。"

霍尔为什么怀疑约翰？

24　名画被盗

　　大富翁大河厘，在日本算是屈指可数的美术品收藏家，可以说他一生的最大乐趣也在于此。他甚至还在家里建起了收藏美术品的美术馆，并雇请了保安人员守护在自己的住宅内外，以防止美术品被盗。

　　尽管如此，大河厘还是收到了这样一封信。

　　"您美术馆珍藏的毕加索的名画，已被我用赝品替换。如若不信，请亲自去看！"

　　大河厘急忙赶到美术馆一看，那件毕加索的名画果真已被赝品替换。去问保安人员，他们说既没有发现可疑人物，也没人拿画外出。大河厘一气之下，让保安人员将赝品从墙上取下销毁。窃贼也一直没有捉到，那么，窃贼是如何将名画偷出去的呢？

25　雪夜作证

　　冬季的一天夜里9点多钟，在3村发生了一起杀人案。

　　那天早晨就开始下雪，一直下到晚上8点，积雪有15公分厚。

　　经过一夜的搜查，结果找出了住在邻村的一位男性嫌疑犯。当第二天早晨刑警问他昨天夜里不在现场的证据时，那位男子作了如下回答：

　　"你瞧，我是一个人过日子，没有谁能给我作证的。我昨晚一直在家，8点左右雪停了，我便烧上了洗澡水，9点左右我正舒舒服服地泡在澡盆里。我家是用木柴烧热水的，非常舒服！"

　　可是，刑警连洗澡间也没进，马上识破了这个家伙的谎言。

　　那么，你说为什么？

(26) 凶手是如何作案的

贝尔伯爵夫人，因车祸使右手骨折。于是到村里的别墅静养。但是星期五那天，她却被人谋杀了。据说那时她正在院子里看书。有人从她身后，用一条细长的绳子缠住她的脖子，把她勒死了，凶器到处也找不着，显然凶手将凶器一并带走。

现场环境，地上泥泞湿滑。伯爵夫人所坐的那张椅子，离开平台差不多有五、六尺距离，若凶手杀人时，必须接近伯爵夫人身后，才能勒她的脖子，按常理应该留有凶手的足印，实在令人感到奇怪。

那么，凶手是用何种方法，不用接近伯爵夫人而能够用绳子一类的东西，将她勒死呢？

(27) 夏夜的怪盗

夏夜，女盗梅琦潜入G博士家的庭院，准备趁机进入屋内。但过了一个小时，一楼书房的灯还依然亮着。"可恶！博士到底要看书看到什么时候？还不快去睡觉……"

梅琦有点焦躁了。

手脚被蚊虫叮得很不舒服，所以梅琦边用手挥蚊子，边喃喃自语："要是喷些防蚊液就好了。"

午夜一点左右，书房的灯终于熄灭了。

博士好像上二楼了，等到二楼卧房的灯也熄了之后，梅琦从书房的窗户溜进去，打开抽屉，拿出博士研究论文。接着，拿出照相机翻拍。

完成后将论文归位，悄悄地从窗户离去。

当然，没留下任何包含指纹在内的证据。

然而，三日后，侦探来到梅琦的住处。

"潜入G博士家偷拍博士研究论文的是你吧？"

他直截了当地问。

"才不是呢！你有什么证据？"梅琦佯装不知。

"你的血型是B型，2h阴性吧？"

"没错！那又怎么样？"

"B型，2 h阴性，两千人当中也找不到一个，非常罕见。而在G博士家的院子里发现了这种特殊血型，真是巧啊！"

听侦探这么一说，梅琦吓了一大跳。那夜在院子里，并没有受伤或流鼻血，为什么自己的血会留在院里？到底是哪里出了问题呢？

28　是牛还是马

有一天晚上，盗牛贼出现了，但不巧被牧场主人发现了。盗牛贼见形迹败露，只能落荒而逃。牧场主人骑快马追赶，没想到小偷跑得比他还快，不一会，就消失在茫茫黑夜里。牧场主人下马一看，地上尽是牛蹄印。"岂有此理，这个小偷原来是骑牛来的，难怪找不到人的脚印。啊?不对啊，他若真是骑牛来的，那我怎么会追不上呢？"

牧场主人百思不解，第二天就去请私家侦探克莱调查。

克莱循牛蹄印前行，不久折回道，"小偷是骑马逃走的。"克莱见牧场主人欲言又止，明白他心中的疑惑，于是继续道："地上虽是牛蹄印，那是因为在马脚上装上了牛蹄的缘故。"

"你又没逮到窃贼，怎么知道是马呢？"

名侦探克莱随即在口袋里，拿出一包东西，然后打开给牧场主人看，只见他看后捧腹大笑，又不断点头，表示克莱的判断十分正确。

这个纸包里，究竟是什么东西呢？

29 鞋子与色盲

　　某位女歌星被杀。检查现场发现有人来过，藏在两个鞋柜夹层的钱都被洗劫一空。奇怪的是，在红色柜里排着的全是绿鞋，而在绿色的柜里排着的全是红鞋。侦查人员认为，一定是罪犯在找钱后，把鞋子重新放回时给弄错了。

　　根据多方线索，警方将嫌疑犯阿田和阿西传来审问。警察问："你们俩谁是色盲？"阿西赶忙说："阿田有严重的色盲症。"警察一听立即明白了谁是凶手，你说这是为什么？

30 凶器在哪里

　　这是个冬春之交的早晨，早苗正要敲男友阿勇的房门，突然从屋里窜出个男的跑了出去。早苗往屋里一看，见阿勇手捂着胸卧在血泊中，不禁大声惊叫起来。

　　赶巧正在这时一队巡逻的警察追踪并逮捕了那位逃跑的男子，然而，此人并未携带类似凶器的东西，搜索了阿勇的房间及附近一带依然没有找到。阿勇是在洗澡后出浴室时，受到袭击被刺中心脏的。

　　那么，凶器到底跑到哪儿去了呢？

31 雪已经融化

有个春日，游览地越后汤泽的深山内，一具身着冬装的年轻女尸被人发现。死者吊在位于高树枝的短绳索上。

死亡大约两个月了，但尸体并未腐烂。

从她外套的口袋中找出了一封遗书。据此得知，这是一起自杀事件。问题是，距离地面有五公尺高，尸体下找不到可当作踏台之物。难道这位年轻女性特意爬上高树，绑好绳索之后上吊自杀?不太可能。

那么，到底她是怎么自杀的?

32 秋田犬的足迹

S社长的健身法之一是每天早晨上班前，带着爱犬太郎去附近的公园散步。太郎是秋田犬血统，仅靠早晨散步活动量是不够的，于是，每周请训犬师训练一次。

一天早晨，S社长带着太郎出去散步一小时后，却只见太郎独自跑回家来，夫人担心S社长出事，便到公园去看，只见在运动场中央处，S社长倒在地上死去。太阳穴渗出血迹，好像是被某种钝器击中头部似的。

因是雨后的清晨，昨晚被雨水淋过的地面清晰可见S社长的鞋印和太郎的足迹。然而令人费解的是，除此之外未发现任何足迹，非但如此，尸体旁边也没留下任何凶器。

这样的话，罪犯在不留自己足迹的情况下，如何打死S社长逃跑的呢?

③③ 贼喊捉贼的证据

在一个白雪飘飘的寒冷中午，某老板来到他年轻的情人住所这里。一进屋，不禁大吃一惊，只见她手脚被捆着绑在床上。

"到底出了什么事？"

他一边为她解绳子一边问道。

"昨晚十点左右，一个蒙面歹徒闯进来，把我捆绑之后，将你存放在我这儿的用假名字存在银行的存折抢走了。"她一边哭着一边答道。

可是老板环视了一下房内后，突然注意到了什么。

"你撒谎！是我来这儿前，你自己捆上手脚而谎称强盗来的。还是痛快地把骗去的钱给我交出来吧！"老板一眼看穿了她的把戏，那么，证据是什么呢？

③④ 破金库的天才

这是个寒冷的冬天。

女怪盗梅琦受团侦探之邀，前往他的侦探事务所拜访。进门一看，房间里有最新型的三个金库。

梅琦吓了一跳——这是型式完全一样的金库。

"梅琦小姐，很高兴你能来。您是开金库的名人，现在，不用电缆、煤气喷灯，看看你有没有办法在十分钟之内将这里的金库打开？"

团侦探向她挑战。

"三个全打开？"

梅琦问道。

"不！一个金库十分钟。"

团侦探回答。

"哦?那没什么?"

梅琦自信地回答，随即又问道:

"不过，金库里到底装着什么呢?"

团侦探说:

"里面全是空的。"

"咦……"

梅琦愣住了。

"事实上，这牌子的金库是今年春天才新上市的。那家制造公司大力宣传——'连女怪盗梅琦也绝对不可能打开!'但是，为了慎重起见，公司老板还是希望请梅琦小姐实验看看。旁边有摄像机全程拍摄。"团侦探言罢，立刻着手架设摄像机。

"没有我打不开的金库。不过，如果我能在十分钟之内打开，那又如何?"

梅琦又问道。

"公司会给你不少奖金。赶快挑战吧! 我们用沙漏计时。"

团侦探将十分钟用的沙漏置于金库上。

开始计时后，梅琦向金库挑战。

梅琦将听诊器置于金库锁上方，慢慢地转动号码，喀吱、喀吱，借着手上微弱的解感，一个个地解开数字。一分、二分、三分……沙漏毫无声息地静静落下。

"梅琦，已经过了九分钟。你只剩一分钟时间了。"

团侦探说。

梅琦斜眼边看沙漏，边集中精力于手指尖，寻找金库密码。因为是六个复杂数字组合成的密码，所以相当费工夫。"不要吵! 这种金库是新产品，所以我的手还不习惯!"

她镇定心神回答:

"OK，开了!"

她终于在沙漏全部漏完之前的一刹那打开了金库门。"太棒了! 正好十分钟。那么，现在试试第二个金库。但密码和刚才不同哟!

团侦探说着，再将沙漏倒放。

第二个金库也在限时之内开启。沙漏上方还留了一些沙。

"真不愧是超人的技艺！接下来就向最后一个金库挑战吧！"

团侦探叹道。

"相同型式的金库，开几次都一样。"

梅琦自信地说：

"可是，如果第三个金库无法在限定的时间之内开启，就得不到奖金哟！老实告诉你，奖金就放在第三个金库里面。"

团侦探用上了激将法。

"可不可以让炉火旺一点？天气好冷，手指都僵硬了！"

梅琦轻松回应。

团侦探将炉内的火燃大了些，并且靠近金库。沙漏就摆在火炉旁边。

梅琦在火炉边搓搓手，暖暖手指。

"准备好了吗？"

"OK！"

团侦探将沙漏倒放。

信号开始之后，梅琦向第三个金库挑战。

然而，这次沙子全部漏下之后，金库仍然打不开。

"梅琦，如何?已经过了十分钟啦？"

"奇怪?不可能啊……"

梅琦瞥一瞥火炉旁的沙漏，不解地问道：

"团侦探，这个金库一定动了什么手脚？"

"怎么会呢?不会这么不道德的。"

梅琦边挥汗边组合密码。

过了一分钟之后，她终于打开金库。

金库内有一个奖金袋。

"奇怪?前两次也是用同样的步骤开启的，为什么第三次比较慢呢?"

她歪着头，感到疑惑。

突然，她注意到一件事。

"差一点被你骗了?我是在限时之内打开金库门，奖金是我的了？"

"哈哈哈，被拆穿了，真不愧是女怪盗梅琦，一点也不马虎！"

团侦探将奖金交给梅琦。

那么，团侦探到底是用什么技巧骗梅琦的呢?

35 郁金香的秘密

电视演员C小姐在出外摄影旅行之时，将珠宝藏在自家卧房窗台上的植物盆栽底部。因为，若是放在保险箱中，更容易引人注目。

但是，一个春天的夜晚，C小姐正在旅行途中，女怪盗梅琦悄悄潜入，手持电筒，从庭院透过窗户往内照。

"啊！那盆郁金香有点奇怪，是假花！里面一定藏有贵重物品。"

溜进屋里后，真的从盆底找出许多珠宝。

请详细看图，推断一下，哪一个盆栽中藏有珠宝？

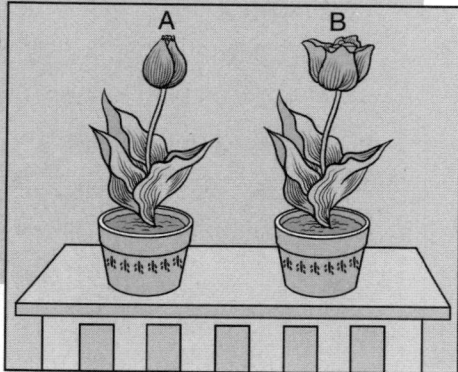

36 蚂蚁喜欢甜味

这是发生在团侦探住院时的一件事。

一个夏天的早晨，住在M医院二楼单人房的男子被发现死在病床上。不是病亡，而是被刀刺中胸部致死。

凶器刀子从窗户被抛向中庭。凶手心机深沉，并没有在刀上留下指纹，护手还用绷带卷住。不知为何，许多蚂蚁附着在刀柄上？

凶手是在半夜下手，因此推测是同院患者所为。

调查结果，有三位嫌疑者。

5号房——肠扭转患者

7号房——糖尿病患者

9号房——肾脏炎患者

团侦探一听护士这么说，立即指出：

"犯人就是这位患者。"

究竟是几号房的患者呢？

37 侦探想抓谁

侦探查里德在一家旅馆住店，他请服务员送来一份报纸和一杯咖啡。一会儿，就听到有人在外面敲门。查里德打开门时，只见一位服务员模样的人站在门口。他说："你好，先生，这是你要的早餐。"

查里德说："先生，你是不是弄错了，我没要早餐啊！我只是要了一份报纸和一杯咖啡，我这儿是321号房间。"

"哦，天啊！对不起先生，应该是327号的先生要的。打扰了，真对不起！"服务员说完后就关上门走了。

不一会儿，又有人来敲门。"请进！是给我送咖啡和报纸吧！"查里德边说边把门打开了，只见门口站着一个男人。那个男人看了一眼查里德问："先生，你在这儿干什么?"

"什么？你在说什么?"查里德有些愕然，"这是我的房间，你怎么在我房间里这样说话？你是谁?"

那个男人听完毫不示弱地说："你在我房间里干什么？你是怎么进来的?"

"327号先生，你确定这是你的房间?"查里德追问道。

"什么?"那男的诧异地看了看门牌，说道，"真的不知该说什么好，我弄错了，真抱歉，先生！"

"哦！没关系。"查里德等他出去后又关上了门。刚刚坐下，又有人敲门，"请进！"查里德嗓门有些大。

只见一个女服务员走了进来，礼貌地说道："早上好，先生。这是您要的报纸和咖啡！"

就在这时，只听门外有人喊了一声："天哪！我的钱包和钻石手链丢了！"

查里德听到叫喊声后犹豫了一下，马上冲出门去，大声叫道："快，抓住那个人！"

请问：查里德要抓谁？为什么？

38 谁是告密者

在某别墅，一位单身女子被杀。凶手是一个叫田中的人，他用刀将女子刺死后逃离了现场。被害人在断气前不知为什么连叫了好几遍："凶手是田中，凶手是田中……"由于该别墅坐落在丛林中，而且门户紧闭，喊叫声无法传到外面。所以，被害人怎么喊叫凶手的名字也没用。

次日，尸体被发现，警察勘查现场后，马上断定凶手就是田中。那么究竟是谁告的密呢？

39 根据什么来断案

一起特大盗窃黄金珠宝案发生后，警察抓了六个嫌疑分子。他们是鲍尔、达利、刘易斯、吉姆、凯特和史密斯。在审讯中，有四个人各说对了一个罪犯的名字，有一个人说的全不对。

鲍尔说："是凯特与达利作的案。"达利说："是鲍尔与吉姆作的案。"刘易斯说："是史密斯与达利作的案。"吉姆说："是刘易斯与鲍尔作的案。"凯特说："是鲍尔与史密斯作的案。"史密斯说："我什么也不知道。"

警察最后认定这起盗窃案是由鲍尔与凯特联合作的案。

请问：警察是根据什么来断案的？

40 为何断定是他杀

贝蒂死在了自己租的房间里。这个房间只有一扇窗和一扇门，而且都在里面锁上了。警官十分谨慎地弄开门，进入房间后，看到贝蒂倒在床上，中弹死了。

勘查过现场后，警官打电话给海尔丁探长，向他报告了这里的情况："今天早上第103街地铁车站那儿卖花儿的小贩打电话报警，说贝蒂在每个星期五晚上都要到他那里买13朵粉红色的玫瑰，已有10个年头了，中间未曾间断过，可这两个星期他都没去。那小贩有点担心，就给我们打了电话。初步看来，贝蒂像是先锁上了门和窗，然后坐在床上向自己开了枪。之后，他倒向了自己的右侧，而手枪也掉到了地毯上。"

海尔丁问道："那么，你看到他曾经买的那些玫瑰了吗？"

警官说："是的，探长，那些花都被他装在一个花瓶里，而花瓶放在狭窄的窗台上，花都枯萎凋谢了。此外，据我们的观察和分析，贝蒂死了至少已有8天了。"

海尔丁接着问："听着，他房间的整个地板都铺地毯了！"

警官说："当然，地毯一直铺到了离墙脚一英寸的地方。"

海尔丁说："那么你们在地板、窗台或者地毯上没有发现血迹吗？"

警官说："只有一点灰尘，没有别的东西，只在床上有点血迹。"

海尔丁探长说："这样的话，你应该派人检查一下地毯上的血迹。"海尔丁说道。"这完全不是一起自杀事件，是有人配了一把贝蒂房间的钥匙，他开门进去，打死了正站在窗边的贝蒂。之后，凶手对房间的血迹进行了打扫和清洗，再把尸体挪到床上，使人看上去像是自杀。"

请问：为什么海尔丁探长推断贝蒂是他杀而不是自杀呢？

41 追捕逃狱犯

　　以前的北海道的网走监狱，是用来专门收容重刑罪犯的牢监。它总会让人联想到，它的尽头就是地狱。但那红砖造的围墙与坚固的正门，今天却已成了观光胜地。不少观光客来到此地，都会在门前拍照留念。

　　某个初秋的夜晚，网走监狱中有个囚犯脱逃了。他以工作场中的木棒当高跷，跨越过高耸的围墙逃狱。

　　接着，穿越围墙外的空地，逃进杂树林山丘。

　　被雨打湿的地面上留下清楚的脚印。

　　于是，警察带来优秀的警犬，追踪逃犯的路线。警犬仔细嗅过空地上囚犯的足迹之后，一直循此足迹前进，进入杂树林。但追到途中，不知为什么突然停止，左顾右盼，一步也不前进。

　　逃狱犯并没有换穿别的鞋子继续逃亡，他的脚上始终是同一双鞋。那么，他如何能骗过警犬的追踪呢？

42 警察的推断

　　某天下午，一位小姐在牙医艾利斯诊所看病时遭枪击身亡。根据证人证明，推定嫌疑犯是葛运豪。经警察询问，葛运豪说从来没有听说过艾利斯医生，案发那天下午他在寓所里睡觉，警察却说有人证明是他。葛运豪怒道："我近来没去过牙医诊所，也从未见过什么艾利斯。"

　　"好的，先生，你的回答已经可以了，这就足以送你进监狱了。"警察打断了他。

　　请问：警察是根据什么推断凶手是葛运豪的？

㊸ 火柴棍之谜

　　在一家私人宅邸三楼客厅里，客人将装饰品放在桌上，但外出归来后发现其中一个戒指被盗，不知为什么却在桌上留一支火柴。房间的门上着锁，窗户开了一点儿。但三楼的房间，窃贼不可能使用这么高的梯子，也不可能从窗外进来啊！

　　实际上，同一种手段作案这已经是第三次了。前两次也是从很多宝石中只拣了一颗最便宜的，真不可思议，竟然会有如此的盗贼。每次同样在桌上留下一支火柴。

　　私人侦探开始对此奇案立案侦查，结果说明了以下几种情况：

　　（1）三次盗窃案使用同一手段，认定是同一人所为。

　　（2）作案时家属、客人及佣人全有足够的不在现场证明，没有人接近三楼客厅。

　　（3）无使用梯子破窗而入的迹象。

　　（4）为什么盗贼每次只选择一颗最便宜的宝石？

　　（5）作案时间是白天，不需要划火柴照明，物色盗品。

　　（6）现场留下的火柴棍上有用硬物夹伤的痕迹。

　　（7）秘书的房间有个鸟笼子，饲养了一只鹦鹉。

　　根据以上情况，侦探马上指出了谁是罪犯。

　　那么，罪犯是谁?现场留下的火柴究竟意味着什么?

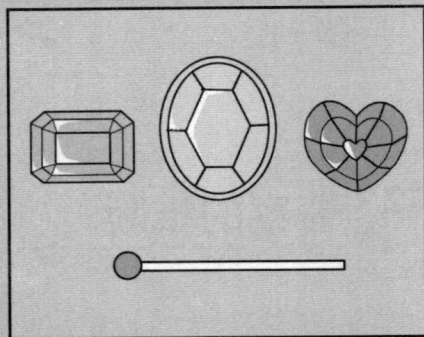

㊹ 自杀之后

　　星期日一大早，酒店服务员在酒店里发现了一个死去的学生，便立即告诉主管。服务员急急地问："我们马上报警吗?"

"不不不，我们何必给自己去惹麻烦呢？只要警察一来，这件事便会宣扬出去，对酒店的声誉大有影响！"主管阻止道。

服务员急切地问："那怎么办呢？他的尸体不能一直放在这儿啊！"

主管说："这很好办，到晚上丢在后面的公园就可以了。那里可以说是有名的自杀场所，听说昨天已经有一对情侣在那里自杀了，警察无非以为又多了一宗自杀案而已。"

到了晚上，他们两人在夜深人静的时候，悄悄将尸体抬到后面的公园里。他们在草丛中看到一张被人丢弃的报纸，便决定把尸体放在上面，然后将遗书塞入死者的口袋里，并把有毒的杯子放在尸体脚边，令人看来真像在公园自杀一样。他们做的可以说是天衣无缝，没留下丝毫与自己有关的证据。

第二天尸体被发现，经过验尸，证实死亡时间应在星期六晚上9时左右。海尔丁看过尸检结果又观察了现场，"真是有趣，是谁给警察出的这道难题？这个学生就算是自杀，但自杀地点也绝不是这里，是谁怕麻烦，将尸体迁移到此的？"

请问：海尔丁探长为什么这么说？

45 难以鉴别的血迹

探长加斯里和助手凯西一起，与走私军火的首犯巴尔肯发生枪战。巴尔肯被凯西小姐的手枪击中左腿肚后逃入密林深处。加斯里与凯西开始追击。

逃入密林的巴尔肯为了混淆视听，故意在三岔路口打伤动物，使原本一行的血迹变成两行近似交叉的并左右分道而去。

凯西小姐懊丧地说："真是一只狡猾的狐狸！到底哪一行才是逃犯的血迹？"就在她觉得无计可施时，探长加斯里却用了一个最简单的方法，鉴别出了逃犯血迹的去向，并最终将巴尔肯擒获。

请问：加斯里探长鉴别血迹的办法是什么？

46 谁是凶手

2月23日下午5点30分，在雪山上的一间客店里，登山家何之运的尸体被人发现。警察接警后除了勘验尸体外，还搜查着凶手的行踪。根据尸体的解剖，其死亡时间是在当日下午1点30分至2点30分。而且客店的老板还提供信息说："下午2点整曾和何之运通过电话。"这样一来，其死亡时间范围更缩小了。

经过多方面调查，警察最终确定了三名涉嫌者。他们也都是登山好手，和何之运同在一家登山协会。听说最近他们分别与何之运发生过激烈冲突。为了避免火爆场面出现，三人都搬到山庄去住，只留何之运一人在客店里。

三名涉嫌者分别是这样描述自己的时间的：刘现亦服务于证券公司，正午时离开小屋，沿着山路下山，5点多到达旅馆。走这段路花5小时20分算是脚程相当快的人，最快的记录是4小时40分。

洪五服务于杂志社，杨子豪工作于贸易公司，他们同时在1点30分一起离开何之运所住的客店。到一条分岔路时，洪五就用制动滑降往下滑，4点整到达山庄。杨子豪利用制动滑降一段距离后，本打算再滑雪下去，怎奈滑雪工具不全，只好走下山，到达山庄已经8点多了。杨子豪说自己在一次登山中，弄伤了腿，所以从滑雪处走到山庄行动不便，全程计算起来至少要花6小时。

杨子豪所说的自己遗失的滑板，后来在客店附近的树林中被发现了。

请问：究竟谁是凶手？

47 大蜘蛛网

一个夏日的白天，在一幢独门独院的别墅里，一单身生活的推理小说作家死在一楼的浴室里。用短刀刺伤腹部、胸部多处，并被泡在浴盆里而死的。

　　然而，作案现场却在二楼的卧室。被害人遭到罪犯袭击时，进行过激烈的抵抗。羽绒被子被撕破，白色的羽毛散乱在整个房间，血迹也四处飞溅。可能是罪犯为了在作案时间上搞鬼，才把尸体拖到浴室，泡进热水里后才逃走的。验尸的结果，推断死亡时间为前一天下午三点至夜里十点期间。所以离死亡时间有七个小时的误差，就是因为尸体被泡在浴盆的热水里而不知水温的缘故。

　　而到现场勘查的江户警部发现了院子里的树枝上挂着大大的蜘蛛网，蜘蛛网上又挂着五、六片白羽毛。那颗大树正好在杀人现场窗户下面。

　　"那些挂在蜘蛛网上的羽毛是怎么回事？大概那是个大蜘蛛网吧……"

　　警部问鉴定人员。

　　"那是羽绒被子里的羽毛。在二楼卧室遭到罪犯袭击时，大概是被害人想从窗户逃脱，打开窗户的。因此，被撕破的被子里的羽毛飞散出来，从窗户飘到外面挂到大蜘蛛网上。"

　　"发现尸体的时候，那窗子也开着的呐?"

　　"不，是关着的。可能是凶手逃走前关上的吧！"

　　"不错，这样就明确作案时间是昨天夜里。这个季节，7点钟左右日落，所以作案在7点以后。"

　　江户警部果断地断定说。

　　那么，理由何在?

48 谁是真正的凶手

达里斯探长有事上门拜访露西小姐。他按了一下门铃，没有人理会。露西的门上装的是自动锁，一旦装上，除非有钥匙，否则外人根本无法进去。达里斯感到奇怪，便请管理员把门打开。他进去一看，只见露西穿着睡衣，胸部被人刺了一刀，死在地上。经过尸检及推测，认定露西的死亡时间大约是在昨晚9点前后。

经过调查发现，昨晚9点前后有两个人来找过露西小姐，一个是她的情人，一个是她的学生。可是在对这两人进行询问时，他们都说自己按了门铃，见里面没人答应，以为露西不在家，然后就走了。

这时，探长达里斯忽然想起露西小姐的房门上有个小小的窥视窗，于是他立刻知道了谁是真正的凶手。

请问：达里斯认准了谁是凶手？

49 漏洞在哪里

很有钱的多哈利太太闲来无事，竟动起了难倒名探弋尔德的念头。这天凌晨时分，多哈利太太的男管家给弋尔德电话告急说："弋尔德先生，请您马上过来一下，多哈利夫人的珠宝被劫了！"

弋尔德迅速赶到了现场并做了勘查：两扇落地窗敞开着，凌乱的大床左边有一张茶几，上面放着一本书和两支燃剩3英寸的蜡烛，门的一侧流了一大堆烛液。此外，一条门铃拉索扔在厚厚的绿地毯上，梳妆台的一只抽屉敞开着。

多哈利太太有条有理地介绍说："昨晚我正躺在床上，借着烛光看一本侦探书，门突然被风吹开了，一股强劲的穿堂风扑面而来。于是我就拉门铃叫詹姆斯过来关门。不料就在这时，突然闯进来一个戴面罩的持枪者问我珠宝放在哪里。当他将珠宝装进衣袋时詹姆斯走了进来。他将詹姆斯用门铃的拉索捆起来，还用这玩意儿捆住了我的手脚。"她边说边拿起一条长筒丝袜。"更可恶的是，他离开时，我请他把门关上，可他只是笑笑，故意敞着门走了。可恨的家伙，足足让我吹了20分钟的凉风！"

弋尔德笑着说："多哈利夫人，请允许我向您精心安排的这一劫案和荒唐透顶的表演致意吧！"

请问：多哈利太太的漏洞在哪里？

50 侦破线索在哪里

一家公司的总经理和往常一样，替董事长斟了一杯威士忌，并偷偷地加进了毒药。事后，这位总经理这样制造了董事长自杀的样子：

（1）将事先模仿董事长的笔迹写成的遗书放在桌上。

（2）将事先准备好的铅笔放在董事长的手中，并抹去自己的指纹。

（3）将装有威士忌的杯子洗净重新倒入威士忌，并擦去指纹。

（4）事先找好证明自己不在现场的证人。

总经理感觉自己一切都做得天衣无缝。谁知警方一再调查后，便判断董事长是他杀，并很快查到了他头上。

请问：警察的侦破线索在哪里？

51 是谁杀了医生

小区医生被杀，凶手潜逃，警察们经过艰难的侦查之后，终于抓捕了两名疑凶——张三和李四，另外再加四名证人正在录口供。

第一位证人吴先生先开口了，他说："张三是清白的。"

第二位证人李小姐说："李四为人光明磊落，而且经常帮助他人，所以他不可能犯罪！"

接着，张师傅说："可以证明的是，前面两位证人的证词中，至少有一个是真的。"

最后一位证人赵太太说："我不知道张师傅有什么企图，为什么说假证词。但我可以肯定的是他说的话确实是假的！"

警察根据他们的证词，进行了详细的调查，结果证实了赵太太说的是真话。

请问：到底是谁杀了医生？

52 现金失窃案

装着3亿日元现钞现金的运输车行驶在以往的行车路线上，突然一辆轿车从旁边穿了出来，挡在运输车前面不动了，原来是发动机熄火了。

开车的是个二十四五岁的年轻女子，只见她一个劲儿地拧动钥匙，试图发动车子，可就是打不着火。运输车慌忙向后倒车，可后面传来刺耳的鸣笛声。一时间，道路堵塞，喇叭声四起，简直围困得没有立锥之地。

约摸7分钟后，那女人的车总算发动着开走了。运输车上的保安人员也如释重负地舒了口气开动了车子。

到达目的地后，保安人员将运输车后箱的门锁打开，欲取下装着3亿日元的保险箱，"糟了！装现钞的保险箱不翼而飞，出发时明明装在车上，看来只能认为是在刚才的那7分钟时间里被窃的，可是究竟是怎么被盗的呢？"

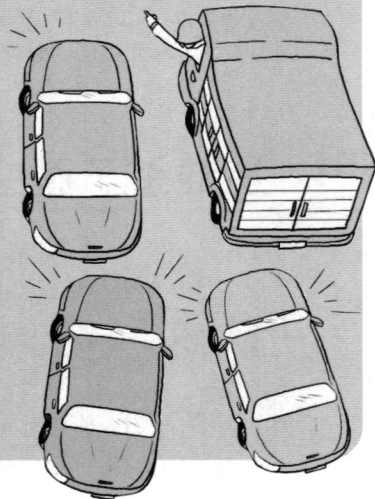

53　越狱的囚犯

囚犯萨姆被关在监狱的单人牢房，可就在一天深夜，他用线锯的细锉刀锉断窗户的铁栏杆越狱逃跑了。

在萨姆被关在单人牢房期间，从没接受过外部送来的东西，虽然他的妻子常来探监，但只是在会客室隔着窗玻璃用电话交谈，传递线锯是不可能的。而且，他在被关进单人牢房时接受过严格的搜身检查。

那么，囚犯萨姆是如何搞到线锯的呢？

监狱长在查看牢房被锉断的窗栏杆时，见窗台上有鸟粪，便看出了名堂。

54　智慧犯罪不留足迹

有一天早晨，团侦探在住宅附近的公园散步时，发现一位年轻女性仰卧死亡。她是被无护手的细长（一公尺）武术刀刺中左胸。想必在被武术刀刺中之后，还走了不到两、三步，随即毙命。

然而奇怪的是，尸体方圆二十五公尺以内，只留下被害人的高跟鞋迹，却并无犯人的足印。由于才下过雨，所以高跟鞋迹清楚地留在了柔软的地面上。公园之外是草地，所以未留足印。

刀鞘并没有遗落在其他地方。难道是被害人拿着抽出来的武术刀刺进自己的胸部自杀？不可能。

而且，他也不认为犯人会拿着二十五公尺长的棒子，绑上武术刀，刺杀被害人。

手持那么长的棒子，很容易引人注目，被害人也会注意到而逃走。

犯人使用什么技巧刺杀被害人呢？

真是怪事，连团侦探也得再三思考了。但当他注意到凶器武术刀没有护手时，立即识破犯人运用的杀人妙技了。如何推理？

55　名探法布尔

事情发生在昆虫家法布尔住进南美洲赛里尼岸村埋头执笔完成《昆虫记》全集十卷期间。

夏季的一天下午，他正在院里观察蚂蚁的生态之际，乡村派出所的巡查骑着自行车飞奔而来。

"法布尔先生，这么热的天还这么热心地研究昆虫呐？对了，您认识葡萄园主贝鲁纳先生吗？"

巡查跳下自行车，摘下帽子擦着汗水说。

"虽然没见过面，但听人们说过他。他是位钱币收藏家吧。"

"那位老爷的爱好奇特，专门收集不能再用的旧钱币，有什么趣儿呀？另外，还在书房里饲养了一只猫头鹰。那种令人讨厌的鸟哪点招人喜欢呢？可是，今天早晨，那只猫头鹰又被杀了，并且剖开了腹部。"

这位巡查坐到了树荫下，继续说了起来，他真是个能侃的警官。

"昨天晚上贝鲁纳先生家里来了一位客人，是从巴黎来的，叫丁巴罗。他也是钱币收藏家，是来让他鉴赏日本古钱币的。正当二人在书房互相谈论自己的珍藏品，互相鉴赏之际，丁巴罗发现带来的日本古钱币丢了三枚。"

"是被窃贼盗走了吧？"

"不是的，书房里只有他们二人。肯定是贝鲁纳这位老爷偷的。丁巴罗也是这么看的，但追问贝鲁纳时，贝鲁纳却当场脱光了衣服，赤裸裸地主动接受检查。当然是搜不到钱币的，在书房内搜了个遍也没有找到！"

这位警官仿佛自己当时在场一样绘声绘色地说着。

法布尔仍在埋头观察蚂蚁的队列。

"贝鲁纳偷他的时候，丁巴罗没看见吧？"

"是的，他那时正在用放大镜一个个地欣赏着贝鲁纳的珍藏品，没有任何察觉。不过，那期间贝鲁纳老爷一步也未离开过自己的书房。也没开过窗户，所以，偷去的银币不会藏到书房外面去的！"

"那么，当时他在干什么?"

"据说是在鸟笼前喂猫头鹰吃肉。这点，丁巴罗是眼睛的余光看见的，不会错的。先生，猫头鹰会吃生肉吗?""它是吃小鸟和老鼠的，可是，那银币究竟有多大?"

法布尔先生走到巡查跟前也坐了下来，看上去对这个案件也产生了兴趣。

"是长3厘米宽2厘米的长方形银币，共3枚。再能吃活物的猫头鹰，也不可能把这种东西吃进肚里的吧。再说，贝鲁纳老爷也不会自己吞进肚里藏起来呀!"

"收藏迷只要见到自己想得到的东西，是会不择手段要弄到手的。"

"可是，先生，如果将银币吞进肚子里要怎么取出来呢?又不是西瓜籽，也不会变成大便呀!只能剖开肚子取，再怎样的收藏迷也绝不会冒着剖腹的危险去偷窃的!"

"那倒也是。"

"于是，丁巴罗总觉得猫头鹰可疑，一定是那鸟吞了银币。主张剖腹查看。这样，贝鲁纳老爷却反问道：'如果杀掉它而找不到银币又怎么办?能让猫头鹰再复活吗?'"

"这可遇上难题了!"

"被他这么一说，倒使丁巴罗为难了。当夜就死了那份心，上二楼客房休息去了。但今天早晨一起床，他就决心要将那只猫头鹰剖腹。"

乡村巡查说到这儿停下来，观察法布尔的反应。而法布尔仍在埋头观察脚边草地上的螳螂。

"可是，连银币的影子也没见到。"

巡查接着又说了下去。

"贝鲁纳一定会勃然大怒的吧?"

"反而意外地平静，据说这倒以此证明了自己的清白，显示出了绅士的风度。"

"那么，是不是换了一只猫头鹰啊?"

"不，还是同一只猫头鹰。丁巴罗也很精明，在临睡之前，为了不被贝鲁纳发现，悄悄地剪短了几根羽毛。并且在今天早晨杀猫头鹰之前还对照检查过，认定没错之后才剖腹检查的。"

"真是细心呀！"

"否认了猫头鹰没有吞食之后，那么，三枚银币到底还会掉到哪儿呢？又不能认为在猫头鹰肚子里溶化……。真是不可思议。丁巴罗也无可奈何，最终还是跑到派出所报了案。所以，刚才我去贝鲁纳的住宅勘查时，也看到了猫头鹰的尸体。"

巡查说。

看来他是为了自己负责的这个案件，专门来求教于法布尔的。他想从法布尔这个生物知识渊博的先生这里得到收获。

"先生，您对这个案件是怎么想的？"

性急的巡查催促着。

法布尔抓起螳螂又抛向天空。

"回答很简单，贝鲁纳利用猫头鹰的习性巧妙地藏起银币。大概就是为此目的才饲养猫头鹰的吧！"

于是，告诉了他那个巧妙的手段。

"的确会是那样的……我马上去训斥贝鲁纳，让他把银币交出来。先生真不愧是位杰出的学者，非常感谢。"

巡查戴上警帽站起身来，跳上自行车急忙返回贝鲁纳的住宅。

那么，名侦探法布尔是如何推理的？

受伤的总是我……

56 为什么被毒蜂蛰死

一个女人死于停在路旁的车中，车内有一只大蜜蜂在嗡嗡地飞。

这是一只身上带着黄色的塞浦路斯蜜蜂，一定是毒蜂蛰住了额头致死的。但是，无论怎么毒的蜂，只被一只蛰了一下，人就会当即送命吗？

实际上，这是巧妙利用蜜蜂的杀人伎俩。那么，罪犯使用的是什么手段呢？

57 逃离危机

一天夜里，卡尔偷了一辆大卡车逃逸。这辆大卡车中满是美术珍品。

然而，在跳脱途中，卡车被卡在等高线处动弹不得了。

卡车上的货柜箱只要低个1.5公分，即可从桥下通过。但这个货柜箱是正方形，即使横放，其高度也一样。此时也无法倒车逃逸……没办法，只好弃车了？

正当卡尔决定放弃时，突然心生一计。

数分钟后，他驾驶卡车，平安通过等高线逃走。他到底使用了什么方法？

58 金块在哪里

凯鲁计划将窃取的金店地下金库的100公斤金块藏在轿车内，然后连车一起运往国外。

团侦探得知这个情报，立刻通知警方。

刑警随即赶往海港，在凯鲁的车上船前加以扣押。

"你们这是在干嘛？这部车里又没装什么？"

凯鲁抗议。

但再怎么搜，也没发现任何金块的踪影；连轮胎和座椅全都卸下来仔细检查，仍然一无所获，刑警们非常沮丧。

"看吧！连不确实的情报也能通知警方，害得各位白忙一场。哈哈哈……"

正当凯鲁发出嘲笑声时，杰明探长赶来了。他看了车子一眼之后说道：

"你们在搜哪里啊？黄金不正在你们眼前吗？"

"没有呀！"

"我们已彻彻底底搜查过了。"

刑警们纷纷叫屈。

杰明探长就告诉警方，黄金藏在何处。

"凯鲁先生！很遗憾，这些黄金全部没收。我看你得受到惩罚了。不过，由于还不确定这些金块是不是你从金店偷出来的，所以还不能定你盗窃罪。"

"可恶！只差一步就成功了……"

凯鲁很懊恼。

请问，凯鲁到底将100公斤的金块藏在车子的什么地方了？

59 悲惨的高利贷主

被称为"守财奴"的吝啬高利贷主，在某日夜里被持枪歹徒枪杀，保险柜中的巨款被洗劫一空。死者胸部挨了两枪，但更残忍的是，胃也被刀扎得乱七八糟。碎尸，是仇杀或情杀常见的案件，但这种情况大都是发生毁容、或挖去阴部。

然而，此案的凶手为何只割破了被害人的胃呢？刑警颇为不解。

如果是你，该如何解释此案之谜呢？

60 窗户疑案

在一个雪花纷飞的冬夜，一家高级公寓的608号房间的一个独身女郎被人杀死，直到第二天早上，警察才因为女郎的亲属有怀疑报了警发现了尸体。当警察走进房间时，发现室内的炉子燃烧了一整夜，热得令人冒汗，电灯也是亮的，玻璃窗虽然关着，但窗帘只拉上了半边。经推测，警察认为该女郎大约是在昨晚11点左右被人杀害的。

这桩凶杀案马上惊动了四周的邻居。住在死者窗子对面的另外一幢公寓里的一个青年向警察报告说："昨晚11点左右，我看到死者房间里有个男人，可能就是凶手。这人长着一头金发，戴着一副黑边眼镜，还留着大胡子。"

警察调查了死者的亲戚朋友以后，果然找到了一个与这个青年的描述非常吻合的男子，便要将他逮捕。可这名涉嫌者声称自己是无辜的，并且聘请梅逊律师为他辩护。

梅逊律师了解了整个案件的过程，便在法庭上问目击者：

"你敢肯定地说，那天晚上，你是透过窗户看到了凶手吗？" "当然，谁都知道，玻璃是透明的，而且窗帘又没有全都拉上，所以我十分清楚地看到了凶手的面孔，一点都不错。"听了目击者的回答后，梅逊律师立即说："小伙子，幸好我做过业余侦探。我可以肯定地说你才是真正的凶手。你在杀人后，拉开窗帘逃走，想把罪行转嫁他人，可惜你忽略了一个显而易见的事实。"

律师的根据在哪里？

答　案

1.幽灵人

因为被射中的右腿是塑胶制的假肢。假肢无论中多少枪都不会流血的。

2.雪地上的证据

警察是根据往返的脚印不同而作出判断的。因为罪犯扛着尸体时，由于重量增加，所以脚印就比较深，而返回时空手而归，脚印比较浅。警察由此断定报案者就是凶手。

3.把自己吊在梁上

他是这样做的：利用梯子把绳子的一头系在顶梁上，然后把梯子移到了门外。然后再从冷藏库里托出一块巨大的冰块带到顶楼。他立在冰块上，用绳子把自己系好，然后等时间。第二天当服务员发现他的时候，冰块已经完全融化了，这个领班就被吊在半空中。

4.满船财宝

财宝藏在炮弹里。

遭到"冒险号"的袭击时，穆尔船上的炮弹全部落在小岛的海滩上。

实际上，炮弹本身就是财宝，是用金块、银块制成的不爆炸炮弹。他们在炮弹里填满了宝石代替炸药。

因此，故意放远射程，让炮弹落在海滩上。让人看上去像在惊惶失措

的样子，好等事后再收回。

海盗基德对此感到奇怪，他想对手再怎么惊慌，也不至于如此偏离目标地乱放一气呀！他注意到了这种巧妙的手段。

5.抢劫大钻石

防盗玻璃体是难以毁坏的，但如果玻璃上有个小小的缺陷，用锤在那里一击，便会破碎。而知道这个破绽的，只能是制造防盗玻璃柜的人。

6.秘密接头

女店员是同伙。

可能性有两个。一是广播内容本身有可能是联络暗号，但这种暗号只限于通知对方，而不能进行接头。所以，答案只能是一个，即女店员是同伙，这么考虑合乎情理。

7.名侦探武藏

合欢树一到晚上，叶子就会合起来。

这就是植物的"睡眠运动"。但是，即使并非在夜晚，只要手碰或雨淋，叶子还是会合闭的。

因此，如果是在下雨时遇害，即使血飞散，由于叶子闭合，所以不会附着于表面。血沾在叶子表面，证明他是在骤雨之前遇害。之后就算下雨，

也因叶子闭合，沾在树叶表面的血不会被冲掉。

由于尸体被发现时已经下过雨，树叶再度打开。看见飞散在叶子表面的血，武藏推测被害者是在骤雨之前遇害的。

如果是在下过雨之后才被杀，虽然血也会喷到树叶表面，但这样一来，尸体不致湿淋淋的。

8.项链失盗案

M伯爵夫人趁停电之瞬间，迅速偷了珍珠项链缠到抱着的小长毛狗的身上放出室外。

因为狗毛很长，把项链缠放在身上，再用毛盖住是不易被发现的。并且是白色的毛，更看不清白色的珍珠了。

女演员米赛尔虽然搜身检查了三位女士，但其疏忽之处就在于没去检查长毛狗。

9.名画失踪案

那对年轻夫妇是罪犯。为了避开这个女学生，在伦敦集合前先打昏她，然后由妻子打扮成女学生，把画藏在书包里，并和这些学生的行李放在一起，以此来躲过检查。想等火车到巴黎后，再偷出书包，所以进入洗手间恢复本来面目。女学生的帽子和鞋子又大又重，因而被她扔到了窗外。

10.谜一样的绑架者

其实犯人就是计程车的司机。

11.喝苦药的考验

那小伙子刚刚吃过冰块，舌头上的味蕾（味觉细胞）已被麻痹，分辨不出苦味了。

12.绳子是帮凶

睡在909号室的那名女子，因为听见窗子上有声音。所以就睁开眼睛，打开窗子探头出去看。而凶手从屋顶上伸下的绳圈便正好将她的头套住，将她勒死。

13.不可思议的宴会

这个宴会是个化装舞会。

舞会中的人认为他是化装成囚犯的样子，所以才穿着囚衣。因此反而非常欢迎他。

14.一场不在现场的戏

司机把林楷山勒死之后，假装他上吊自杀，然后用电热毯把尸体裹好，才开车去拉朱鸿。司机外出3小时回来后，先让朱鸿稍候，迅速上了二楼，把尸体上的电热毯取下来，故3小时后尸体依然是温的。可见，放在林楷山口袋中的巧克力，也同样因高热而融化。所以，朱鸿看出了司机的阴谋。

15.安然无恙的遗产

那两枚旧邮票乃是价值连城的稀世珍品，那位妇女的伯父是个推理小说迷。他将他的全部财产换成了这两枚旧邮票，留给了他的侄女。

16.口红写成的数字

凶手是608汤姆，女侦探是倒地后

背着手用口红写下的，正反顺序发生了颠倒，608成了809。

17.吃过柿子的男子

公寓院子里的柿子是青涩的柿子。

没道理故意摘下青涩的柿子吃。

哥哥不会区分甜柿与涩柿。如果削皮时尝一口，就不致留下破绽了。

18.爱鸟家之死

刑警看到鸟还在鸟笼子里，便断定为他杀。

如果是爱鸟协会会长，那么在自杀之前应将小鸟放飞，给小鸟们自由。如果自杀后长时间不被发现，小鸟们因断食断水而死掉。爱鸟家对小鸟的爱要超出常人的一倍，而将小鸟关在笼子里就自杀是不可想象的。

这个事件幸亏第二天有亲戚来及时发现，小鸟才得救了。

19.踏雪无痕

那位女士根本不是死在自己家里的。其过程是：女死者到画家家中去，可能是为了某种原因，画家才将死者杀害。而当时的时间是下午3点左右，大约过了两三个钟头后，画家看雪停了，就把尸体运回女士的住所，因此画家的足迹，事实上就是凶手的足迹。

另一方面画家只是一个五六十公斤的瘦子，不可能留下如此深度的脚印，因此，一定带了什么重物去死者家。而死者的体重加上凶手的体重，正好印出雪地上的足印。

20.同饮一杯酒

死者的哥哥，先在冰块的中心放入透明的毒药，然后放入酒杯内，在他先喝时，由于冰块尚未溶解，所以不会受影响。故弟弟喝后便中毒身亡。

21.大脚男人

他是以手穿着那女人的二十三公分的高跟鞋，倒立着离开现场的。即使是个脚很大的男人，只要用手的话，仍然可以穿进高跟鞋的。

22.与小偷斗智

只有在店铺里展示一只耳环。

耳环要一对才有价值。所以珠宝店老板决定在店内只展示一只，另一只妥善保管。这样一来，万一窃贼潜入店内，见只有一只耳环肯定会不知所措，而要找另一只就要颇费些功夫。

23.一对经济合伙人

约翰说那只鹿站起来时先立起前腿，而鹿站立时总是先立起后腿的。

24.名画被盗

其实，毕加索的原画在大河厘赶到美术馆时还原封不动地放在原处，只不过是在原作上面被贴了一层赝品。不知其中情况的大河厘便将这幅画连框一起交保安人员去销毁。

其实，那个保安人员就是窃贼。在真品上面贴上赝品的无疑也是此人，而且也是他装作处理画的样子成功地将画带了出去。

25.雪夜作证

刑警看到洗澡间的烟筒上面还有积雪，便识破了那个家伙的谎言。

昨晚，雪是8点钟停的。如果真是在那以后烧开热水洗澡，烟筒会发热，上面的积雪会融化的。

26.凶手是如何作案的

只要凶手是一位使用长鞭能手，就可以距离平台五、六尺之遥，利用长鞭把人勒死。

27.夏夜的怪盗

注意蚊子。

当天夜晚，梅琦躲在院子里，因为蚊子叮得很痒，所以不自觉地拍打蚊子。

因此，被打死的蚊子留在庭院中，也留下了梅琦的血。

被蚊子刚吸入的血液，还原性尚未破坏，所以查得出血型。

只有雌蚊会吸人和动物的血，一次的吸取量约2至5毫克左右。雄蚊只吸植物的汁，是素食者。

28.是牛还是马

名侦探克莱手上的纸包，里面装的原来是马粪，因为马粪与牛粪，一眼就能分辨出来，所以盗牛贼马蹄换牛蹄，但是却不能让马拉出牛粪。

29.鞋子与色盲

阿西是凶手。因为阿田是色盲，不可能将红绿鞋一双不错地摆放整齐。

30.凶器在哪里

案件发生在冬春之交的早晨，你仔细观察一下阿勇的房间外，一看因寒冷而结的冰溜子你就明白了。

凶手以为阿勇家里没有人便溜了进来，没想到竟然跟刚从浴室出来的阿勇撞了个满怀。慌乱中的凶手忙从窗外屋檐下抓过冰溜子，对准阿勇的心脏刺了进去。

那么，凶器冰溜子是如何处理的呢?或许是放到浴缸中溶化后，然后再将水放掉。

31.雪已经融化

踏台雪已经融化消失了。

新泻县是世界上罕见的滑雪地带，而且这位女性身着冬装。由此即可解开事件中难解的谜题。

她是在冬季，雪达三公尺高的时候自杀的。只要简单做个小雪人当踏台，手稍微一伸，即可将绳索绑在树枝上，上吊自杀。

尸体在春天被发现时，当成踏台的雪已经融化消失。再者，寒冷的冬天，即使经过两个月，尸体也不至于腐烂。

32.秋田犬的足迹

罪犯在运动场外，用铅弹当箭头或用弹弓射向被害人的。所谓的弹弓，就是弓和弹丸组成的强有力的射击用具。

铅弹射中被害人的太阳穴，被害人倒地死亡后，罪犯命令太郎"拣回来!"于是，太郎便跑到主人身边刁起地上的凶器，铅弹回到罪犯手里。所以，是罪犯收回了凶器后，又放狗回家的。

这样，罪犯不必接近便可以杀害被害人，所以，作案现场运动场上既不留足迹，又可以收回凶器。当然，能指使太郎完成这种勾当的只有每周训狗的训犬师才行。也就是说，训犬师就是罪犯。

33.贼喊捉贼的证据

注意炉子上的水壶！

老板看到坐在炉火上的水壶，便识别了情人的谎言。

她说昨晚十点左右蒙面歹徒将她手脚捆上。可今天老板来时是中午，就是说炉子上的开水沸腾了约14小时。她果真是这样，炉子上的水壶早就烧干了。

所以，当老板看到炉子上的水还沸腾着时，便识破了她的谎言。

34.破金库的天才

沙漏放在火炉边，火炉的热度会使玻璃膨胀，落沙的洞也会变粗，使沙漏得快。因此，上方玻璃瓶的沙全部漏至下方，还不到十分钟。

35.郁金香的秘密

B盆栽。

A的郁金香含苞，B的郁金香花瓣打开。梅琦看了，就知道B是假花。

为什么？因为郁金香在黑夜气温下降时，花瓣便会闭合，这称为"睡眠运动"。由于光、温度或是外界的刺激，花和叶子便会开、闭。

但当郁金香花开得太大，开始枯萎时，即使到了夜晚，花瓣也不会闭合。

36.蚂蚁喜欢甜味

蚂蚁喜欢甜味。

犯人是7号房的糖尿病患者。

不限于糖尿病患者，即使是健康人，在杀人时，也会因紧张而使握凶器的手流汗。糖尿病患者出汗更多，而且汗液中含大量糖分。

包有绷带的刀柄之所以聚集了许多蚂蚁，正是被绷带上汗的糖分吸引过来的。

37.侦探想抓谁

查里德要抓的是第一个给他送外卖的服务员。

第一个服务员去查里德的房间也许真的是弄错房了，而之后他肯定是去了327房间。（很可能是这个旅馆1和7的门牌字退了色，很容易让人搞混，而这也导致了第二个男人走错了房间）。

由第二个男人的话可以充分地肯定，他其实就是327号的房主。他说："噢，你在这儿干什么？"其中，"噢"字充分说明了男人以为查尔德是送外卖的或是反问他怎么在自己的房间。说明这个男人叫了外卖，只是那会儿人刚好不在。

就在这期间，第一个服务员进了第二个男人的房间，发现房内没人，就把他的钱包及钻石手链拿走了。查里德用："快，抓住那个人！"作为陷阱。很可能让大家很容易作出常识的判断，让大家以为第二个男人就是贼。其实，最后的喊声是第二个男人发出的。

38.谁是告密者

告密者是鸟笼子里的鹦鹉。

被害人死前所以叫了几遍凶手的名字，是为了让在室内饲养的鹦鹉记住。所以，刑警在勘查现场时，鹦鹉反复叫着"凶手是田中"。

39.根据什么来断案

通过已知条件可以做以下推测：

如果作案者有能力的话，那么除去史密斯的其他五个人就都各说对一个罪犯的名字。因此，可以得出达利没有作案。

既然达利没有作案，那么就可以得出鲍尔与刘易斯中有一个人的回答是全完不对的，而且可以得出鲍尔一定是作案者之一。如果是史密斯作案的话，那么凯特的就说对了两个人，与已知条件不符。因此，可以排除史密斯的作案嫌疑。由此可以得出鲍尔与凯特是作案者，也就是说警察的判断是正确的。

40.为何断定是他杀

海尔丁是从玫瑰花中听出破绽的，放在窗台上花瓶中的13朵玫瑰，在房间里搁了两个星期后早已枯萎凋谢，窗台、地板和地毯上应该找得到落下

的花瓣，不可能"只有一点灰尘"而"没有别的东西"。从这一点海尔丁可以推断出这些花瓣是凶手清除血迹时一同弄掉了，也就是说贝蒂是他杀而非自杀。

41.追捕逃狱犯

改变脚味逃走。

逃狱犯在森林中脱下帆布鞋，并往鞋里撒尿，再继续往前跑。如此一来，足迹的味道改变，警犬也就被弄糊涂了。在森林中，因为地面有落叶，不但能掩盖小便的痕迹，也不会留下足印。

为了阻止警犬追踪，以小便掩盖足迹的技巧经常被使用在侦探小说中。换句话说，这是自家制的快速除臭剂。

如果是在牧场，因为到处都是牛马的粪便，若是故意踏在粪上逃亡，即可在中途使足迹的味道改变。

据说，就算是在野外历经十日风雨的足迹，警犬也能嗅出正确的味道。

42.警察的推断

这主要是葛运豪前后回答的矛盾，也是警察常用的一种引诱破案法。葛运豪先说自己从没听说过艾利斯医生，为了表明自己的清白，他又发怒说："我近来没去过牙医诊所，也从未见过什么艾利斯。"从这句话中看出：如果葛运豪真的不是凶手的话，他不会知道艾利斯开的是一个牙医诊所。

43.火柴棍之谜

窃贼就是秘书。

他使用自己房间饲养的鹦鹉盗走了装饰品，鸟类，即使三楼的房间，只要窗户开着就可以自由出入。

那么，现场留下的那支火柴是怎么回事呢？

鹦鹉从窗户飞进房间时，如果鸣叫一声就会惊动家人，为了不让它叫出声，拿一支火柴让它叼在嘴里飞进去，鹦鹉发现了桌子上放着闪闪发光的宝石，便丢下火柴，换一颗宝石再叼回来。这只鹦鹉受过专门训练。火柴棍上的伤痕正是鹦鹉叼过的痕迹。

可是，再训练有素，鸟类也不懂宝石的价值，它不偷昂贵的宝石，而只叼走了廉价的戒指。使用鹦鹉即使在现场被发现，也会被当作鸟在淘气而放掉。这正是罪犯的精心策划。

44.自杀之后

海尔丁探长之所以这样说是因为两方面的原因：第一，如果是在公园自杀，他的杯子既然在脚边就说明他是站着自杀的，这样杯子才有可能滚落至脚边（躺着自杀杯子应该在手边，除非他喝下毒药还有力气把杯子扔到脚边）。站着自杀的话，就说明他是服毒后倒下的，倒下的重力应该会把报纸压破，可事实上却没有。由此可以得出，尸体是被人放在报纸上的。第二，破绽很可能出在报纸的日期上，有可能报纸是星期天或是更晚的。这样的话，一个星期六死去的人是不可能有躺在星期天或是更晚日期的报纸

上的。

45.难以鉴别的血迹

方法很简单，加斯里是根据人体血液与动物血液的含盐量不同而鉴别出来的。动物血液中盐的含量远远低于人体血液中盐的含量，所以，加斯里只需用舌尖品味一下，两行血迹便可鉴别出来。

46.谁是凶手

凶手是刘现亦。他假装正午离开小屋，等1点30分洪五和杨子豪都离开后，再等何之运与山庄老板通过电话时进入小屋杀了他，凶器为登山用的攀岩锤。刘现亦行凶之后离开小屋之时为2点10分，随即从东边往下跑，跑到半山腰，便偷了杨子豪放在那儿的滑板，一口气滑向山庄，所以5点多就到达了目的地。也正是因为这样，1点30分出发的杨子豪5点到达半山腰时，找不到自己的滑雪用具。

47.大蜘蛛网

大蜘蛛有个习性，即前一天夜里拉的网，第二天早晨太阳出来时再破坏掉。因此，被撕破的羽绒被子里的羽毛飞挂在大蜘蛛网上的时间一定是傍晚以后发生的事。也就是说，作案时间是在夜里。

所以这个大蜘蛛网能保存到这个时间，因不能当食饵的羽毛挂在网上，这个大蜘蛛直到早晨才干脆放弃不管。根据这种情况，未必每天都能破掉夜

里的网。

48.谁是真正的凶手

露西小姐的情人是杀害她的凶手。因为露西小姐是穿着睡衣被人杀死的，她家门上有个窥视窗，门铃响时，她必定先看看来人是谁，如果是那个学生，她则不会穿着睡衣迎客。而如果看到对方是自己的情人，才会穿着睡衣让他进来。

49.漏洞在哪里

多哈利夫人的漏洞就在于她画蛇添足的最后一句描述。如果真如她说的自己足足吹了20分钟的凉风，那么烛液绝对不可能逆着风口向一边淌。

50.侦破线索在哪里

首先，如果是董事长自己倒的酒，那么威士忌的酒瓶上应该有他的手纹，可事实上却没有。此外，总经理没有将威士忌酒瓶上自己的指纹擦去。

51.是谁杀了医生

杀害医生的凶手是张三和李四。

52.现金失窃案

挡在现金运输车前面的轿车和紧随其后鸣着喇叭的客货两用车，都是抢劫现金的同伙。

那么，他们是如何从门锁完好无损的现金运输车中盗出3亿日元的呢？

首先，用轿车挡住现金运输车的前方，装作发动机熄火，以便制造作案时间。然后，抓住运输车走也走不了，退又退不得的时机，罪犯从后面

客货两用车的底部出口钻出，贴着马路爬到运输车下面，再用小型电动切割机将运输车底部切开个洞盗出现金保险箱。电动切割机的声响被四周汽车的喇叭声所淹没，以致运输车上的保安人员没有察觉到。罪犯盗出现金保险箱后，又原路返回客货两用车中，然后再用对讲机通知前面轿车上的同伙。那女子收到信号后，即发动车子逃离现场。

53.越狱的囚犯

是鸽子运来的。

囚犯萨姆每天在铁窗台上撒面包渣儿。在监狱外，其妻放出信鸽，信鸽发现面包渣儿，便向萨姆的牢房飞来。这样反复进行几次，等信鸽记住了单人牢房的位置后，其妻子在信鸽腿上绑上线锯的锉刀，然后放掉信鸽。于是，囚犯萨姆便顺利地搞到了锉刀。

鸽子可在监狱的高墙上自由飞进飞出，而监视墙上的看守是不会介意鸽子会传递线锯的。

54.智慧犯罪不留足迹

利用弓射。

只要注意到凶器武术刀没有护手，立刻就能解开谜题。

换言之，犯人以此武术刀当箭，从二十五公尺远的距离，以强弓发射。当然，凶徒是隐藏在被害人没注意到的地方射出此刀的。

55.名探法布尔

法布尔对派出所巡查作了如下说

明：

当采集昆虫标本在森林里穿行时，常常发现大树底下有小鸟和老鼠的骨头。抬头一看，便会发现猫头鹰在巢穴。猫头鹰抓住小鸟或老鼠是整个吞食的，并且有将不消化的骨头吐出来的习性。这就叫作压挤团媒法。

罪犯利用这一奇特的习性，在食饵肉中夹上三枚银币，喂食了猫头鹰。猫头鹰习惯夜间外出活动，夜里吃饵，并且习惯于整吞。所以肉里夹上银币也会整吞下去的。当第二天早晨吐出不消化的银币后，再藏起来。因此，在这一切完成之后，丁巴罗再去剖开猫头鹰时，银币当然就没有踪影了。这真是胜过动物学家的智能犯罪！

56.为什么被毒蜂蜇死

是利用了过敏现象。

人体内有一种过敏的奇特现象。如果将某一种特定的动物分泌液注射给人，过后再有与此相同成份的物质进入体内，就会出现强烈的过敏，受刺激而死。

譬如，若注入鸭蛋的蛋清，起初不会发生任何事，但一星期过后，如果再注入相同的蛋清，就会当即死亡。

罪犯就是应用了这种过敏现象。该罪犯是个医生，他谎称和蜜蜂的毒素相同成份的毒是什么预防药而给被害人注射。数日后，再将一只毒蜂偷偷的放入车中，被害人在被蜇后出现过敏现象而致死。

57.逃离危机

减低车体的高度即可。

卡尔放掉一点轮胎的气。

如此一来，只要降低1.5公分，卡车就可平安无事地穿过桥下。

58.金块在哪里

车体本身就是黄金打造的。

由于上了涂料，所以，刑警们根本没注意到车体本身就是黄金。

纯金很软，而且有黏性，所以很容易加工成各种形状。1克黄金不但能制成厚0.0001毫米的金箔，也能制成3000公尺长的铁丝。

利用这个性质，也有人将金块伸展成壁纸般薄，粘在房间的内墙上。

59.悲惨的高利贷主

因为被害人吞了保险柜的钥匙。

无论凶手怎样抱怨，也不至于作出此等残忍之事。

吝啬的被害人惟恐钱被抢走，一口将钥匙吞到肚里，所以凶手为取出钥匙，不得已才切开他的胃。

被害人死到临头还要护钱，真是十足的守财奴。

60.窗户疑案

窗外下着大雪，屋子内燃着火炉，窗面肯定是模糊不清的，不可能如此清晰地看到凶手。